読みなおす日本史

東国の古墳と古代史

白石太一郎

吉川弘文館

目　次

序　東国の古墳に学ぶ

はじめに

私は一九七八年から二十数年間、千葉県に住み、関東の地で考古学の勉強を続けた。これは、その年いよいよ軌道にのった国立歴史民俗博物館（以下歴博と略す）の創設を手伝わないかとのお誘いを、同館の初代館長になられる古代史の井上光貞先生と同じく初代考古研究部長になられた考古学の岡田茂弘さんから受け、これをお受けしたためである。学生時代以来、関西で古墳とその時代を中心に考古学の勉強をしてきた私としては、古墳時代の政治・文化や古墳造営の中心地と目されている関西のフィールドを離れて、関東に研究拠点を移すことには大きなためらいがあったこともまた事実である。

この年の七月、京都のホテルで井上先生と岡田さんのお二人にお会いし、井上先生から歴史学（文献史学）・考古学・民俗学の協業による新しい日本歴史研究の拠点となるべき博物館を創りたいとの熱意を聞かされ、もし自分の構想に賛成なら手伝ってほしいとのお話があった。さらにこの時先生から、関西の古墳を見てきたその目で関東の古墳を見直してほしいこと、またそれは貴方が日本の古墳を理解するためにも必ず役立つであろうと思われる旨のお話をいただいた。

学生時代以来、井上先生の大化前代に関する多くの研究から大きな刺激を受け、また以前から大和や河内の古墳をご案内したりして先生の考古学に対する関心の深さやお人柄は存じ上げていたが、その先生が近畿と東国の古墳の比較研究の進展に大きな関心を抱いておられることを知ったことは驚きでもあった。この時の井上先生のお勧めが、私に関東で古墳の勉強をする覚悟を固めさせる結果になったことはいうまでもない。

それまでご指導いただいていた奈良県立橿原考古学研究所の所長末永雅雄先生もまた、私の歴博行きを強く勧めて下さった。そして関東に行っても、常に関西の古墳の研究動向に目配りを忘れないよう努力するように諭して下さった。

こうして、その年の一〇月から虎ノ門の旧文部省の建物にあった歴博準備室に勤めることになったが、奇しくもこの年の九月に埼玉県行田市の埼玉《さきたま》古墳群にある稲荷山古墳出土の一振りの鉄剣から一一五文字の金象嵌の銘文が発見され、大きな騒ぎになっていた。早くに、舎人の起源を東国の国造の子弟を中央に上番させて大王の宮を警護させたことに始まるとの説を提起しておられた井上先生は、この稲荷山鉄剣の武蔵の古墳からの出土を自説を裏付ける有力な資料と考えられ、この銘文をめぐる議論に積極的に参加されたのは当然であった。先生からは稲荷山古墳やその遺物について多くの質問をいただいたが、それは私自身にとっても古墳や土器の暦年代観、埼玉古墳群の性格、近畿と関東の古墳の関係などを問い直す、またとないよい機会となった。

こうして私の関東での研究生活が始まったが、創設準備段階から創設期の歴博はその設置形態そのもののあり方や展示準備をはじめ数多くの難題を抱え、実際には研究どころではなかった。関東に移る以前の私は、古墳時代だけではなく中世の考古学的研究にも大きな関心をもち、まずその研究に不可欠な年代の物差しとして畿内の瓦器の型式編年の研究などにも手を付けていた。しかし歴博の創設準備の忙しさは、そうした多方面の分野の研究を進めることを許してくれず、自分がもっとも関心をもつ古墳とその時代以外の研究は放擲せざるをえなかった。

このように研究領域をつぎつぎと狭めていかざるをえないことは残念であった。ただ、いま考えると、この頃から発掘調査件数の増大による研究資料や研究情報の著しい増加などもあって、学界全体に研究分野の細分化が進んでいたのも事実である。たとえ研究時間があったとしても、非才の私には研究領域を限定することは避けられなかったであろう。

その後、一九八三年の総合展示の第一次オープンのあとは、少しは落ち着いて勉強ができるようになった。この時期以降も、「沖ノ島」展示の準備、さらに開館一〇周年記念の企画展示「装飾古墳の世界」の準備など多忙な時期が続くが、これらの展示準備のため沖ノ島の現地やその遺物を観察する機会をえたこと、各地の装飾古墳を自らの目で確認することができたことは、研究者冥利に尽きることありがたく思っている。

こうした歴博の仕事の合間には、できるだけ関東の古墳を歩くようにし、古墳の発掘現場なども努めて見学するように心がけた。ただ関東は広く、希望しながらも訪ねることのできなかった古墳も少なくない。また一九九七年以降は歴博で骨の折れる仕事を与えられたが、この時期には行政改革の大波が国立の研究機関にも押し寄せ、歴博の独立行政法人化の阻止に奔走し、創設期と同様、あるいはそれ以上の多忙な時期が続いた。このように、歴博での研究者生活は本当にあっという間に過ぎ去った感が強いが、それでもこの時期、関東各地の古墳を歩き、またいくつかの発掘現場に立ち会えたのは本当に幸せであった。またこの間多くの関東の研究者の方々から多くの貴重な教示をいただくことができたのもありがたかった。

この二十数年間に、関東をはじめとする東国の古墳から学んだことは少なくない。ここではそのうち、とくに近畿地方をはじめとする日本列島の古墳のあり方それ自体を考える上に重要と思われる三つほどの課題をとりあげ、私が東国の古墳から何を学ぶことができたのかを紹介しておきたい。井上光貞先生から与えられた大きな課題にどこまで答えられたか、はなはだ心もとないが、この拙文をお読みいただく方々が、何等かのヒントをえていただければ幸いである。

1　前方後方墳の世界

古墳時代の前期から古墳の造営が始まる古墳群で、最初に営まれる古墳が前方後方墳であり、その後になって前方後円墳に転換する例、すなわち一つの首長墓の系列が前方後方墳から始まる例は、西日本でも少なからず見出すことができる。例えば奈良県香芝市から広陵町にかけて展開する馬見古墳群南群が前方後方墳の新山古墳から始まり、京都府城陽市の久津川古墳群がやはり前方後方墳の西山一号墳に始まるのもその一例である。こうした例が関東など東日本でも数多くみられることは、早くから指摘されていた。

私も、関東をはじめとする東日本各地の古墳を見学するなかで、このことを再確認させられた。しかし東日本各地ではむしろそうした例が一般的であることを知り、東日本ではそうした例が多いというより、むしろ前期の早い段階にこの地域に営まれる、ある程度の規模をもつ古墳はすべて前方後方墳とみるのが適切ではないかと考えるようになった。

その例は枚挙に暇がないが、東海西部の尾張北部の犬山扇状地では前期前半に特色ある人物禽獣文鏡四面を含む一一面の銅鏡を出した前方後方墳の犬山市東之宮古墳（墳丘長七二m）が出現し、前期後半になって前方後円墳の同市青塚古墳（一二二m）などが営まれる。遠江では早くから東海地方を代表する前期古墳として著名であった磐田原西縁の前方後円墳の磐田市銚子塚古墳（一一二m）に先行して、前方後方墳の同小銚子塚古墳（四七m）が営まれたと考えられている。

関東の上野でも、関東の前期古墳を代表する前橋市前橋天神山古墳（一三〇m）に先行して前方後方墳の八幡山古墳（一三〇m）が営まれたと考えられるようになっている。こうした状況は基本的には上総や武蔵などでも同様であったらしい。また下野では前期にさかのぼる大型の古墳はほとんど前方後方墳で、大型の前方後円墳はすべて中期になってからのものとされている。こうした状況は北陸や中部山地でも基本的には変わりないようである。

このように、古墳時代前期前半に東日本で営まれた比較的大規模な古墳がほとんど前方後方墳であるということになると、大型古墳の多くが前方後円墳であった同時期の西日本とはきわめて明確な差異が存在したことになる。少なくとも三世紀後半から四世紀前半の時期では、西日本が基本的には前方後円墳の世界であったのにたいし、東日本は前方後方墳の世界であったということになろう。

さらに東日本における最近の調査研究の結果では、こうした状況は古墳時代以前の弥生時代終末期にまでさかのぼって認められることが明らかにされている。すなわち西日本の近畿地方などでは、庄内式土器の時期には奈良県桜井市纒向石塚墳丘墓や同ホケノ山墳丘墓に代表されるように、円丘に短い突出部のついた、寺沢薫氏のいう纒向型前方後円墳、すなわち前方後円形墳丘墓が盛んに造営された。これが次の段階に現れる奈良県桜井市箸墓古墳に代表される定型化した大型前方後円墳の祖形となるものであることはいうまでもない。

これにたいし同時期の東日本では、濃尾平野の愛知県一宮市の西上免遺跡の墳丘長四〇mの前方後方形墳丘墓をはじめ、方丘に短小な突出部を付けた前方後方形墳丘墓は広く東海東部、中部高地、北陸から関東地方などの各地にみられる。関東地方の上総では、千葉県市原市神門《ごうど》三・四・五号墳丘墓のような前方後円形墳丘墓もみられるが、関東全体では千葉県木更津市高部三〇号墳丘墓、同三二号墳丘墓に代表されるような前方後方形墳丘墓の方が圧倒的に多く、神門三・四・五号墳丘墓がきわめて特異な例外的存在であることは疑いなかろう。

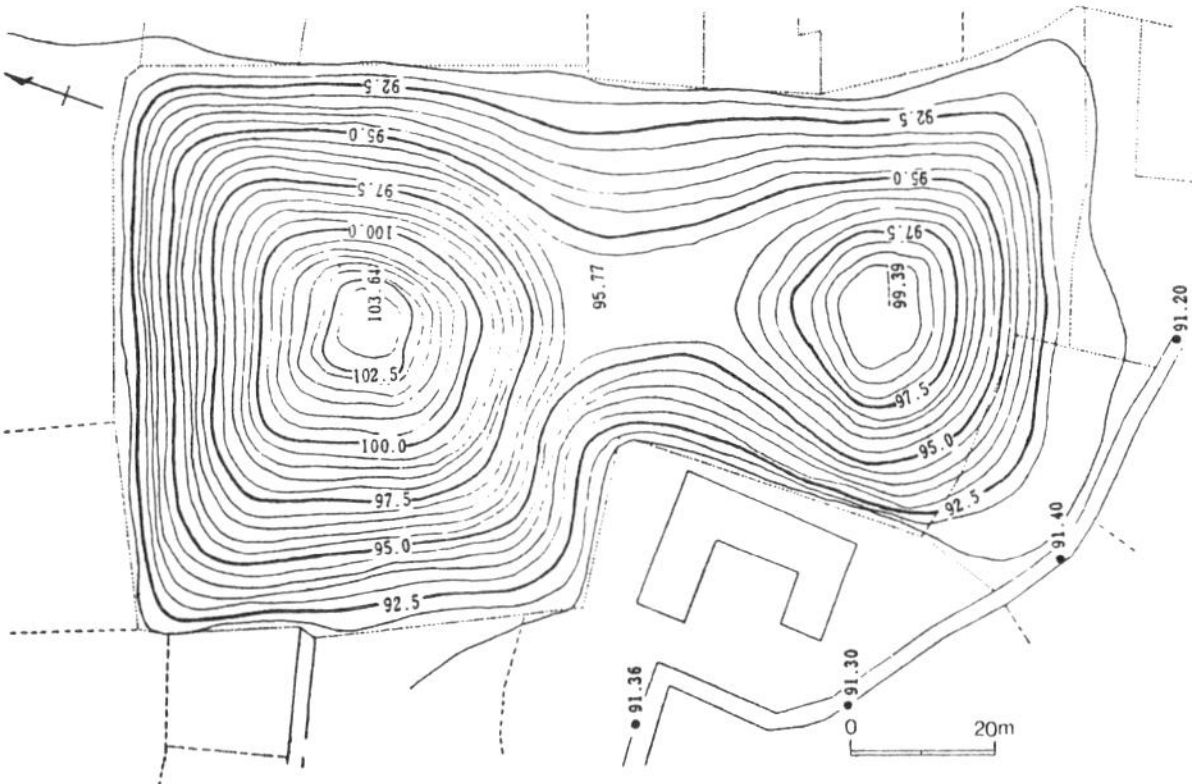

図1　関東最大の前方後方墳　群馬県前橋市八幡山古墳

このように、古墳時代前期前半の西日本の古墳が基本的には前方後円墳であったのにたいし、同時期の東日本の古墳が基本的には前方後方墳であったこと、さらにこうした東西の差異が定型化した大型前方後円墳出現前夜の弥生時代終末期（庄内式土器およびその並行期）にまでさかのぼることは、日本列島における古墳出現の意味とその歴史的背景を考える上に無視できない重要な問題を提起するものであろう。

この問題については、第Ⅰ部の一章および二章で私の考えを述べているのでここでは省略するが、私のいう古墳、すなわち定型化した大型前方後円墳の出現年代が三世紀の中葉過ぎと考えられることからも、それは邪馬台国時代の終焉と初期ヤマト政権の形成、さらにその段階における西日本の政治的世界と東日本の政治的世界の統合の問題とも分かちがたく結びついていることは疑いなかろう。少なくとも古墳出現の歴史的意味については、前方後円墳の世界、すなわち西日本における政治勢力の動向だけでは説明できない課題であり、東方の前方後方墳の世界との関係を含めた説明が求められることになるのである。

歴博時代の最終段階に、古墳の出現のあり方を素材にして日本列島における広域の政治連合、すなわちヤマト政権の形成過程を述べた一般読者向きの概説書をいくつか書くことができた(1)。そこで展開した東日本の狗奴国連合と西日本の邪馬台国連合の統合によってはじめてヤマト政権が成立したという構想は、三世紀後半から四世紀前半の東日本が前方後方墳の世界であったという事実に学んだものにほかならない。

なお図2は、一九五三年の発掘調査で夔鳳鏡《きほうきょう》などが出土し、東国の前方後方墳の中でも早くから著名な栃木県那珂川町の那須八幡塚古墳（墳丘長六〇m）からその北方に展開する吉田温泉神社古墳群の一九九五・九六年段階の発掘調査の結果を示したものである。やや新しい八幡塚古墳は南に離れて孤立しているが、同じ前方後方墳である吉田温泉神社古墳（四七ｍ）が四世紀前後の方形の小型墳丘墓群の中に出現していることが読み取れる。[2] 弥生時代以来の方形墳丘墓群の社会を基盤に出現する東国の前方後方墳の性格をよく表しているが、この問題については、次の方形周溝墓と初期群集墳の問題とも関連しよう。

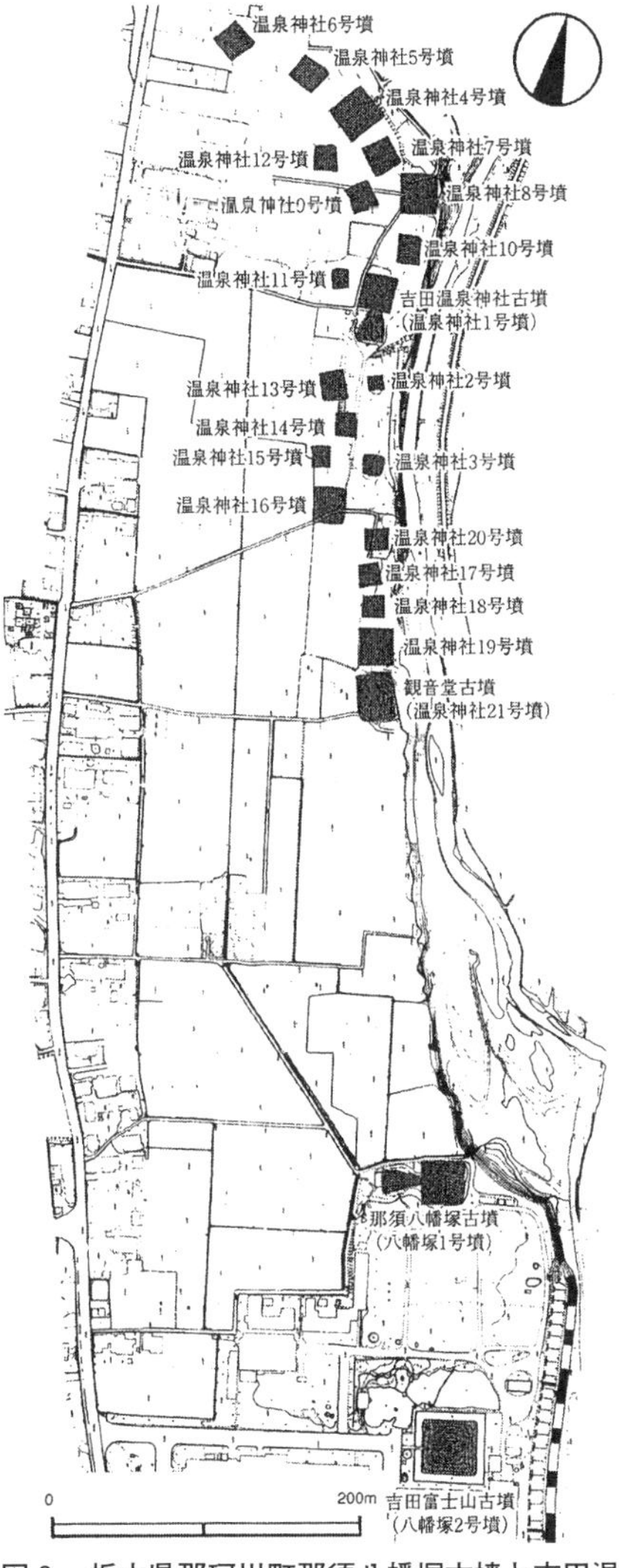

図２　栃木県那珂川町那須八幡塚古墳と吉田温泉神社古墳群

2　方形周溝墓と群集墳

近畿地方などでも、五世紀の後半頃になると奈良県橿原市新沢千塚《にいざわせんづか》古墳群、同御所市石光山《せっこうざん》古墳群のように、木棺直葬の埋葬施設をもつ小型の古墳を中心に構成される群集墳が出現する。それは六世紀以降にさかんに造営される横穴式石室を埋葬施設とする古墳を中心に構成される後期群集墳にたいして、初期群集墳と呼ばれることが多い。その後、弥生時代の方形周溝墓群や方形台状墓群が古墳時代前期の四世紀からさらに一部中期の五世紀にも営まれていることが知られるようになり、これら弥生時代以来の方形の低墳丘墓と初期群集墳の関係がさかんに議論されるようになった。

そうしたなかで石部正志氏は、群集墳は六世紀に突然成立したものではなく、弥生時代の方形墳丘墓以来、一貫して存続した共同体の経営単位集団の家長墓群の六世紀における存在形態にほかならないとする説を提起された(3)。これにたいして私は、各地の弥生時代以来の方形低墳丘墓群と初期群集墳の間には年代的にも断層がありつながらないこと、弥生時代以来の低墳丘墓が基本的に方形であり、畿内地域などでは平野部に営まれるのにたいし、初期群集墳には円墳が多く、また丘陵や山丘の尾根上に営まれる例が一般的で、両者には大きな差異があることを主張した。また前者がほとんど顕著な副葬品をもたないのにたいし、後者はそれなりの副葬品をもつことなどから両者は直接的につながるものではなく、いわゆる「初期群集墳」は小さくともあくまでもヤマト政権の構成員の身分秩序の具体的な表現という機能をもつ古墳であり、古墳以前の単なる墳丘墓の遺存形態としての低墳丘墓とはその歴史的性格をまったく異にするものであることを論じた(4)。

群集墳の出現を、古墳というヤマト政権の身分表示手段の拡大の結果にほかならないとする私見は、その後もかわらなかった。ただこの問題をさらに発展させるには、同じ地域で弥生時代から古墳時代の後半期にいたる墳丘墓の展開過程を追跡できるような発掘調査例の増加が待たれたが、残念ながら近畿地方などではそうした調査例にはめぐまれなかった。ところが関東に移って、南関東などでは一つの台地上のほぼ全域を発掘し、弥生時代から古墳時代にかけての長い期間にわたる墳丘墓の築造状況の変遷過程を跡付けることができるような例がいくつかあることを知った。

そうした好例の一つに、千葉県市原市の諏訪台古墳群があることを教えられたが、その報告書は未刊で、その実態を正確に把握することはできなかった。この諏訪台古墳群をふくむ市原台遺跡群の調査は、市原市の上総国分寺・国分尼寺などが所在する広大な台地の開発に関連して早稲田大学の滝口宏先生を団長とする上総国分寺台遺跡調査団が一九七二年以来発掘調査を実施していたものである。そこでは関西では考えられないような、台地上を全面発掘してその台地の長い期間にわたる土地利用の時代的変化を明らかにするような発掘調査が実施され、大きな成果があげられていた。前節でふれた弥生時代終末期の前方後円形墳丘墓である神門三・四・五号墓の実態解明や稲荷台一号墳「王賜」

銘鉄剣の検出などもその成果の一部にすぎない。

二〇〇〇年、この調査に最初から関与されていたが、膨大な整理事業や報告書の刊行に関する意見の相違から調査組織を離れておられた田中新史さんが、独力・自費でこの大規模でかつ重要な遺跡群の発掘調査の全貌を概観した『上総市原台の光芒』と題する書物を刊行された(5)。この書物のおかげで、私は初めてこの日本考古学研究史上、日本古代史研究上、きわめて重要な市原台遺跡群の驚くべき調査成果の大要を知ることができた。この市原台の調査から学ぶべきことはきわめて多いが、ここではそのうち先に述べた弥生時代の低墳丘墓群と群集墳の関係を考える上にきわめて重要な材料を提供してくれる諏訪台古墳群の調査成果を瞥見してみることにしよう。

諏訪台古墳群は、市原台と呼ばれる大きな台地の西南部にあり、上総国分寺の南南西に位置する。この諏訪台地区では一三万平方m以上の広域の発掘調査が行われている。弥生時代以降、この台地の北側の三分の一ほどが居住域として利用されたが、それ以外の南側の広大な部分は基本的に墓域として利用されたという。

図3は、この地区で検出された墳墓のうち弥生時代中・後期のものと古墳時代前期のものを示したものである。すなわちここでは、弥生時代の中期から後期にかけて、一辺十数mから数mの約七〇基の方形周溝墓が営まれている。そして古墳時代の前期になると、前方後円形一基、前方後方形六基、方形約二九基、円形一基の合計三七基ほどの墳丘墓が造営される。前方後方形のものには、墳丘長三

八mに達するものも含まれる。田中新史さんはこれらを古墳と認識されているが、私は弥生時代の墳丘墓の延長線上で理解している。いずれにしてもこれら古墳時代前期の古墳ないし墳丘墓が弥生時代の方形周溝墓、すなわち方形の低墳丘墓につながるものであることは疑いなかろう。

図4は古墳時代後期と終末期の墳墓を示したものである。古墳時代後期とされる六世紀後半から七世紀前半には小型の前方後円墳七基、円墳二四基が狭い範囲に集中して営まれている。さらに七世紀中葉以降とされる終末期には、前方後方形のもの六基、方形のもの一五〇基あまりの墳丘をもつ古墳や小墳丘墓が営まれるのである。こうした七世紀に方形化した古墳が次第に小型化し、八世紀から九世紀前半頃まで営まれるのは上総・下総では広く認められる現象である。

この七世紀における小規模古墳の方墳化、さらに終末期の方墳ないし方形墳丘墓が小型化して奈良時代以降にまで存続することも、この地域のきわめて興味深いあり方である。ただここでは、群集墳論とのかかわりから、図3と図4との間の時代、すなわち古墳時代中期の五世紀のあり方に注目したい。驚くべきことに、この諏訪台遺跡群の墳墓域では、古墳時代中期の古墳ないし墳丘墓はまったくみられないという。もちろん図3にみられる古墳時代前期の方形や前方後方形の墳墓の中には一部中期に下るものもあるかもしれないが、巨視的にみて古墳時代中期に位置づけうる墳丘墓がほとんどみられないことは、認めざるをえないのである。

その前後の時代にこれほど多くの古墳・墳丘墓がみられるのにたいし、古墳時代中期のものが見出

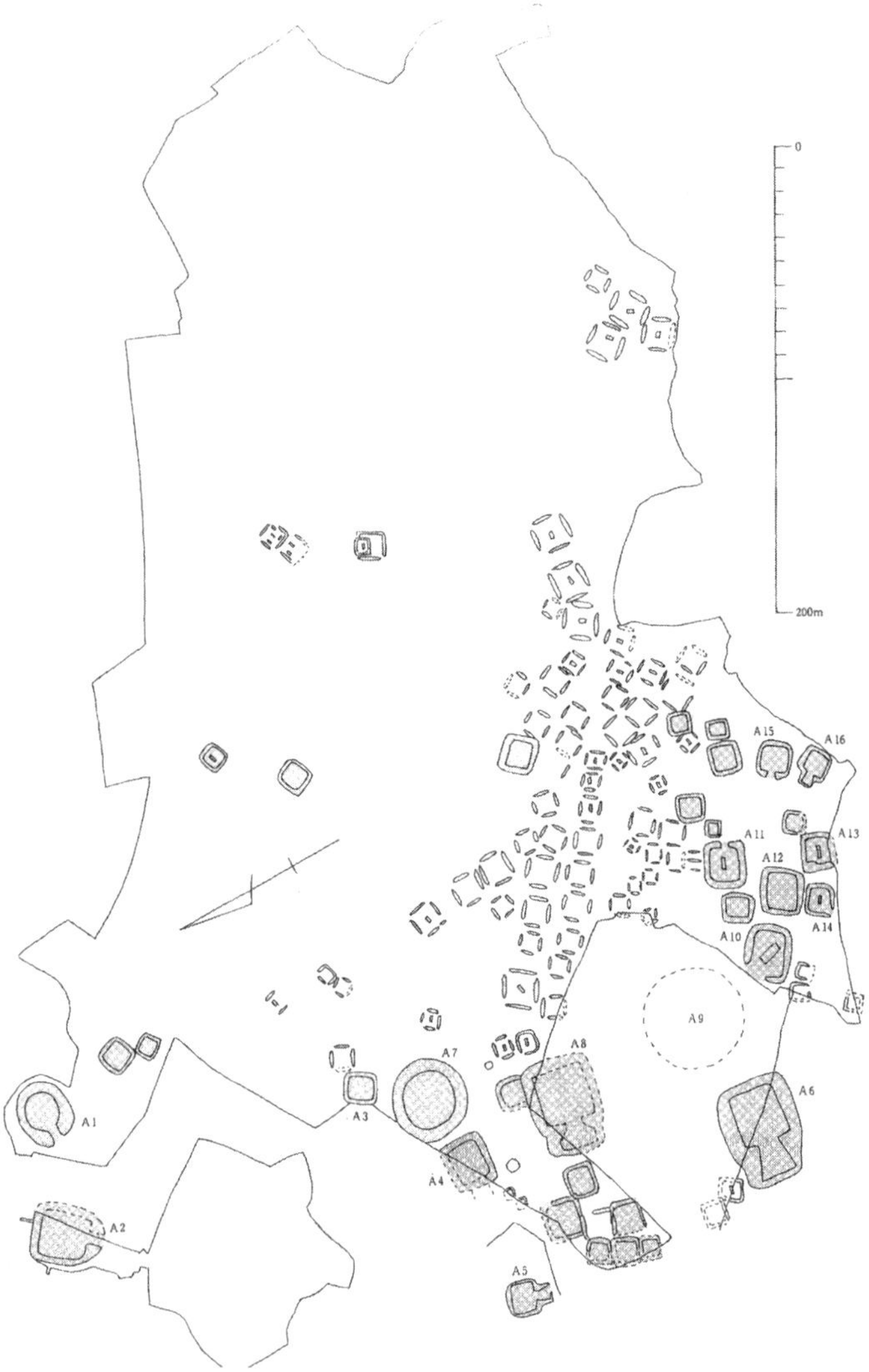

図3　千葉県市原市諏訪台古墳群の墳丘墓・古墳《弥生期～古墳前期》
(網掛けは古墳時代前期，その他は弥生期．田中新史氏による)

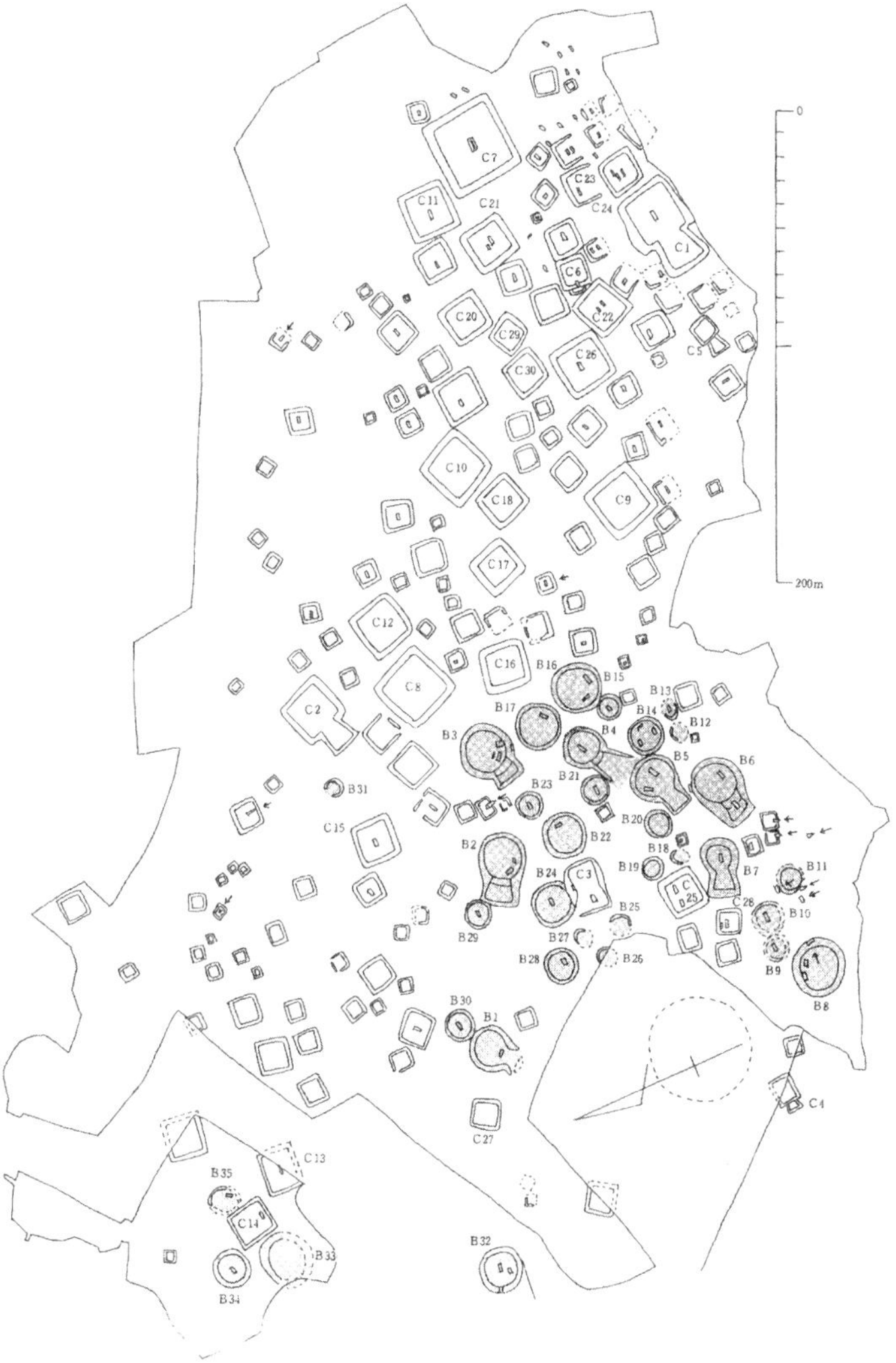

図 4　千葉県市原市諏訪台古墳群の墳丘墓・古墳《古墳後期～終末期》

（網掛けは古墳時代後期，その他は終末期．田中新史氏による）

せないということは、ここでは墳丘をもつ墳墓の造営において、五世紀から六世紀前半に大きな空白というか、断絶があったことを物語るものにほかならない。このあり方は諏訪台遺跡群だけの特異な現象ではなく、この市原台の弥生時代から古墳時代の古墳・墳丘墓群のほとんどに共通するものであることを田中新史さんは指摘しておられる。田中さんの整理によると市原台の調査遺跡全体で、弥生時代の墳丘墓が約一七〇基、古墳時代出現期から前期のものが八十数基を数えるのにたいし、中期のものは一五基ほどに過ぎない。そしてまた後期になると七一基、終末期には約二二〇基に増加するのである。

こうした状況は市原台以外の千葉県内の墳墓群の調査でも指摘されており、この地域の普遍的なあり方と理解してよかろう。それらのなかでも諏訪台遺跡群の調査結果が最も明確に物語るように、この地域では弥生時代以来の方形の低墳丘墓の造営の風習が、数は少なくなり、一部が大型化して前方後方形化するが、古墳時代前期にまで続くことは疑いない。ところが古墳時代中期の五世紀頃になるとそれらの造営が一斉に停止され、墳丘をもつ墓の造営はほとんどみられなくなるのである。

そしてこの時期には、市原台の一角、稲荷台古墳群では直径二八ｍの中型の円墳である稲荷台一号墳などが営まれるが、この古墳からはその被葬者がヤマト王権と直接的に繋がっていた可能性を示唆する「王賜」銘鉄剣が出土しているのである。このことは私の理解では、稲荷台一号墳に象徴される五世紀の円墳は、まさにヤマト政権の政治秩序に組み込まれ、一定の身分を与えられた小首長や政治集団内の有力家長が営むことを認められた「古墳」にほかならないのである。

こうしたヤマト政権の身分秩序を表示する機能をもつ「古墳」の造営を地方の小首長や各地の政治的集団内の有力家長層にまで認めることになると、それは当然弥生時代以来の伝統でそれぞれの地域で独自に営まれていた墳丘墓の造営と抵触することになる。こうして五世紀段階に、古墳以外の伝統的な墳丘墓の造営が規制されることになったものと考えたい。

諏訪台遺跡群における弥生時代から古墳時代にかけての墳丘墓の造営状況の変遷過程は、先にのべた西日本などでの群集墳成立の歴史的意義の理解にきわめて重要な示唆を与えてくれる。二十数年前に石部正志氏が提起された、群集墳が弥生時代以来の共同体の経営単位集団の家長墓群の六世紀における存在形態にほかならないとする指摘それ自体は決して誤りではない。ただそうした解釈だけでは、五・六世紀におけるヤマト政権の身分秩序の共同体の有力成員層への拡大の意義、さらには「古墳」それ自体の歴史的性格を正しく理解できないのである。このことを私は、諏訪台遺跡群をはじめとする、関東地方の弥生時代から古墳時代の墳墓群の大規模な発掘成果から再認識することができた。

3　関東の後期前方後円墳と終末期の大型方・円墳

関東の古墳を学ぶ中で感じたカルチャー・ショックは少なくないが、その中でも関東地方の後期前方後円墳の大きさと数の多さには驚かされた。図5は、ほぼ六世紀にあたる古墳時代後期の常陸（茨城県）における大規模な前方後円墳の分布を示したものである。霞ヶ浦沿岸の各地やそこに注ぐ河川の流域に墳丘長六〇mから一〇〇m級の前方後円墳が数多く営まれている。近畿地方をはじめとする西日本などでは、古墳時代後期になると、一部の大王墓クラスの巨大な前方後円墳を別にすると、前方後円墳の規模は急速に小型化し、その数も少なくなる。そうした中で、六〇〜一〇〇m級の大きな前方後円墳が多数造営されている関東各地の状況は、まさに驚き以外の何ものでもなかった。

表1は、一九九二年に書いた論文(6)の中で、私が数えた関東各地の比較的大規模な後期前方後円墳の数を整理したものである。その後の調査で変更を要するところもあろうかと思うが、その大きな傾向には誤りなかろう。最も多い上野（群馬県）では、墳丘長六〇〜一四〇mのものが九七基、常陸では三八基、上総では二八基、武蔵では二六基もみられる。なぜか相模や安房には六〇m以上の前方後円墳はみられないが、それでも関東全体では二一六基を数える。この数がいかに多いかを知るために、同じ時期の畿内地域の前方後円墳の数をまとめたのが表2である。王権の中枢が存在した大和でも墳丘長六〇m以上のものは二〇基、河内でも一二基に過ぎず、畿内全体でも三九基に過ぎない。

このように古墳時代後期の関東地方、正確にいうと相模と安房を除く関東地方では、他の地域では考えられないほど大型の前方後円墳が造営されたのである。このことは、少なくとも古墳時代後期の段階では、関東地方では他の地域とは明らかに異なる基準で前方後円墳の造営が行われたということ

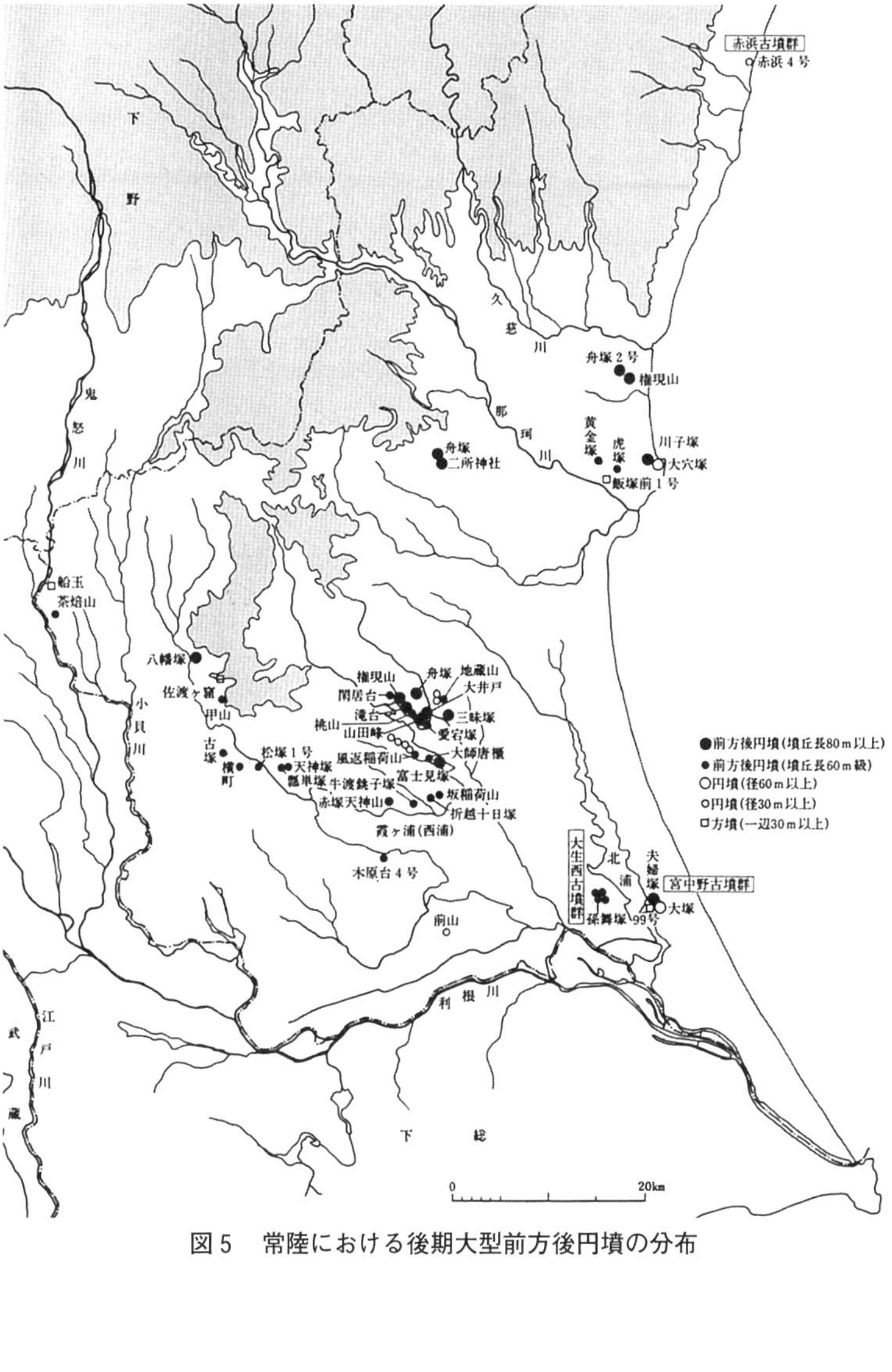

図５　常陸における後期大型前方後円墳の分布

表1　関東地方における後期大型前方後円墳（墳丘規模の単位はm）

墳丘規模	60〜79	80〜99	100〜119	120以上	計
上　野	64	17	15	1	97
下　野	8	5	2	1	16
常　陸	24	12	2	0	38
下　総	9	1	1	0	11
上　総	16	6	5	1	28
安　房	0	0	0	0	0
武　蔵	17	1	6	2	26
相　模	0	0	0	0	0
合　計	138	42	31	5	216

表2　畿内地域における後期大型前方後円墳（墳丘規模の単位はm）

墳丘規模	60〜79	80〜99	100〜119	120以上	計
大　和	8	2	6	4	20
河　内	4	2	4	2	12
和　泉	0	0	0	0	0
摂　津	1	0	0	1	2
山　城	4	0	1	0	5
合　計	17	4	11	7	39

を表わしている。

私は、「古墳」というものは、ヤマト政権と呼ばれる政治連合の中でのその首長がしめる政治的地位、すなわち身分を表示する機能をもっていたと考えているが、その基準はあらゆる時代を通じて、すべての地域で同一基準ではなかったことを示すものにほかならない。このことから私は、単純な一元的図式で古墳造営の背後にあった政治的支配秩序をとらえることがいかに危険で、無意味であるかを教えられた。

一方、古墳時代後期に関東地方で造営されたこれらの大型前方後円墳が、畿内とは無関係に東国で独自に営まれたものとは考えがたい。それはこれら関東の後期前方後円墳の墳丘形態にもいくつか類型を認めることが可能であり、それらの類型はすべてこの時期の畿内の前方後円墳にも求めることが可能であるからである。このことは、六世紀段階の関東地方が畿内の王権と特別に密接な関係を持っていたことを想定させる。ただこの問題については、すでに先にふれた拙論(6)でも述べているのでここでは繰り返さない。なお本書の第Ⅱ部の三章でもこの問題にふれているので参照いただければ幸いである。

このように六世紀には、関東地方ではとりわけ数多くの後期大型前方後円墳が造営されたが、それらも六世紀末葉から七世紀初頭をもって終焉を迎える。それまで大型の前方後円墳を営んでいた支配者層はそれに替えて大型の方墳あるいは円墳を営むようになるのである。この前方後円墳の造営停止は、西日本、東日本を通じてみられる共通の出来事であるが、後に畿内と呼ばれる地域や西日本の多くの地域では、ほぼ六世紀末葉をもってその造営が終るのにたいし、関東地方などでは、やや遅れて七世紀の早い段階までその造営が続く。

このように前方後円墳の造営停止に、畿内や西日本の多くの地域と関東など東日本地域との間に若干の時期差があるが、それは一〇年か一五年程度の差であり、ともに推古朝の前半期の出来事であることは確かであろう。むしろ、三世紀中葉すぎ以来三〇〇年以上続いた、首長連合の政治体制を象徴する前方後円墳との決別が、ほぼ推古朝の早い段階になされることこそが重要であろう。これは推古朝の評価とも関係するが、古い首長連合の体制を止揚し、新しい大王を中心とする中央集権的政治秩

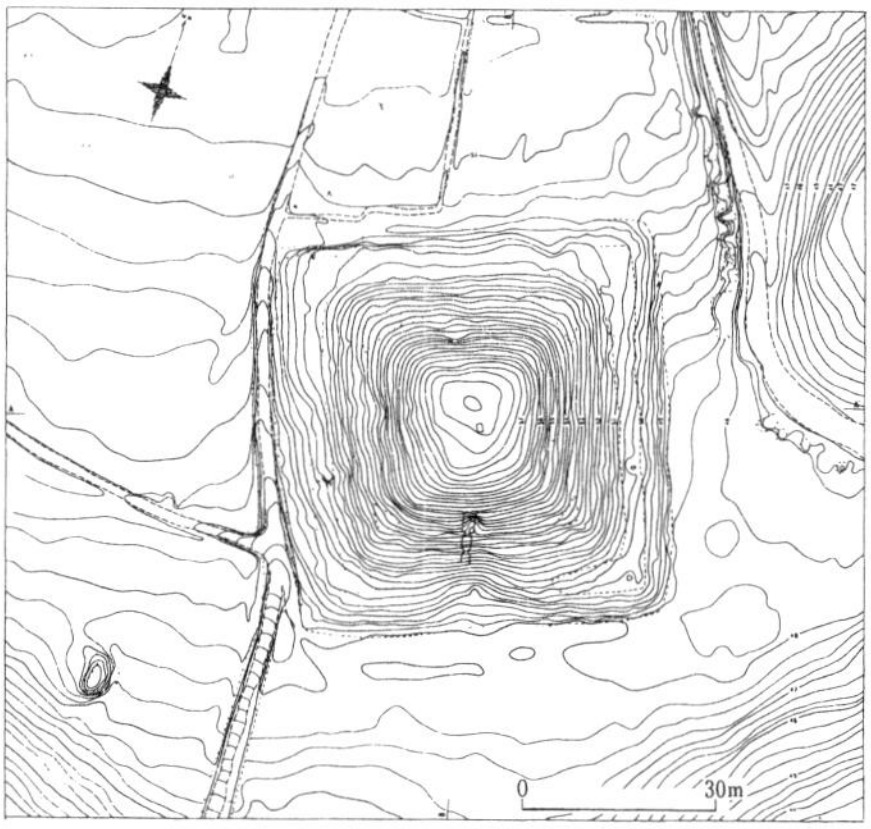

図６　千葉県山武市駄ノ塚古墳

序を明確に志向したのがこの時代であったことは、疑いなかろう。

　ところで、この前方後円墳に替わって造営される大型方墳の中では、千葉県栄町龍角寺岩屋古墳（一辺八〇ｍ）が最大で、畿内の大王墓と考えられている大阪府太子町の山田高塚古墳（現推古天皇陵、東西六一ｍ、南北五五ｍ）や同春日向山古墳（現用明天皇陵、東西六五ｍ、南北六〇ｍ）を凌駕することは早くから指摘されていた。同じ時期の大型円墳である栃木県壬生町壬生車塚古墳も直径八〇ｍで、これほどの規模の大型円墳はこの時期の畿内では知られていない。

　関東地方の古墳終末期（前方後円墳の造営が停止されて以降、なお古墳の造営が続く時代、ほぼ七世紀から八世紀初頭）の大型方墳や大型円墳の問題は、関東に移った当初から、私の大きな関心事であった。この課題に迫るためまず手がけたのは、必ずしも明確にされていなかった関東の終末期大型方・円墳の造営が開始される年代を明らかにすることであり、そのため歴博が中心となってこの時期の大型方墳の一つ、千葉県山武市駄ノ塚古墳（図６）の発掘調査を行った(7)。この調査は同僚の杉山晋作さんと共に実施したものであるが、幸い良好な年代決定資料がえられ、その造営が七世紀初頭にさかのぼることを明らかにすることができた。またそれまであまり正確な測量図のなかった終末期最大の円墳である壬生車塚古墳についてもその測量調査を実施した。

このような、関東の終末期大型方・円墳の調査・研究の結果明らかにしえたことは、まず前方後円墳の造営停止以降、関東地方で大型の方墳や円墳が営まれる地域はごく限られているという事実である。例えば上野（群馬県）地域では、古墳時代後期に上野各地で代々六〇～一四〇m級の前方後円墳を営んでいた約二〇ヶ所ほどの古墳群のうち終末期になっても大型の古墳（方墳）を続いて造営するのは、ただ一ヶ所前橋市の総社古墳群に限られるのである。

もちろんその他の古墳群でも、切石造りの精巧な石室をもつ小型の円墳や方墳の造営は続くが、かつての大型前方後円墳のような大規模な古墳の造営は絶えてみられなくなる。このことはこの前方後円墳の造営停止という出来事が、古墳造営の歴史の中でいかに画期的な出来事であったかをはっきりと物語っている。

さらに興味深いことは、それら終末期になっても大型の方墳ないし円墳の造営が続くごく限られた地域が、文献史料にみられる国造の設置地域と一致する可能性が大きいことである。七世紀になっても大型の方墳が営まれるのは、上野では総社古墳群だけであり、下野ではこの時期の大型古墳はいずれも円墳であるが、それらはすべて旧都賀郡域に集中している。上野には上毛野国造、下野には下毛野国造が置かれたことが知られている。

一方上総や下総では何ヶ所かで大型方墳の造営が認められるが、この地域は常陸などとともに小地域を支配する小国造が置かれた地域にほかならない。下総の龍角寺岩屋古墳が営まれたのは現在の印旛郡内であり、印波国造との結びつきが想定できる。また上総の駄ノ塚古墳が営まれたのがかつての山武郡（旧山辺郡と武射郡を合わせたもの。二〇〇六年より山武市）で、武射国造との関係が浮び上がる。さらにいくつかの終末期大型方墳が見られる千葉県富津市の内裏塚古墳群は、旧須恵郡域で、須恵国造との関係が考えられるのである。(8)

この問題については、本書の第Ⅱ部の三～六章を参照いただきたいが、いずれにしても、六世紀末から七世紀初めにかけての前方後円墳の造営停止とそれに替わる大型方墳ないし円墳の出現は、単なる墓制の大きな変化ではなく、まさに東国における国造制の成立というヤマト王権の地方支配システムの大きな転換に対応する、きわめて政治史的な出来事にほかならないのである。このことは畿内における前方後円墳から大型方・円墳への転換過程をいかに詳細に跡づけたとしても明らかにしえない問題である。これまた関東の古墳に学んだ大きな成果にほかならない。

むすび

以上に紹介した三つの課題以外にも、私が東国の古墳から学ぶことができたものは少なくない。例えば、群馬県太田市の太田天神山古墳が伊勢崎市のお富士山古墳とともに近畿の大王墓と共通の形態と技法による長持形石棺をもつことから、五世紀前半の上毛野の大首長が近畿の大王と同盟関係にあったと考えざるをえないことを学んだ（第Ⅱ部一章）。

また稲荷山鉄剣を出した埼玉県稲荷山古墳やその出土遺物の検討から、稲荷山鉄剣は、武蔵の大豪族の族長である同古墳の墓主ではなく、この古墳にのちに追葬されたその子弟の持ち物である可能性が大きいことを知った。このことは、鉄剣銘にみられるヲワケが東国豪族ではなく、この武蔵の豪族と王権内での職掌上緊密な提携関係をもっていた畿内豪族である可能性が大きいことを示唆するものにほかならない(9)。

さらに私が住んだ下総の佐倉の地が、江戸幕府の軍馬を生産する佐倉牧の置かれた地であったことも幸いであった。この地で地域の研究者から前近代の馬匹生産の実態を学んだことも、五世紀における馬匹文化受容の具体像を考える上に貴重なヒントとなった（第Ⅲ部一・二章）。

このほか逐一あげることはしないが、東国の古墳から教えられたものは数多い。今日の私の古墳観、古墳時代観は、若き日に近畿の古墳から学んだものと、その後の二十数年間に東国の古墳から学んだものの集積にほかならない。むしろこの両者の比較考察に基づいて形づくられたものというべきかも知れない。

ここにあげたいくつかの研究成果が、井上光貞先生や末永雅雄先生が期待されていたものには程遠いことはよく承知している。さらに研鑽を続けることでお許しいただくほかない。いずれにしても、関東で多くの方々に支えられ、古墳の勉強を続けられたことは、大きな幸せであったと思っている。

［註］

（1）白石太一郎『古墳とヤマト政権』文春新書　一九九九、同『考古学と古代史の間』筑摩書房　二〇〇四、白石太一郎編『倭国誕生』日本の時代史1　吉川弘文館　二〇〇二

（2）真保昌弘『那須小川古墳群』小川町教育委員会　二〇〇三

（3）石部正志「群集墳の発生と古墳文化の変質」『東アジア世界における古代史講座』四　学生社　一九八〇

（4）白石太一郎「群集墳の諸問題」『歴史公論』第七巻二号　雄山閣出版　一九八一

（5）田中新史『上総市原台の光芒』市原古墳群刊行会　二〇〇〇

（6）白石太一郎「関東の後期大型前方後円墳」『国立歴史民俗博物館研究報告』第四四集　一九九二。その後、白石『古墳と古墳群の研究』塙書房　二〇〇〇に再録。

（7）白石太一郎・杉山晋作編『千葉県成東町駄ノ塚古墳発掘調査報告』国立歴史民俗博物館研究報告　第六五集　一九九六

（8）白石太一郎「東国における前方後円墳の終末」『古墳と古墳群の研究』塙書房　二〇〇〇

（9）白石太一郎「有銘刀剣の考古学的検討」国立歴史民俗博物館編『新しい史料学を求めて』吉川弘文館　一九九七

第Ⅰ部　東海の古墳を考える

一　東日本における政治的世界の形成と濃尾平野

1　東日本における政治的世界の形成

従来、広大な東日本の諸地域が近畿のヤマトを中心に成立した政治的世界に組込まれたのは、『古事記』や『日本書紀』に描かれているようにヤマトタケルに代表されるヤマトの将軍たちの度重なる東方遠征によって、しだいにヤマト王権の版図が東に拡張された結果と理解されてきた。また前方後円墳や三角縁神獣鏡の分布の拡大など考古学による研究成果も、こうした考え方を裏付けるものとされてきた。しかし、最近の東日本における考古学的調査・研究の成果によると、この日本古代史の常識は大きく訂正されなければならないようである。

こうした、日本古代史の常識に再検討を迫ることになった一つの契機は、古墳時代前期前半（三世紀後半～四世紀前半）の西日本と東日本での大型古墳のあり方にみられる大きな相違が明確となったことである。最近の古墳の編年研究の進展の結果、少なくとも古墳時代前期の前半においては、西日

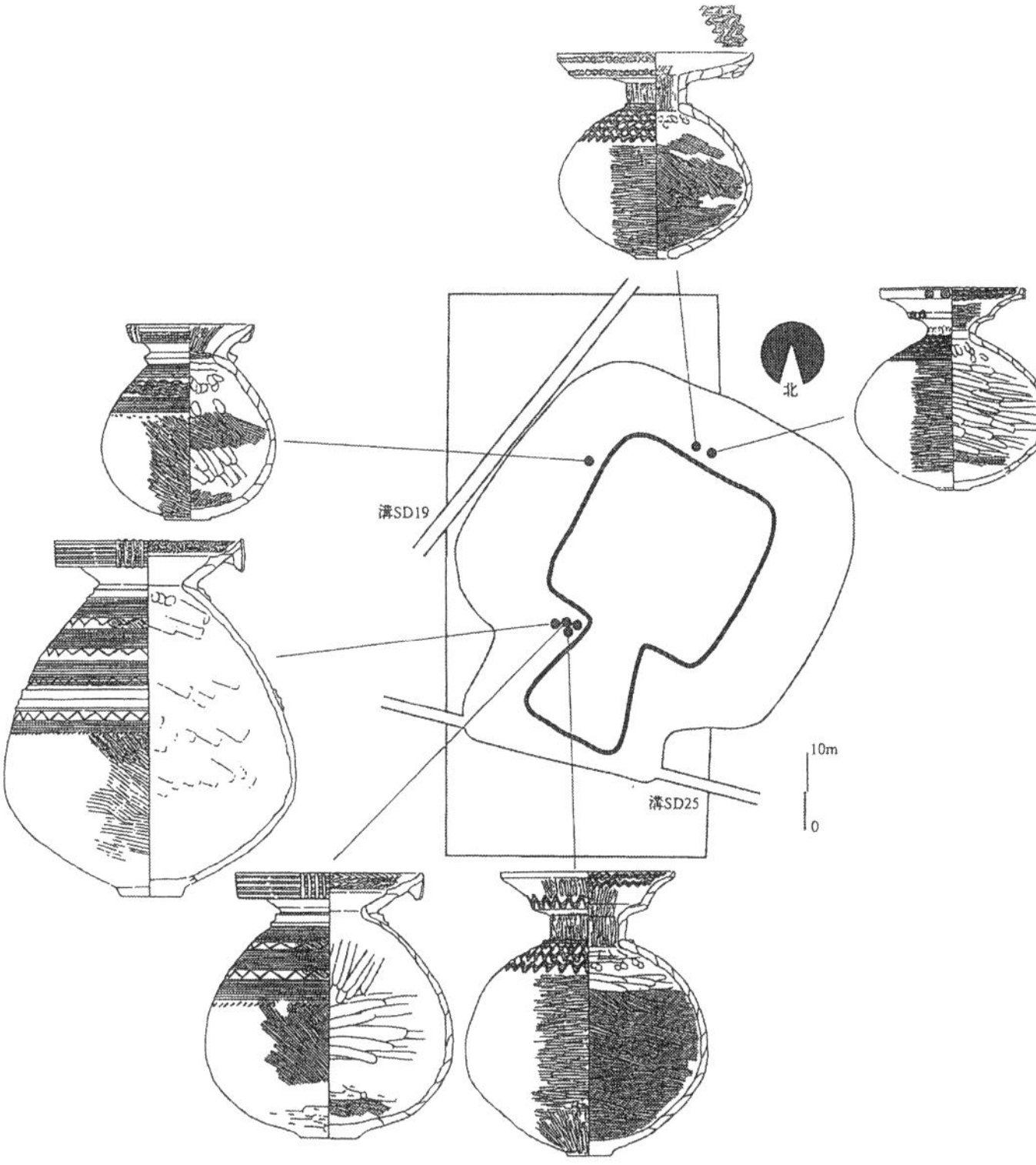

図7　愛知県一宮市西上免遺跡の前方後方形墳丘墓と供献された壺

本では大規模な古墳はほとんど前方後円墳であったのにたいし、東海、中部高地、北陸、関東など東日本の広大な地域では、この段階の大型の墳丘をもつ古墳はほとんどすべて前方後方墳であったことが明らかになってきた。古墳時代前期でもその前半の段階では、西日本が前方後円墳の世界であったのにたいし、東日本はまさに前方後方墳の世界であったことが明白になったのである。

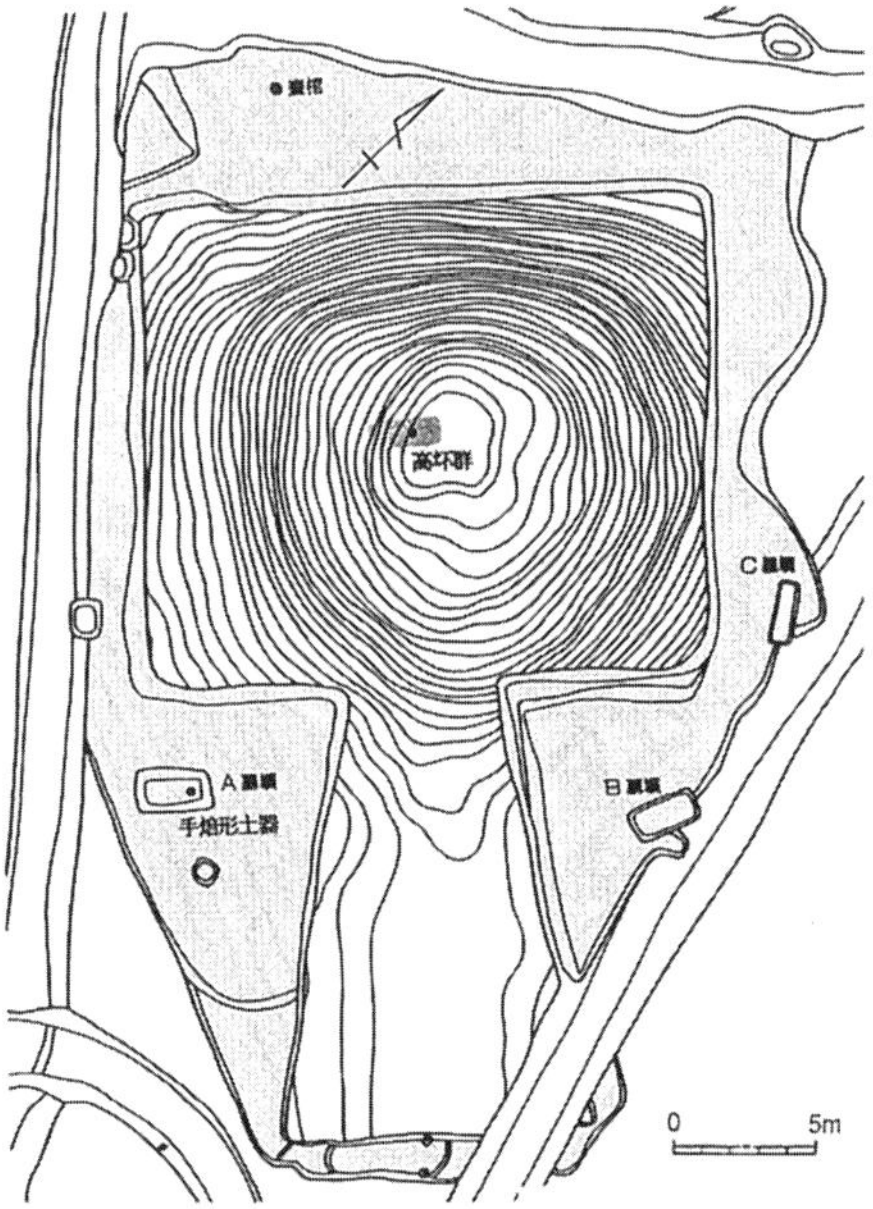

図8　千葉県木更津市高部32号墳丘墓

さらにこのきわめて顕著な相違は、定型化した大型の前方後円墳や前方後方墳が出現する以前、すなわち弥生時代の終末期にまでさかのぼることが明らかになってきた。三世紀の前半を中心とするこの時期には、近畿地方などでは奈良県の纒向《まきむく》石塚やホケノ山など、後の前方後円墳の祖型ともいうべき、大型の円丘に短い突出部を付けた前方後円形の墳丘墓が広範に営まれる。

これにたいし濃尾平野では、一宮市の西上免《にしじょうめん》遺跡や清須市の廻間《はざま》遺跡などで方形の主丘に小規模な突出部を付けた前方後方形の墳丘墓が造られる（図7）。さらにこうした前方後方形の墳丘墓は、千葉県木更津市の高部《たかべ》墳墓群をはじめ、東日本各地でひろく造営されていたことが明らかにされている（図8）。

もちろん、こうした前方後方形墳丘墓も前方後円形墳丘墓も、ともに弥生時代後期に各地で営まれていた方形ないし円形の墳丘墓の周りの溝の内外をつなぐ通路部分が突出部に変化したもので、この時期、広く日本列島の各地にみられるものである。東日本でも千葉県市原市神門《ごうど》三・四・五号墓など前方後円形墳丘墓が営まれている地域も存在する。ただこの段階になると各地の有力な首長層の多くは、基本的には近畿などでは大規模な前方後円形墳丘墓を、滋賀県東半部以東の東日本では大きな前方後方形墳丘墓を営むようになっていたことこそが重要であろう。古墳時代の前期前半の、西の前方後円墳の世界と東の前方後方墳の世界という顕著な相違が、弥生終末期にまでさかのぼることは疑いなさそうである。

2　邪馬台国連合にたいする狗奴国連合

ここにいう弥生時代終末期は、三世紀の前半、まさに『魏志』倭人伝に書かれている邪馬台国の時代に相当する。最近では三角縁神獣鏡の年代研究の前進や年輪年代法の進展の結果、定型化した大型前方後円墳の出現年代が三世紀後半、その一部は三世紀の中葉すぎにまでさかのぼることは間違いない、と多くの研究者が考えるようになってきている。

こうした初期の前方後円墳の分布のあり方からも、三世紀後半には畿内のヤマトの勢力を盟主に瀬戸内海沿岸各地から北部九州にわたる広域の政治連合が形成されていたことは疑いない。三世紀の中葉すぎは、卑弥呼の後継者の壱与《いよ》（台与《とよ》か）の時代にほかならないから、邪馬台国九州説が成立しがたいことはいうまでもない。

私は、三世紀のはじめ頃、それまで朝鮮半島の鉄資源の入手ルートの支配権を独占していた玄界灘沿岸地域からその支配権を奪い取るために、ヤマトを中心とする畿内の勢力と瀬戸内海沿岸各地の勢力が連合して玄界灘沿岸をおさえたのが、すなわち邪馬台国を中心とする倭国連合の成立にほかならないと考えている。『魏志』倭人伝によると、この邪馬台国を中心とする二九カ国の連合のさらに南（邪馬台国大和説をとれば東と読みかえなければならない）に狗奴国という国があり、卑弥呼の晩年、邪馬台国と戦ったという。

邪馬台国、すなわちヤマト国以東で邪馬台国ないし邪馬台国を中心とする倭国連合と対等に戦えるような勢力は、考古学的な情況証拠からは濃尾平野以外には考えがたい。私は、狗奴国は濃尾平野を中心に形成されていた弥生時代中期以来の原生国家にほかならず、さらに三世紀の前半には西の邪馬台国を中心とする倭国連合にたいし、東日本にはこの濃尾平野の狗奴国を中心に東海、中部高地、北陸、関東を含む広域の政治連合が形成されていたものと想定している。さきにみた前方後方形墳丘墓の広がりは、まさにこの狗奴国を中心とする東国連合の範囲を示すものではなかろうか。

ただこの連合を、東日本の広大な地域を面的にすべて含むものと考えるのは危険であろう。それは西日本の邪馬台国連合の場合も同じであろうが、多分に線的に結びついた同盟関係にほかならなかったものと思われる。

3　二つの政治連合の合体

弥生時代後期以降、濃尾平野ないし東海西部の勢力が東日本各地に強い影響力をおよぼしたことは、東日本各地のきわめて地域色の強い弥生時代後期の土器が、基本的には東海西部の土器の影響を受けて土師器に転換することからも疑いない。弥生時代後期の一～二世紀は、各地で石器が姿を消し本格的な鉄の時代になった時期である。東日本各地の首長たちは、この濃尾平野の狗奴国を通じて鉄資源をはじめ先進的な文物や情報を入手したのであろう。おそらくその狗奴国もまた畿内のヤマト（邪馬台）の勢力を通じて鉄や先進的文物を手に入れたのであろう。

卑弥呼の晩年、何らかの事情で邪馬台国と狗奴国は争うが、両者の間には基本的には良好な交易関係が長く続いていたと思われる。なぜなら三世紀初頭にヤマトが畿内・瀬戸内連合の盟主たりえたのは、その背後に広大な東日本がひかえているという地理的好条件以外には考えられないからである。奈良県桜井市の纒向遺跡からこの時期の多量の東海系の土器が出土する事実は、このことを実証する考古学的な材料にほかならない。

三世紀中葉の邪馬台国と狗奴国の争いの結果については、『魏志』倭人伝は何も語らない。しかしそれが邪馬台国側の勝利に終ったことは、その後の情況からも疑いなかろう。こうして畿内から瀬戸内海沿岸をへて北部九州にいたる地域に形成されていた邪馬台国を中心とする広域の政治連合に、東日本の広大な地域が加わることになった。また西日本にあってもまだこの政治連合に加わっていなかった各地の諸勢力も競ってこの連合に加わったものと思われる。卑弥呼という呪術的・宗教的権威の死とこの広大な版図の拡大は、否応なしにヤマト（邪馬台）を中心とする政治連合の政治体制の整備をうながす。

私は定型化した大型の前方後円墳・前方後方墳、すなわち古墳の創出は、こうした倭国連合の政治体制の整備の一環にほかならないと考えている。この革新された首長連合の構成員が、共通の約束ごとにもとづき、連合内での身分秩序に応じて大小さまざまに営んだ共通の墳墓がすなわち古墳にほかならない。

このとき、邪馬台国を中心とする初期の倭国連合以来の構成員が営んだのが前方後円墳であり、狗奴国連合の構成員であった東日本の首長層や西日本でも遅れてこの連合に加わった構成員の墓として営まれたのが前方後方墳であったのではなかろうか。いずれにしても、濃尾平野から中部・関東にまでおよぶ広大な東日本をも包括する初期ヤマト政権は、三世紀前半に西日本と東日本のそれぞれの地域に成立していた邪馬台国連合と狗奴国連合という二つの広域の政治連合が、三世紀中葉に合体してできあがったものにほかならない。

二　尾張・東之宮古墳と東国古代史

はじめに

一九七三年に実施された発掘調査によって明らかにされた愛知県犬山市東之宮古墳の内容は、当時の日本考古学界を驚かせた。三角縁神獣鏡四面や特異な人物禽獣文鏡四面を含む一一面もの銅鏡、深い緑色の良質の石材で精巧に作られた腕輪形石製品や合子からなる石製品類などの、みごとな副葬品類が未盗掘の竪穴式石室から原位置で検出されたこと、さらにその古墳が前方後方墳であったことなどが注目された。

その後、この古墳はその重要性から国の史跡に指定され、さらに出土遺物も重要文化財に指定された。ただその発掘調査報告書は諸般の事情から未刊行で、古墳時代の早い段階における西日本と東日本の関係を探る上に決定的に重要なこの古墳が、日本古代史研究の資料として必ずしもその役割を果たしたとはいいがたい情況が続いていた。

幸い、詳しい調査記録類が調査関係者によって残されており、調査当時高校生としてこの調査に参加されていた犬山市出身の赤塚次郎氏の熱意と、犬山市当局の努力によって、発掘調査記録の全容と副葬遺物の実態を示す報告書が刊行された。その注目すべき内容や、それぞれの遺物の現状とその評価については、この報告書で明らかにされている通りである。[1]

ここでは、この古墳が三世紀前後の西日本と東日本の関係という、日本古代史研究上からもきわめて重要な課題の解明にいかに関わるのかについて、若干の私見を書いておくことにしたい。東之宮古墳のもつ歴史的意味や歴史資料としての価値を考えていただくうえで何らかの参考になれば幸いである。

1　前方後方墳の世界

東之宮古墳の造営年代については、奈良県桜井市箸墓古墳や京都府木津川市椿井大塚山古墳など定型化した大型前方後円墳が出現する古墳時代前期初頭まではさかのぼらないが、それに続く時期のものであることは疑いない。その暦年代は、箸墓古墳など前期初頭（出現期）でも古い段階の古墳が三世紀中葉すぎにまでさかのぼるであろうとする私見にもとづけば、おそらく三世紀の末葉前後に位置づけて大過なかろう。

東之宮古墳の発掘調査以降の三〇年あまりの間に、日本列島各地における古墳の研究は著しく進展した。その結果明確にされた研究成果の一つとして、こうした古墳の出現年代の遡上とともに、古墳時代前期前半の東日本で造営された大規模な古墳が、ほとんど前方後方墳であるというきわめて重要な事実が明らかにされたことがあげられよう。尾張の犬山市付近においても、この東之宮古墳やそれに続く小牧市宇都宮古墳（墳丘長約六〇ｍ）の時期までの顕著な古墳は、ほとんど前方後方墳であり、それが前期の中葉すぎの犬山市青塚古墳（墳丘長約一二〇ｍ）以降、前方後円墳に転換する。

こうした情況はさらに東の地域でも同様で、西三河の矢作川流域では前期前半には前方後方墳の安城市二子古墳（約八〇ｍ）が営まれ、その後半になると同市姫小川古墳（六六ｍ）以降前方後円墳となる。遠江の天龍川東岸でも前期前半には前方後方墳の磐田市小銚子塚古墳（四七ｍ）が営まれたが、前期中頃には磐田市銚子塚古墳（一一二ｍ）や同市の松林山古墳（一一〇ｍ）などの前方後円墳に転換する。駿河でも前期前半には静岡市午王堂山三号墳（七二ｍ）や富士市浅間古墳（一〇三ｍ）などの前方後方墳が営まれたようであるが、前期でも後半になると前方後円墳の静岡市谷津山古墳（一一八ｍ）などが出現する。このような情況は信濃・甲斐などの中部高地や北陸各地、さらに関東地方などでも基本的には共通する。また尾張より西の美濃や伊勢などでも等しく認められる。

このように、伊勢湾沿岸から東方の東海、中部高地、北陸、関東の各地では、古墳時代前期前半に営まれた大規模な古墳が、すべて前方後方墳であったことはまず疑いなさそうである。大型の古墳が

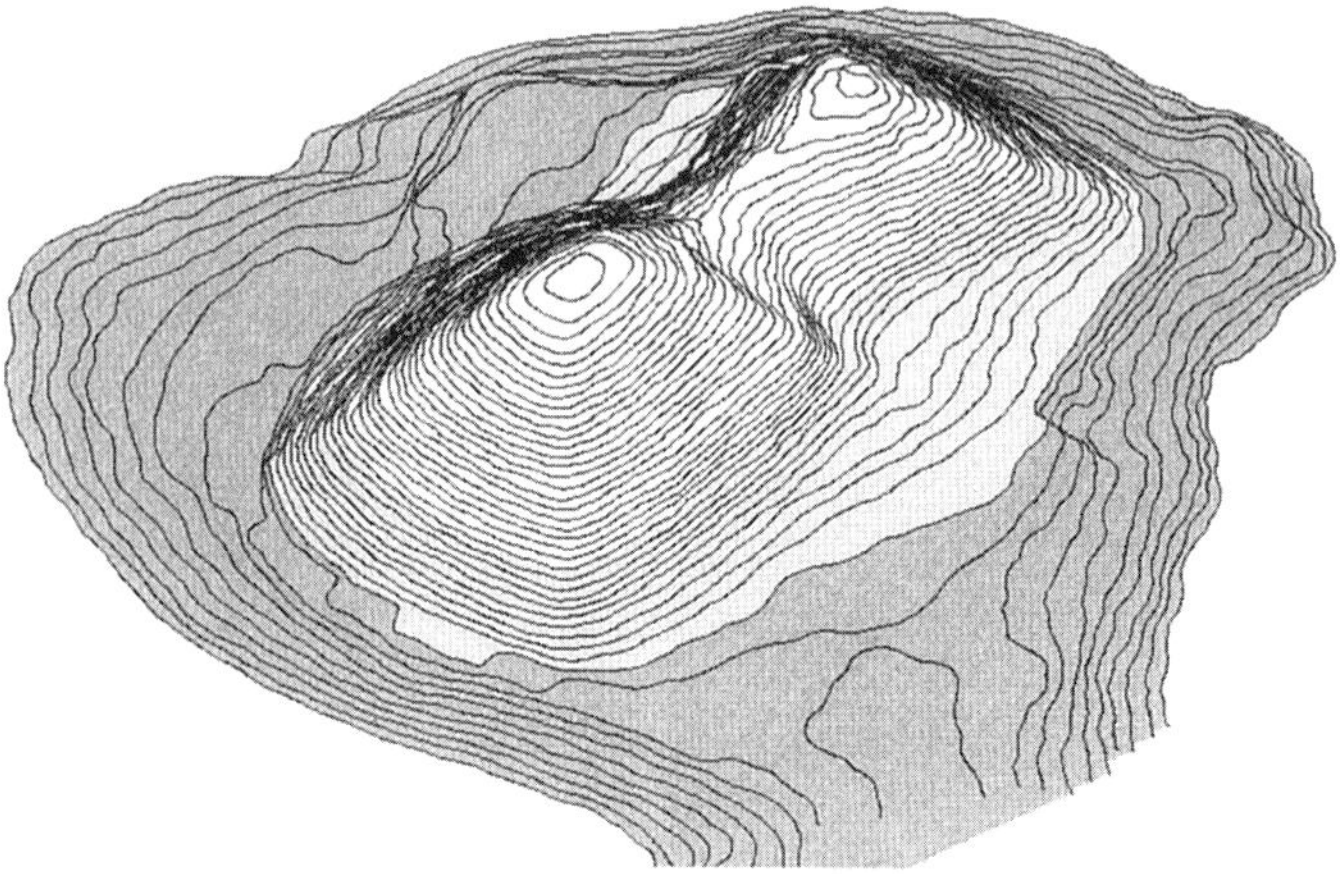

図９　愛知県犬山市東之宮古墳の墳丘

前方後方墳から前方後円墳へ転換する時期については地域によって遅速があり、関東の下野（栃木県）のように前期の末葉まで前方後方墳の造営が続き、大型前方後円墳の造営は古墳時代中期に下るような地域もみられる。

ただ巨視的にみれば、その転換は古墳時代前期の中頃ととらえて大過なかろう。すなわち古墳時代前期前半、三世紀後半から四世紀前半の東日本では、造営される大規模な古墳はすべて前方後方墳であったと考えざるをえない。この時期近畿地方とその西の西日本各地では、前方後方墳の造営もみられないわけではないが、ほとんどの大型古墳が前方後円墳であったことと比較するとその相違はきわめて顕著であり、西日本の「前方後円墳の世界」にたいして、東日本は「前方後方墳の世界」であったととらえることができよう。

2　前方後方形墳丘墓から前方後方墳へ

こうした古墳時代前期前半にみられる西の「前方後円墳の世界」と東の「前方後方墳の世界」のきわめて顕著な相違は、定型化した大型の前方後円墳や前方後方墳が出現する以前、すなわち弥生時代の終末期にまでさかのぼることがしだいに明らかになってきた。三世紀の前半を中心とする弥生時代終末期には、後に畿内と呼ばれることになる近畿地方中央部などでは、奈良県桜井市の纒向石塚墳丘墓やホケノ山墳丘墓など、後の前方後円墳の祖型ともいうべき大型の円丘に短い突出部の付いた前方後円形の墳丘墓が広範に営まれる。纒向石塚墳丘墓は主丘の径が約六五m、突出部を含めた墳丘長が約九三m、ホケノ山墳丘墓は主丘の径が約五五m、突出部を含めた墳丘長が約八〇mである。このうちホケノ山墳丘墓からは後の出現期古墳の竪穴式石室の祖型とも考えられる、外部に石積みをともなう木槨がみつかり、その内部から内行花文鏡や画文帯神獣鏡が検出されていて、箸墓古墳など出現期の前方後円墳に先行する三世紀前半のものであることは疑いなかろう。

これにたいし濃尾平野では、一宮市の西上免《にしじようめん》遺跡や清須市の廻間《はざま》遺跡などで方形の主丘に小規模な突出部をもつ前方後方形の墳丘墓の存在が明らかにされている。西上免遺跡で検出された前方後方形墳丘墓（図7）は、主丘である後方部の一辺が約二五mあり、これに長さ一五mの突出部（前方部）

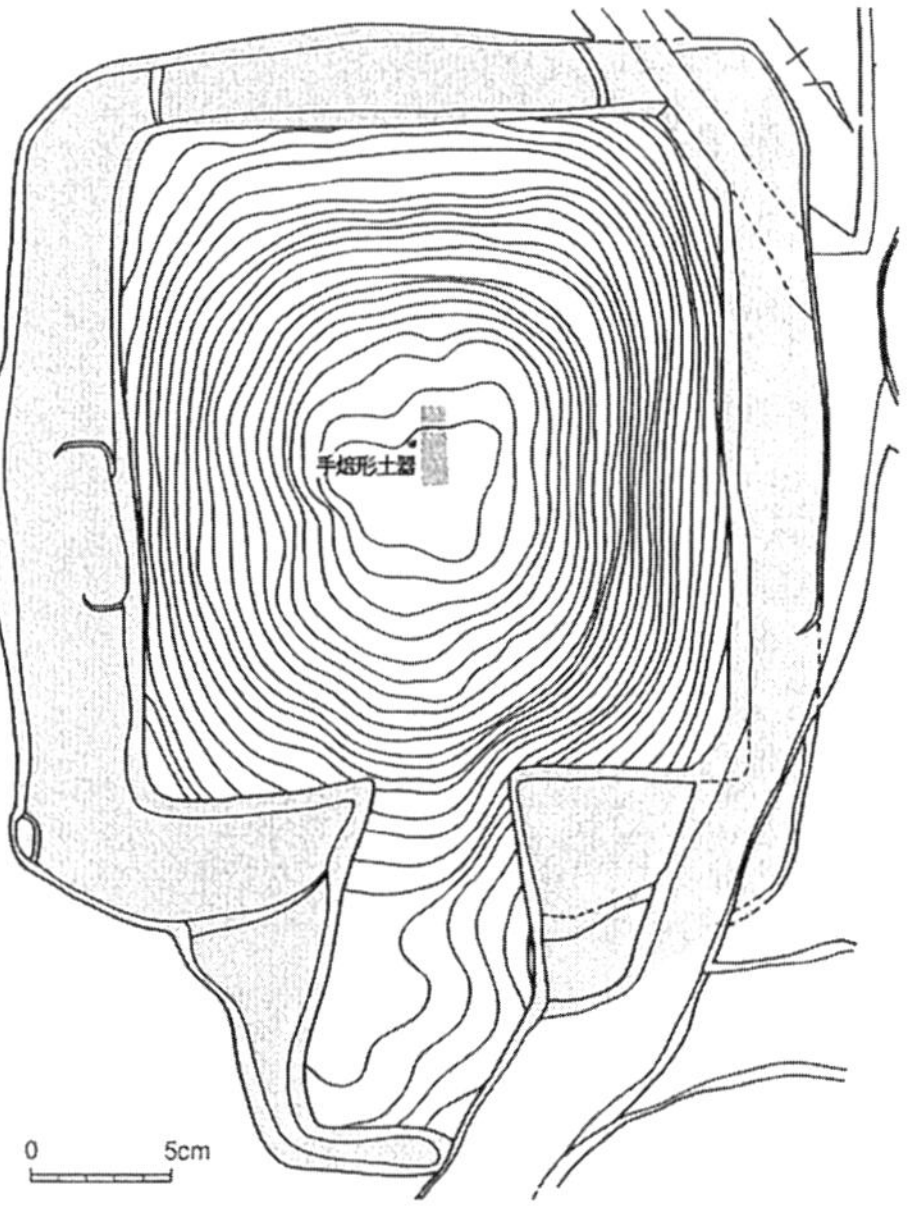

図10　千葉県木更津市高部30号墳丘墓

が付き、全体としては約四〇mの長さを測ることができる。

赤塚次郎氏の教示によれば、西上免遺跡は、濃尾平野の弥生時代後期の拠点的集落としては必ずしも大規模なものではないという。したがって、この時期のこの地域ではさらに大規模な前方後方形墳丘墓の存在が推測されるのである。

さらにこうした弥生時代終末期の前方後方形墳丘墓は、千葉県木更津市の高部墳墓群をはじめ東日本各地でひろく造営されていたことが明らかにされている。高部墳墓群で検出された前方後方形墳丘墓のうち高部三二号墳丘墓は墳丘長三一mで、木棺直葬の埋葬施設から半肉彫の四獣鏡が、高部三〇号墳丘墓（図10）は墳丘長約三四mで、やはり木棺直葬の埋葬施設から二神二獣鏡が出土している。庄内式に並行する時期の土器の出土とあわせて、ホケノ山の前方後円形墳丘墓や西上免遺跡の前方後方形墳丘墓などとほぼ同時期の三世紀前半から中葉にさかのぼる時期のものであることは疑いなかろう。

こうした弥生時代終末期の前方後円形墳丘墓も前方後方形墳丘墓も、ともに弥生時代後期に各地で営まれていた円形ないし方形の墳丘墓の周りの溝の内外をつなぐ通路部分が突出部に変化したもので、広く日本列島の各地の墳丘墓にみられる。この時期には東日本でも千葉県市原市神門三・四・五号墳丘墓など前方後円形墳丘墓が営まれた地域も存在する。ただこの段階になると各地の有力な首長たちの多くは、巨視的には近畿中央部などでは大規模な前方後円形墳丘墓を、滋賀県およびそれ以東の東日本では大きな前方後方形墳丘墓を営むようになっていたことは疑いない。さきに指摘した古墳時代前期前半の西日本の前方後円墳の世界と東日本の前方後方墳の世界の顕著な相違が、じつは弥生時代終末期にまでさかのぼることが知られるのである。

3　前方後方墓の世界と前方後円墓の世界

それではこうした弥生時代終末期の東日本と西日本の間にみられる「前方後方形墳丘墓の世界」と「前方後円形墳丘墓の世界」の顕著な相違はいったいどうして生じ、またそれは何を物語るものであろうか。次にこの点についての私なりの仮説を提起しておこう。

ここにいう弥生時代終末期とはほぼ三世紀の前半に当たり、まさに『魏志』倭人伝に描かれている邪馬台国の時代に相当する。近ごろでは三角縁神獣鏡の編年研究や年輪年代法の進展の結果、箸墓古墳に代表される定型化した大型前方後円墳の出現年代が三世紀後半まで、さらにその一部は三世紀の中葉すぎまでさかのぼることは疑いないものと多くの研究者が考えるようになってきている。こうした古墳時代前期初頭、すなわち出現期の前方後円墳の分布のあり方からも、三世紀後半には近畿中央部のヤマトの勢力を盟主に、瀬戸内海沿岸各地から北部九州にわたる広域の政治連合が形成されていたことは疑いない。三世紀の中葉すぎというのは、卑弥呼の後継者の壱与（台与か）の時代にほかならないから、もはや邪馬台国九州説が成立しがたいことはいうまでもなかろう。

三世紀のはじめ頃、それまで朝鮮半島の鉄資源の日本列島への入手ルートの支配権を独占していた玄界灘沿岸地域からその支配権を奪い取るために、ヤマトを中心とする近畿中央部の勢力と瀬戸内海沿岸各地の勢力が連合して玄界灘沿岸を制圧して出来あがったのが、邪馬台国を中心とする倭国連合にほかならないと、私は考えている。(2)『魏志』倭人伝によると、この邪馬台国を中心とする二九カ国の連合のさらに南に狗奴国という国があり、卑弥呼の晩年、邪馬台国と戦ったことが記されている。

邪馬台国大和説をとればこの南は東と読みかえなければならないから、邪馬台国、すなわちヤマト国以東で、邪馬台国ないし邪馬台国を中心とする倭国連合と対等に戦えるような勢力は、考古学的な情況証拠からは濃尾平野以外には考えられない。私は、狗奴国は濃尾平野を中心に形成されていた原生国家にほかならないと考えている。そして三世紀の前半には西日本に邪馬台国を中心とする倭国連合が形成されていたのにたいして、東日本にはこの濃尾平野の狗奴国を中心に東海、中部高地、北陸、関東を含む広域の政治連合が形成されていたものと想定している。さきにみた前方後方形墳丘墓の広がりは、まさにこの狗奴国を中心とする東国連合の範囲を示すものであろう。

ただこの政治連合を、東日本の広大な地域を面的にすべて含むものと考えるのは誤りであろう。それは西日本の邪馬台国連合の場合も同じであるが、多分に線的な結びつきの同盟関係にほかならなかったものと思われる。

弥生時代後期以降、濃尾平野を中心とする東海西部の勢力が東日本各地に強い影響力をおよぼしたことは、東日本各地のきわめて地域色の強い弥生時代後期の土器が、基本的には東海西部の土器の影響を受けて土師器に転換することからも疑いなかろう。弥生時代後期初頭の一世紀初め頃はそれまで各地で盛んに用いられていた石器が一斉に姿を消す。このことからも弥生時代後期の一〜二世紀というのは、本格的な鉄の時代が始まった時期にほかならないことが知られる。東日本各地の首長たちは、おそらくこの濃尾平野の狗奴国を通じて鉄資源をはじめ先進的な文物や情報を入手していたものと思われる。

その狗奴国もまた畿内、すなわち近畿中央部のヤマトの勢力を通じて鉄や先進的文物を手に入れていたことは疑いなかろう。卑弥呼の晩年、何らかの事情で邪馬台国と狗奴国は争うが、両者の間には基本的には良好な交易・交渉関係が長く続いていたと思われる。

なぜなら三世紀初頭にヤマトが畿内・瀬戸内連合の盟主となりえた理由としては、ヤマトの背後に広大な東日本が存在するという地政学的好条件以外には考えられないからである。また、奈良県桜井市の纒向遺跡から多量の東海系の土器が出土する事実は、このことを何よりも明確に物語っている。

4　広域の政治連合の形成

三世紀中葉の邪馬台国と狗奴国の争いの結果については、『魏志』倭人伝は何も語っていない。しかしそれが邪馬台国側の勝利に終ったことは、その後の状況からも疑う必要はなかろう。こうして近畿中央部から瀬戸内沿岸各地をへて北部九州にいたる広い範囲に形成されていた邪馬台国を中心とする広域の政治連合、すなわち倭国連合に、東日本の広大な地域が加わることになった。

また西日本にあってもまだこの政治連合に加わっていなかった各地の勢力も、競ってこの連合に加わったものと推測される。なぜなら、この連合に加わらなければ、鉄資源をはじめとする先進的文物や情報の入手が困難であったと考えられるからである。卑弥呼という呪術的・宗教的権威の死と、ほぼ同時期に生じたこの倭国連合の版図の著しい拡大は、否応なしにヤマトを中心とする政治連合の政治体制の整備をうながしたものと推測される。私は定型化した大型前方後円墳、すなわち古墳の創出は、こうした倭国連合の政治体制の整備の一環にほかならないと考えている。この革新された首長連合の構成員が、共通の約束事にもとづき、連合内での身分秩序に応じて大小さまざまに営んだ共通の墳墓がすなわち古墳にほかならないのではなかろうか。

このとき、邪馬台国をはじめとする初期の倭国連合以来の構成員が営んだのが、邪馬台国時代にヤマトやその周辺で営まれていた前方後円形墳丘墓を母体に創出された前方後円墳であった。一方、狗奴国連合の構成員であった東日本各地の首長層や西日本でも遅れてこの連合に加わったメンバーの墓として営まれたのが、狗奴国連合の構成員の間で営まれていた前方後方形墳丘墓を母体とする前方後方墳であったと思われる。いずれにしても、濃尾平野から中部・関東にまでおよぶ広大な東日本を包括する初期ヤマト政権は、三世紀前半に西日本と東日本のそれぞれに成立していた「邪馬台国連合」と「狗奴国連合」という二つの広域の政治連合が、三世紀中葉に合体してできあがったものにほかならないと想定できる。

5　東之宮古墳の語るもの

発掘調査によって明らかにされた東之宮古墳の実態は、まさにこの初期ヤマト政権成立期における東日本と西日本、さらには東日本地域とヤマト政権中枢、すなわちヤマト王権との関係を考える上にきわめて貴重な資料となるものである。

まず、この墳丘長七二m前後の古墳としてはきわめて豊富ですぐれた副葬品をもつ古墳が、濃尾平野でも東北方の山よりの犬山扇状地に存在することが注目される。私はさきにもふれたように、狗奴国が濃尾平野を中心とする地域に存在した可能性が大きいと考えているが、その中心は朝日遺跡など大規模な弥生時代の集落遺跡が所在する濃尾平野南部であろう。ただ不思議なことに弥生時代終末期、すなわち邪馬台国・狗奴国時代には大規模な前方後方形墳丘墓が営まれたと想定されるこの濃尾平野南部の地域では、古墳時代に入るとあまり大規模な古墳はみられなくなる。むしろ濃尾平野でもその北よりの犬山扇状地に尾張の前方後方墳としては最大規模の東之宮古墳が営まれていることこそが重要と思われる。

おそらくこのことは、かつての狗奴国の中心部が濃尾平野南部の地域であったことを強く示唆するものであろう。卑弥呼の晩年、邪馬台国連合と争って敗れたと想定される狗奴国の中枢部では、三世紀後半から四世紀になっても大きな古墳の造営は許されなかった可能性が大きいのではなかろうか。このことは、邪馬台国連合の形成に先立って畿内・瀬戸内と争ったと想定される北部九州の玄界灘沿岸地域にも、古墳時代前期前半にはそれほど大規模な前方後円墳がみられないことと軌を一にするものであろう。旧狗奴国の領域では、むしろその周辺部にあたる犬山扇状地や、さらにその西方の濃尾平野西部にあたる美濃の大垣市周辺に、大規模な古墳が営まれるのである。濃尾平野南部地域では、ようやく古墳時代後期の六世紀になってはじめて、名古屋市断夫山古墳など大規模な前方後円墳が営まれるようになるのである。それは継体朝の成立ともかかわる興味深い課題であるが、ここではふれない。

いま一つ興味深いのは、東之宮古墳が前方後方墳という東日本の前期前半の古墳に共通の墳丘形態を採用しながらも、その埋葬施設としては畿内やそれ以西の各地の前期古墳と同じ竪穴式石室を採用し、またその副葬品の組合せも、多量の鏡と腕輪形石製品を中心に、さらに多量の鉄製の武器と農工具などからなる西日本のこの時期の古墳と共通の組合せ原理をもつ副葬品が出土していることであろう。東日本各地の前期前半の比較的大規模な前方後方墳でその副葬品の全貌が明らかな例はあまり多くないが、少なくとも東之宮古墳では、西日本のこの時期の古墳と共通の副葬品の組合せが保たれ、またその量・質に遜色がみられないことが注目される

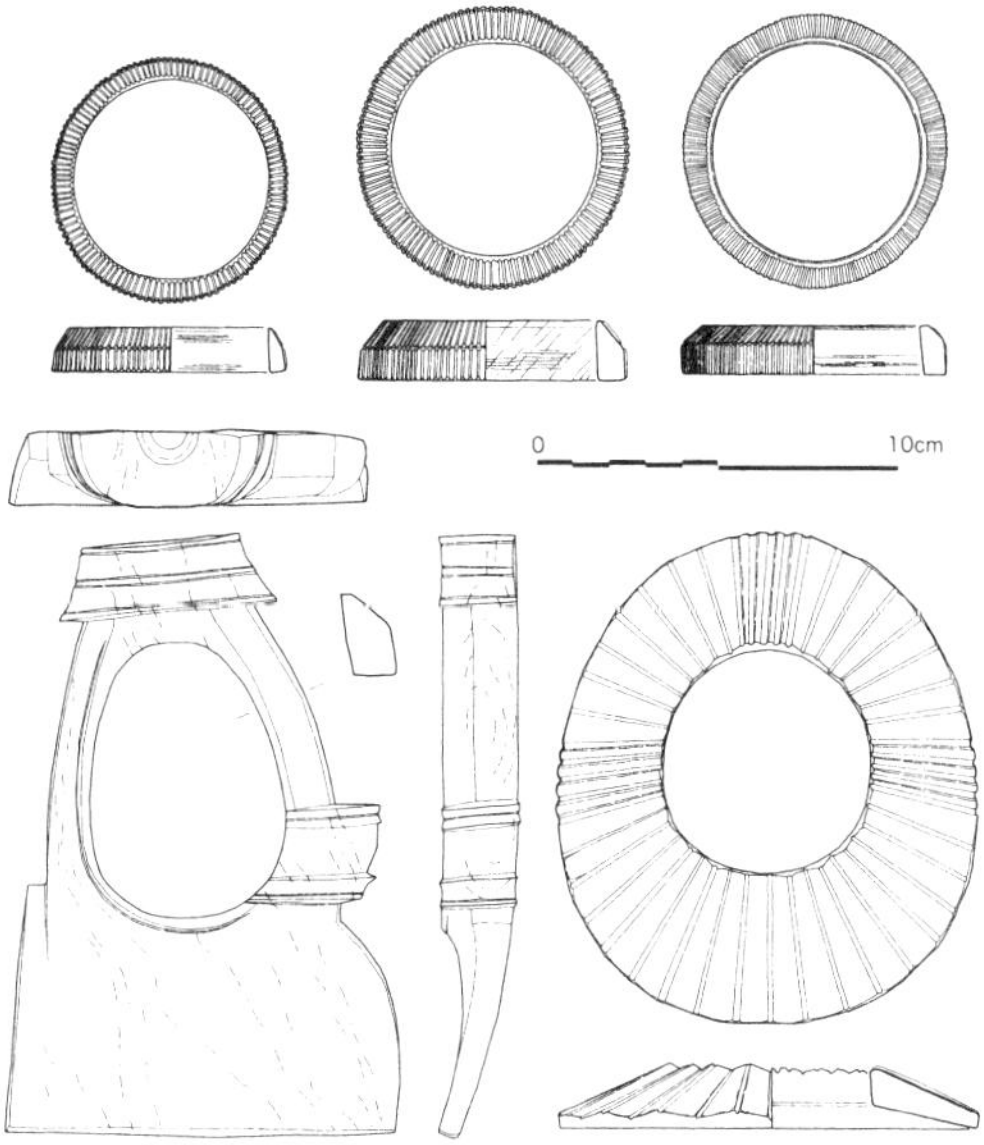

図11　東之宮古墳出土の腕輪形石製品
（上：石釧，下左：鍬形石，下右：車輪石）

のである。

このことは、犬山の地が後の東山道ルートとも関係する東日本への交通の要衝にあたることとも関連させて理解すべきであろうが、それとともに東之宮古墳の被葬者が、ヤマト政権を構成する近畿中央部や西日本各地の首長層と比較して決して劣らぬ扱いを受けていたことを示唆する材料ととらえて差し支えなかろう。

さらに東之宮古墳の副葬遺物の中には、四面もの人物禽獣文鏡が存在し、さらに唯一の棺内副葬鏡がそのうちの一面であったことも興味深い。赤塚次郎氏はこの個性的な倭鏡群を弥生時代以来の濃尾平野の伝統の中でとらえようとしている。また腕輪形石製品を始めとする石製品も東濃産石材による可能性が高いことを指摘されている（1）。

人物禽獣文鏡の系譜と石製品の原材料についてはさらに詳細な分析研究が必要であろうが、東之宮古墳の被葬者の地域的性格を検証する上に重要な課題であることはいうまでもない。古墳とは、基本的には各地の首長層がヤマト政権と呼ばれる首長連合の構成員として共通の葬送祭式と造墓様式を採用したものにほかならないが、それとともに在地首長としての性格をも顕著に示すものである。狗奴国以来の在地的伝統がどのような形で残っているかを明らかにすることは、古墳造営の本質を明らかにするうえからも重要な課題であろう。

このほか、東之宮古墳の後方部墳頂平坦面の現状がきわめて狭いことが注目される。この部分に大きな墓壙を穿ち竪穴式石室を営むことはきわめてむずかしいと考えざるをえない。最近、古墳の墳丘構築法にも日本列島の東と西で大きな差異があることが指摘されている[3]が、これは古墳の埋葬施設造営法の差異とも関連する可能性が大きいと思われる。千葉県木更津市の前期後半の前方後円墳手古塚古墳では、後円部中央に高さ一m程度の積み土で平坦面を造成し、そこに木棺を置いて粘土槨を営み、その後に墳丘の築成が行われたことが報告されている[4]。

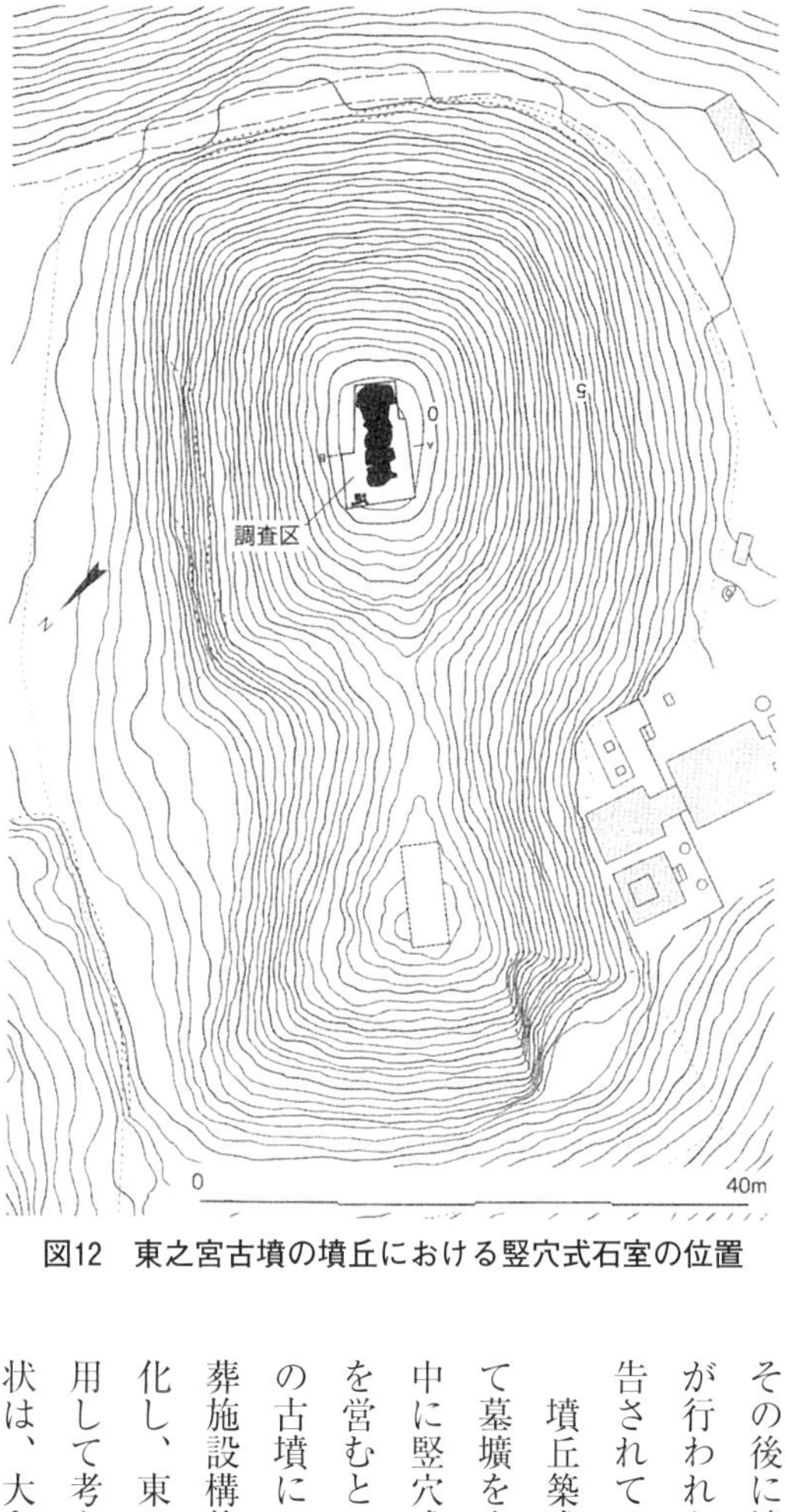

図12　東之宮古墳の墳丘における竪穴式石室の位置

墳丘築成後に改めて墓壙を穿ってその中に竪穴式石室なりを営むという西日本の古墳にみられる埋葬施設構築法を普遍化し、東日本にも適用して考えている現状は、大きな誤りを犯しているのかもしれない。こうした西日本型の埋葬施設構築法にたいして、東日本型の埋葬施設構築法が東之宮古墳でも採用されていた可能性は否定できないように思われる。東之宮古墳では、前方部における埋葬施設の有無やこうした未調査の部分についての補完的調査を実施し、その実態を正しく解明した上で、その保存・活用策を錬る必要があるものと考えられる。こうしたそれぞれの古墳のもつ特質を明らかにしてはじめて、歴史研究資料でもある古墳の、文化財としての正しい活用が可能になることはいうまでもなかろう。

おわりに

従来、広大な東日本の諸地域が近畿のヤマトを中心に成立した政治的世界に組込まれたのは、『古事記』『日本書紀』に描かれているように、ヤマトタケルに代表されるヤマトの将軍たちの度重なる東方遠征によって、しだいにヤマト政権の版図が東に拡張された結果と理解されてきた。また前方後円墳や三角縁神獣鏡の分布の拡大などに関する考古学的研究成果も、こうした『古事記』『日本書紀』の記載をベースとする歴史観を裏付けるものとして解釈されてきた。

しかし上述のように、初期ヤマト政権と呼ばれる北と南を除く日本列島に成立した広域の政治連合が、それぞれ三世紀前半に成立していた近畿中央部を中心とする西日本の政治連合と濃尾平野を中心とする東日本の政治連合の合体によって成立したものにほかならないとすれば、従来の日本列島における初期の国家の形成に関する見取り図は大きく修正されなければならない。

ここに示したパースペクティブが正しいかどうかについては、多くの批判と今後のさらなる研究に委ねなければならない。ただこの日本古代史上きわめて重要な課題を追究するうえに、濃尾平野の一角に三世紀末葉前後に営まれた、きわめて豊富でかつ特色ある副葬品群を持った前方後方墳——東之宮古墳——がきわめて重要な役割を担うことは間違いなかろう。

［註］

（1）犬山市教育委員会編『史跡東之宮古墳調査報告書』二〇〇五

（2）白石太一郎『古墳とヤマト政権』文春新書　一九九九

（3）青木敬『古墳築造の研究―墳丘からみた古墳の地域性―』六一書房　二〇〇三

（4）杉山晋作「手古塚古墳」『千葉県の歴史』資料編　考古2（弥生・古墳時代）千葉県　二〇〇三

三　美濃・昼飯大塚古墳の語るもの

はじめに

大垣市昼飯《ひるい》大塚古墳は大垣市教育委員会がここ数年間きわめてレベルの高い学術的な発掘調査を実施されていて、私も毎年事情の許す限り見学させていただき、勉強させていただいています。

今回この昼飯大塚古墳が国の史跡に指定されたのですが、墳丘長一五〇mという岐阜県で最大の前方後円墳であるばかりでなく、古墳時代の前半期としては、東海地方で最大の古墳であるということからも、これは当然であり、遅すぎたくらいだと思います。古墳時代における西日本と東日本の関係など、日本の古代史全体にかかわるいろいろな問題を考えるうえでも、重要な古墳であることは疑いありません。

史跡に指定するということは、この古墳が文化財として重要なものであるということを国がオーソライズするわけですが、さらに古墳を保存して活用するというところに大きな意味があるわけです。

古墳は考古学的な遺跡ですから、広い意味の歴史学の研究資料として活用する必要があります。そのためには学術的な調査を行い、その古墳からその地域の歴史をどのように考えることができるのかを

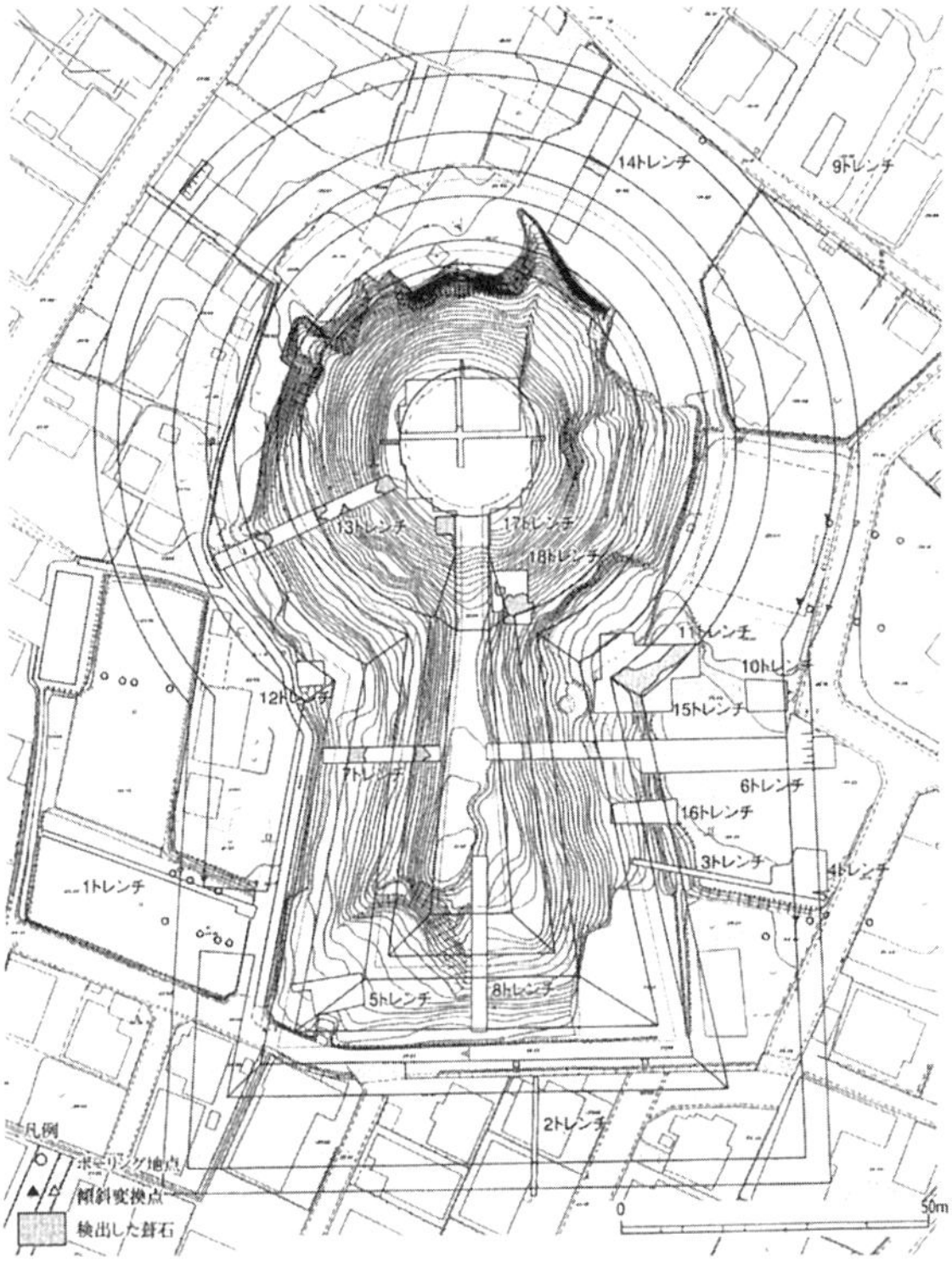

図13　岐阜県大垣市昼飯大塚古墳の墳丘（『昼飯大塚古墳』による）

明らかにした上でこれを整備し、地域の方々とともに地域の歴史を考える資料として活かすということ、これが古墳を保存し活用することだと思います。

　単に史跡に指定されたというだけでなく、これまでの時間をかけた質の高い計画的な発掘調査で、その内容が明らかにされつつあることに大きな意義がある。そういう意味で大垣市で行っておられる昼飯大塚古墳

の調査と整備事業は、今後の各地の古墳整備事業のよいお手本になることは間違いないと思われ、大垣市のこの事業にたいする努力には、大いに敬意を表しています。

実際に調査を担当されている方は、調査者としての責任がありますので、あまり大胆な推論は口にしにくいものです。かわって、今日は私が自由な立場から、少し大胆に話をさせていただきたいと思います。

昼飯大塚古墳は重要な古墳であり、これまでの調査結果から提起される問題もきわめて数多いわけです。この場ではとてもそのすべてについてはお話しすることは時間の制約もあってできませんので、次の三つの問題にしぼってお話をしたいと思います。

その一つは前方後円墳としての昼飯大塚古墳の墳丘形態の問題です。この古墳では前方部の上の平坦面がそのまま後円部の頂部につながっていくわけですが、各地の前方後円墳で後円部の頂上部と前方部上の平坦面がどのようにつながっているかは、じつはよくわかっていません。その部分をきちんと調査した例がそれほど多くないからですが、昼飯大塚古墳ではこの後円部と前方部のつながり方を考える上で、きわめて重要な調査例になると思います。こうした前方後円墳の墳丘形態という視点からお話をします。

いま一つ今回の調査の大きな成果は、古墳の築造時期が明らかになったこととともに、後円部にどうやら二つの埋葬施設があり、一方は竪穴式石室、一方は粘土槨という埋葬施設が並列して営まれていたことが明らかにされた点です。この二つの埋葬施設の意味、さらに昼飯大塚古墳の被葬者像について、これが第二の問題です。

それから第三番目には、昼飯大塚古墳が東日本においてどのような位置を占めるかについてお話ししたい。以上の三点について時間の許す限り、私の考えを述べたいと思います。

1　前方後円墳としての昼飯大塚古墳

最近では定型化した大型の前方後円墳は、三世紀中葉すぎから登場すると考えられるようになってきました。奈良県の箸墓古墳などは墳丘長が二八〇mを超す巨大な前方後円墳ですが、三世紀後半でも早い段階に築造されたものと多くの研究者が考えるようになってきました。

この三世紀中葉すぎから五世紀後半までの時期に、大規模な前方後円墳の形状がどのように変わっていったかを私なりに整理したものが図14です。従来の前方後円墳の研究といいますと、多くの場合、その平面形態の研究が中心となっていますが、前方後円墳というのはやはり立体的な構築物ですから、単なる平面の研究だけではその本質がとらえられないのではないかと思います。

まず最古の大型前方後円墳と考えられる古墳に奈良県箸墓古墳があります。この古墳は宮内庁が陵墓に指定しているため立ち入りができません。ただ奈良県や桜井市が周辺部を調査しており、周濠の存在など外部施設についてどんなことがわかってきているのですが、今日はこれについては詳しく触れることはできません。

この古墳は後円部が五段で、これに前方部が取り付いているわけです。前方部の前面が四段に築成されていることは知られていましたが、前方部の側面はこれまで測量図などからみて段はないと思われていました。ところが、最近、前方部の先端がもっと大きく広がっていることが奈良県立橿原考古学研究所や桜井市教育委員会の調査でわかってきました。前方部の側面についても前の方は両方とも大きく削られていることがわかり、側面についても少なくとも一段目の上の平坦面は、おそらく前方部のまわりを廻っていたと思います。図示したものは若干修正する必要があるわけです。

後円部は五段と申しましたが、一段目から四段目までは全部同じ傾斜で、平坦面の幅もほぼ同じですが、最上段だけは傾斜が少し緩くなっています。一番上の段のまわりの平坦面も広くなっており、一段目から四段目までの段とはやや性格が異なると考えるべきだと思います。五段目は円壇と申しますか、ここに最も重要な埋葬施設が営まれていると推定され、中心的な被葬者が眠っているのは間違いないと思われます。したがって、この古墳の後円部では、四段に築かれた円形の基壇の上に埋葬を行う重要な円壇が載っている。これに前方部が取り付いているのですが、前方部の先端部がやや高くなっており、前方部の平坦面はそこからくびれ部に向かってしだいに下がっていき、途中からまたしだいに高くなって、後円部の四段目の上の平坦面につながっているのです。

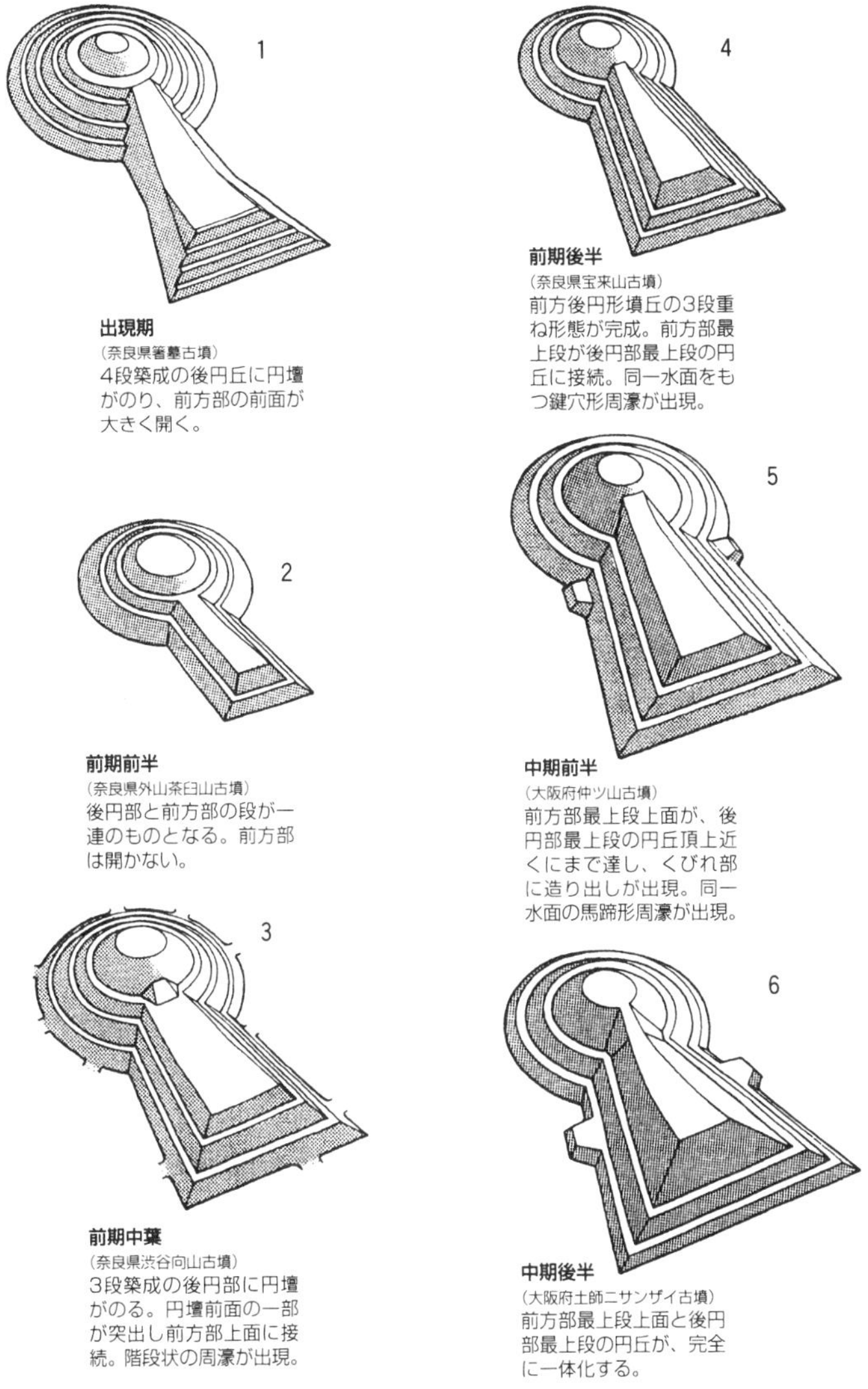
1
出現期
（奈良県箸墓古墳）
4段築成の後円丘に円壇がのり、前方部の前面が大きく開く。
2
前期前半
（奈良県外山茶臼山古墳）
後円部と前方部の段が一連のものとなる。前方部は開かない。
3
前期中葉
（奈良県渋谷向山古墳）
3段築成の後円部に円壇がのる。円壇前面の一部が突出し前方部上面に接続。階段状の周濠が出現。
4
前期後半
（奈良県宝来山古墳）
前方後円形墳丘の3段重ね形態が完成。前方部最上段が後円部最上段の円丘に接続。同一水面をもつ鍵穴形周濠が出現。
5
中期前半
（大阪府仲ツ山古墳）
前方部最上段上面が、後円部最上段の円丘頂上近くにまで達し、くびれ部に造り出しが出現。同一水面の馬蹄形周濠が出現。
6
中期後半
（大阪府土師ニサンザイ古墳）
前方部最上段上面と後円部最上段の円丘が、完全に一体化する。

図14　前方後円墳の形態の変遷

つぎの段階は奈良県桜井市にあります外山《とび》茶臼山古墳で、長さが二〇八mの前期前半の前方後円墳です。ここでは前方部先端の開きがそれほど顕著でなくなってきます。まさに鍵穴形の、すなわち前方後円形の基壇を二段に重ねて、その後円部の上に円壇を載せているわけです。円壇が後円部上に載るのは先にみた箸墓古墳の場合と同じです。

つぎは前期中葉の奈良県天理市南部にあります渋谷向山《しぶたにむかいやま》古墳（現景行天皇陵）で、墳丘長三一〇mの、前期では最も巨大な前方後円墳です。この古墳は前方後円形の墳丘を三段に積み重ねており、後円部の三段目の上には箸墓や外山茶臼山と同じように円壇を載せています。ただ第一段階の箸墓や第二段階の外山茶臼山と異なるのは、円壇の前方部側の裾のところに前方部の上面とつなぐような突出部といいますか、斜道が登場する点にあります。近くの行燈山《あんどんやま》古墳（現崇神天皇陵）もおそらくこれに近い形をしていると思います。

そういう段階を経まして、つぎの前期後半になりますと、奈良市宝来山古墳（現垂仁天皇陵）にみられるように、それまでの前方後円墳とは違って、まさに前方後円形の墳丘を三段に積み上げた中期タイプの前方後円墳が完成します。前方部の上面は、後円部の三段目の円壇にくい込むようなかたちで接続するわけです。それ以降は前方部上面が後円部に取り付く部分の高さがだんだんと高くなります。中期前半の大阪府藤井寺市・羽曳野市古市古墳群の仲ツ山古墳になると、後円部三段目の割合高いところまで前方部上面のスロープが達しています。

さらに中期後半になると、大阪府堺市百舌鳥古墳群にあります土師《はぜ》ニサンザイ古墳にみられるように、前方部上面の平坦面がそのまま後円部墳頂につながるようになります。後期の前方後円墳はすべて基本的にこのタイプとなりますが、後期型の前方後円墳の基本形がすでにこの段階に成立しているわけです。

立体的な構築物としての前方後円墳の形態変化を、前方部と後円部のつながり方という観点で整理すると以上のようにまとめることができます。このように前方後円墳のおおまかな形態変化を巨大古墳の墳丘測量図から読みとることができますが、こうした墳丘構造、とくに後円部と前方部の接続部がどのような構造になっているのか、といったことを実際の発掘調査で確認した事例はきわめて少ないのです。

例えば、外山茶臼山古墳の場合は墳丘にのぼって観察することができますが、ここでは、この円壇の前方部側の斜面にもすべて葺石が葺かれています。三番目・四番目にあげた前期の中葉や前期後半の例などでは実際のところどうなっているのか、墳丘の観察もできず、発掘調査も行われていないのでよくわかりません。ところが今回昼飯大塚古墳の発掘調査では、前方後円墳の変遷を考える上に重要な前方部と後円部の接続部分が発掘調査されまして、その状況がよくわかるようになりました。前方後円墳の型式変遷を考える上で重要なこの部分の構造が明らかにされたのです。

後円部には埋葬施設を営んだ大きな墓壙を取り巻くように円筒埴輪列がめぐっています。そしてこの円形の円筒埴輪列に取り付くように前方部の先端部からずっとのびてきた二本の埴輪列、すなわち前方部上の平坦面両側に並んでいる円筒埴輪列が、スロープを上がってきて後円部墳頂部の円形の円筒埴輪列に取り付いているわけです。この接続部分が少し荒らされているのでよくわからないようですが、後円部頂の円形の円筒埴輪列のこの部分はどうも円形埴輪列の間隔が少し粗くなっているようです。この部分、他の古墳でもいろいろあって、同じように後円部の円形埴輪列が切れ目なくめぐっていて、その列に前方部の両側の埴輪列が取り付くものもあれば、その部分だけ埴輪列が切れている古墳もあるわけですが、昼飯大塚古墳の場合は、この部分の円筒埴輪の間隔が粗くなっていたようです。

三重県上野市（現、伊賀市）に、戦後まもなく小林行雄先生を中心とする京都大学の方々が発掘調査された石山古墳があります。この古墳は後円部の墳頂部に三つの粘土槨が並んでいた特異な古墳です。ここでは三段築成の前方後円墳の各段上の平坦面に円筒埴輪列が並んでいたわけですが、その三段目の前方部の頂部からずっと続いてきた埴輪列がそのまま後円部の前面の斜面に続き、墳頂部の円形埴輪列につながっていました。ここでは後円部の円形埴輪列のうち前方部よりの部分には円筒埴輪列がなく、前方部の通路状の部分がずっとそのまま後円部の上の広場までつながっていたことが明らかにされています（図21）。後円部の前方部側の部分を埴輪を並べて閉じている例とここが開いている例があるわけですが、昼飯大塚古墳はこの両者の中間の形態であると理解されます。

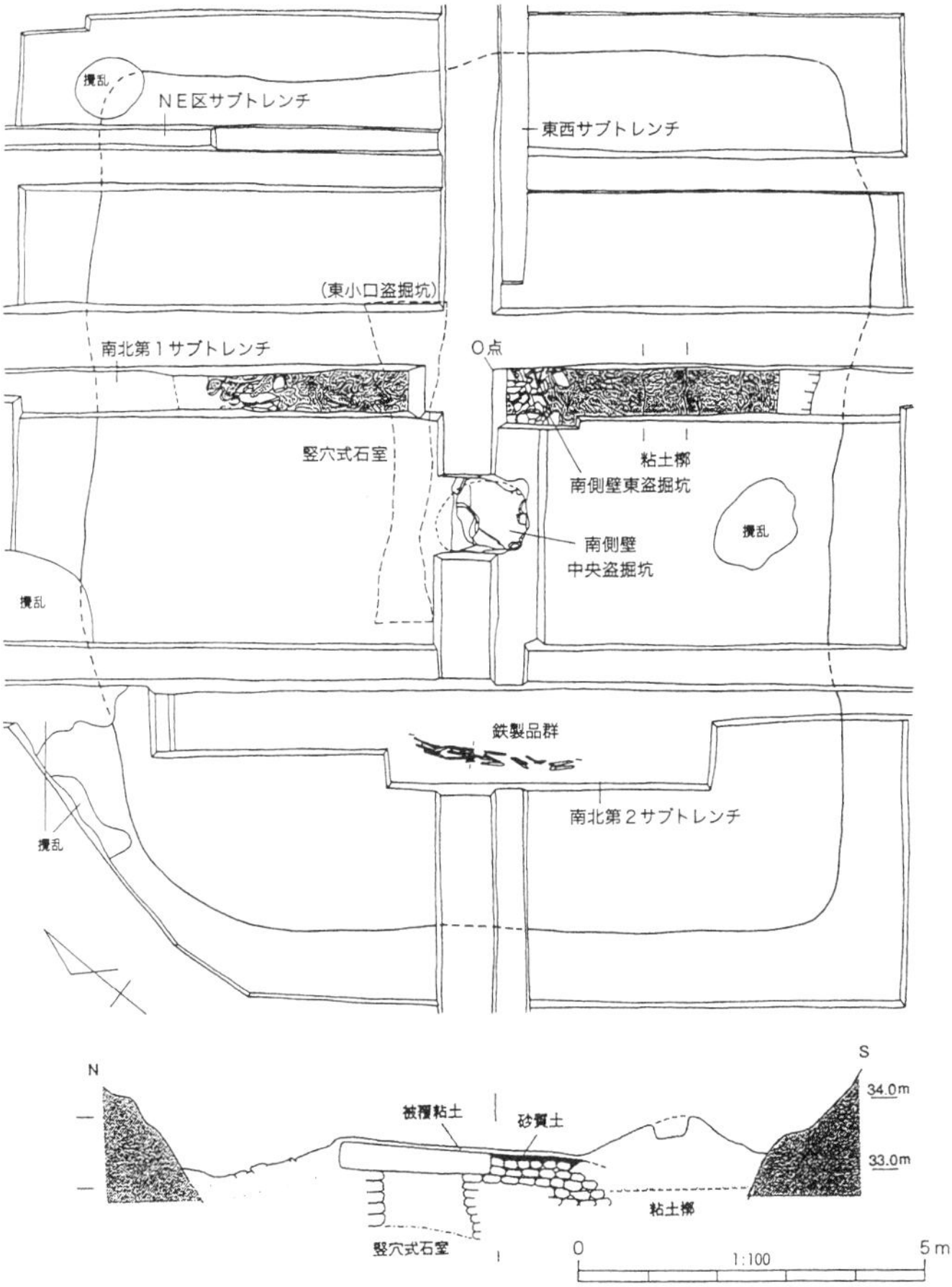

図15　昼飯大塚古墳の後円部の埋葬施設（『昼飯大塚古墳』による）

それからもう一つ昼飯大塚古墳の調査で重要な点は、後円部の三段目の斜面には葺石が葺かれていますが、この葺石が前方部とつながる通路状部分でどうなっているのか明らかになったことです。調査の結果は、後円部の斜面には前方部から続いてきた二本の埴輪列の外側から一mのところまではずっと葺石が続いているわけですが、この通路状部分には葺石が葺かれていなかった。先ほどふれました外山茶臼山古墳の場合はこの部分にも葺石が葺かれ、後円部上に載っている円壇は、独立した円壇として斜面全面に葺石が取り巻いているわけです。ところが、この昼飯大塚古墳の場合には通路状の部分には葺石が葺かれていないわけで、まさに前方部頂から後円部頂につながる通路としての機能を果たせるような、そういう構造になっていることが明らかになりました。

大垣市東町田遺跡では、方形周溝墓から前方後方形周溝墓が出現する過程が明らかにされています。ここでは方形周溝墓に見られる一辺の中央のブリッジ（陸橋）、すなわち通路部分がだんだんと長くなっていき、東町田遺跡ＳＺ02やＳＺ10のように墳丘が高くなるにつれて、通路は斜道として外側からずっと墳頂部まで続くようになります。墳丘が高くなればなるほどその斜道は長くせざるをえませんから、前の通路状の部分は長くなっていきます。そして最後の段階には通路としての意味を否定することになるわけですが、通路状突出部の前面にも溝が掘られてしまう。これがのちに溝を巡らすようになり、前方後方墳につながっていきます。

前方後円墳の場合でもまったく同じであって、本来は円形周溝墓ともいうべき墳丘墓の一方に通路状の突出部があって、それがしだいに長くなり、そして通路状部分の前面にも溝をもつようになって前方後円形の墳丘が完成する。それをさらに大きくしたものがいわゆる前方後円墳です。ですから弥生時代における墳丘墓の調査・研究の結果からも、前方後円墳も前方後方墳も、いずれもまわりに溝をめぐらした円形・方形の墳丘墓の外部と墳丘とをつなぐ通路状部分が発達して、前方後円墳の前方部、あるいは前方後方墳の前方部になったことは疑いありません。

完成した前方後円墳の場合にも、こうした後円部と前方部の連接のあり方は、古墳時代を通じて、前方部がまさに弥生時代の終末期にもっていた外部と墳頂部をつなぐ斜道、通路としての意味が記憶されていたことを示しているわけです。そのことの意味をどう解釈するかについては今日はお話しする余裕がありませんが、前方後円墳の後円部と前方部がどのようなかたちでつながっているのかという問題は、前方後円墳がどのように変遷していったのか、またその変遷の背後にはどのような意味があるのかを考える上できわめて重要なことです。また、そのへんは意識的に調査しないと正しい結論は得られません。昼飯大塚古墳の調査は、この点についても重要な成果をあげています。わたくしもこの成果をもとに、前方後円墳の形態変遷の意味についてさらに考えを深めていきたいと考えています。

2　昼飯大塚古墳の被葬者像――後円部にある二つの埋葬施設の意味

つぎに昼飯大塚古墳の被葬者像について考えたいと思います。被葬者像と言いましても、被葬者の名前を追求しようというのではありません。先ほども申しましたように、昼飯大塚古墳の調査の成果の一つは、後円部に二つの埋葬施設があることが明らかになったことです（図15）。この図をご覧いただきますと、後円部上に一つの大きな墓壙が掘られて、その北側に竪穴式石室、南側に粘土槨が営まれていることがわかります。全体からみればこの二つの施設は明らかに計画的に配置されていることがわかります。竪穴式石室が真ん中にあって、偏ったところに粘土槨があるというのではなくて、最初から大きな墓壙の中に二つの埋葬施設を営むことを予想して、この墓壙が掘られ、そして竪穴式石室と粘土槨の位置が決められていることはほぼ疑いない。一つの墓壙の中に二つの埋葬施設が営まれているわけです。

精密な調査の結果、竪穴式石室の控積みが終わって、その後に粘土槨が営まれたことが明らかにされています。ただし、これは施工の工程上の問題ですので、大きな目でみればこの二つの埋葬施設は同一の墓壙内に営まれており、ほぼ同時期に埋葬されたと考えられるわけです。この後円部に同時に合葬された二人の被葬者はどういう関係にあったか、その問題を考える手がかりとして三重県石山古墳の例をみてみたいと思います。

先ほどもふれましたように石山古墳には、後円部に三つの粘土槨があり、それも調査の結果昼飯大塚古墳の場合と同じように、同一の墓壙の中に三つの埋葬施設がみつかりました（図22）。この場合はすべて粘土槨ですが、墓壙の底に粘土を敷き、その上に木棺を安置してそれを厚く粘土でカバーして埋めてしまう。これが粘土槨です。この粘土槨三基が一つの墓壙のなかに営まれています。この場合も基本的には同時に埋葬が行われたと考えられるわけです。もちろん三人が同時に死んだというわけではないと思います。古墳時代には、死者をすぐに古墳に埋葬するのではなくて、死んだ後にモガリという死者の蘇生を請い願う期間があり、この期間が大きな古墳を営む期間でもあったと思われます。モガリの期間がありますので、同時に埋葬しているからといっても、必ずしも同時に死んだと考える必要はないわけですが、少なくとも古墳に埋葬されたのはほぼ同時と考えられるわけです。

この石山古墳は膨大な副葬品が出土していますが、ここで注目されるのは三つの粘土槨は、中央槨と東槨が割竹形木棺、西槨は組合式木棺で、木棺の形式が違っています。そしてその副葬品の組み合わせにも違いがあります。割竹形木棺を用いた中央槨と東槨は、鉄製の武器や武具を多量にもっていた。これにたいして西槨は武器・武具がきわめて少ない。そのかわり、西槨には腕輪形石製品が豊富に副葬されていました。棺の北端部に鍬形石、車輪石、石釧などの腕輪形石製品が多量に納められ、さらにその上に鉄製農工具やその石製模造品が集積されていたのです。

ところで、腕輪形石製品の鍬形石は弥生時代に南海産のゴホウラを縦切りにして作っていた貝輪を古墳時代になって石で真似て作るようになったものですが、弥生時代の北部九州ではこの貝輪が顕著にみられます。北部九州の例では、ゴホウラの貝輪をつけているのはいずれも男性で、子供のときから右手に着装されているところから、日常右手を使わなくてもよい特別の職能をもつ人物、すなわちカミをまつる仕事をする、司祭が使用した貝輪と考えられます。石釧はイモガイという貝を輪切りしたものが祖形で、このような貝輪は弥生時代には女性の司祭が身につけていたようで、それを石で真似たものを石釧と呼んでいます。それから車輪石、これもまた南海産のオオツタノハという大きな貝の頂上部を切り取った貝輪で、これは女性や子どもが身につけていたようです。いずれにしてもこの三種類の貝輪が石で作られるようになり、腕輪形石製品と呼んでいます。

石山古墳の西槨の北側では多量の腕輪形石製品が出土していますが、その内訳は車輪石が四四点、鍬形石が一〇点、石釧が一三点で合わせて六七点もの腕輪形石製品が棺内の端部に納められていました。これにたいして中央槨や東槨では、こうした腕輪形石製品は一点もみられないのです。貝輪は、弥生時代には性別や年齢による使い分けが行われていたのですが、古墳時代の腕輪形石製品になるとそういう性別などによる使い分けはなくなるようです。また、古墳時代の腕輪形石製品は実際に腕にはめていたわけでなく、穴が非常に小さいですから、これは宝器といいますか、本来の腕輪の機能を失っており、それを多量に作って、古墳の被葬者に添えて葬っているのです。

しかしながら、本来男性にしろ女性にしろカミをまつる人、すなわち司祭がつけるべき腕輪でしたから、当然それは古墳時代になってもカミをまつる者の持ち物、司祭の象徴的な持ち物として考えられていたということはほぼ疑いない。そういう司祭の職能を象徴するような腕輪形石製品をこの西槨の被葬者だけが多量にもっているということは、この人物こそが三人のうちでカミをまつる役割をもった人物であったのだろうと思われます。

さて、この昼飯大塚古墳の西南約三㎞のところに矢道長塚古墳という有名な古墳があります。墳丘の長さ八七ｍの前方後円墳で、昼飯大塚古墳より一世代前のこの地域の首長の古墳と考えられています。古い時期の調査なので正確なことはわからないのですが、この矢道長塚古墳の場合も後円部に二つの埋葬施設が営まれていました。

墳丘の主軸に直交する方向に二つの埋葬施設があったようです。第一主体と呼ばれているものは東方の槨で、これは割竹形木棺を粘土で被覆したもの、第二主体と呼ばれているものは、西方の槨で石山古墳の西槨と同じように箱形木棺ということがわかっています。

このうち第一主体の東槨には鍬形石が三点、三角縁神獣鏡が三面、鉄刀が棺内から三振、棺外からは五振出土し、合わせて八振もの刀が出土しています。さらに銅鏃や鉄鏃などが副葬され、多量の武器・武具をもっています。それにたいして西槨では仿製三角縁神獣鏡が二面、仿製の内行花文鏡が一面出土し、鉄刀も二振出土していますが、東槨に比べると武器の占める割合が低い。そのかわりに石釧が七六点も出土しており、それ以外に石製の合子が一組、石製の杵などが二点、勾玉・管玉なども多量に出ています。

この矢道長塚古墳の場合も、石山古墳と同じように複数の埋葬施設があって、その一方の西槨が多量の腕輪形石製品をもっています。そしてこの西槨では武器・武具が貧弱という傾向がみられるのにたいして、東槨の場合には八振もの鉄刀が出ています。これはやはり西槨の被葬者と東槨の被葬者の性格が異なっていた結果と考えられ、軍事的・政治的性格の首長と、カミをまつるという宗教的な役割りをもつ首長がここに合葬されていることが考えられます。

それからもう一つの例を見てみたいと思いますが、奈良県の川西町に一九九六年に発掘調査が行われた島の山古墳（図16）という前方後円墳があります。この古墳はちょうどこの昼飯大塚古墳とほぼ同じ頃の中期のはじめ頃の大きな前方後円墳ですが、墳丘の長さは約二〇〇ｍあって、その後円部には立派な竪穴式石室があったことが知られています。石室の天井石には、はるばる兵庫県の播磨の龍山という山でとれる石を運んできて使っており、これは今でも近くの神社などに残っています。

このように後円部には立派な竪穴式石室があったことがわかっています。そして一九九六年に前方部を発掘した結果、前方部の先端の墳頂部で、墳丘の主軸と直交する方向に粘土槨がみつかりました。これは割竹形木棺を安置してその上を厚い粘土で覆っていたのですが、その粘土の上に多量の腕輪形石製品をならべていました。ここで一番多かったのは車輪石で八〇点、石釧が三二点、鍬形石が二一

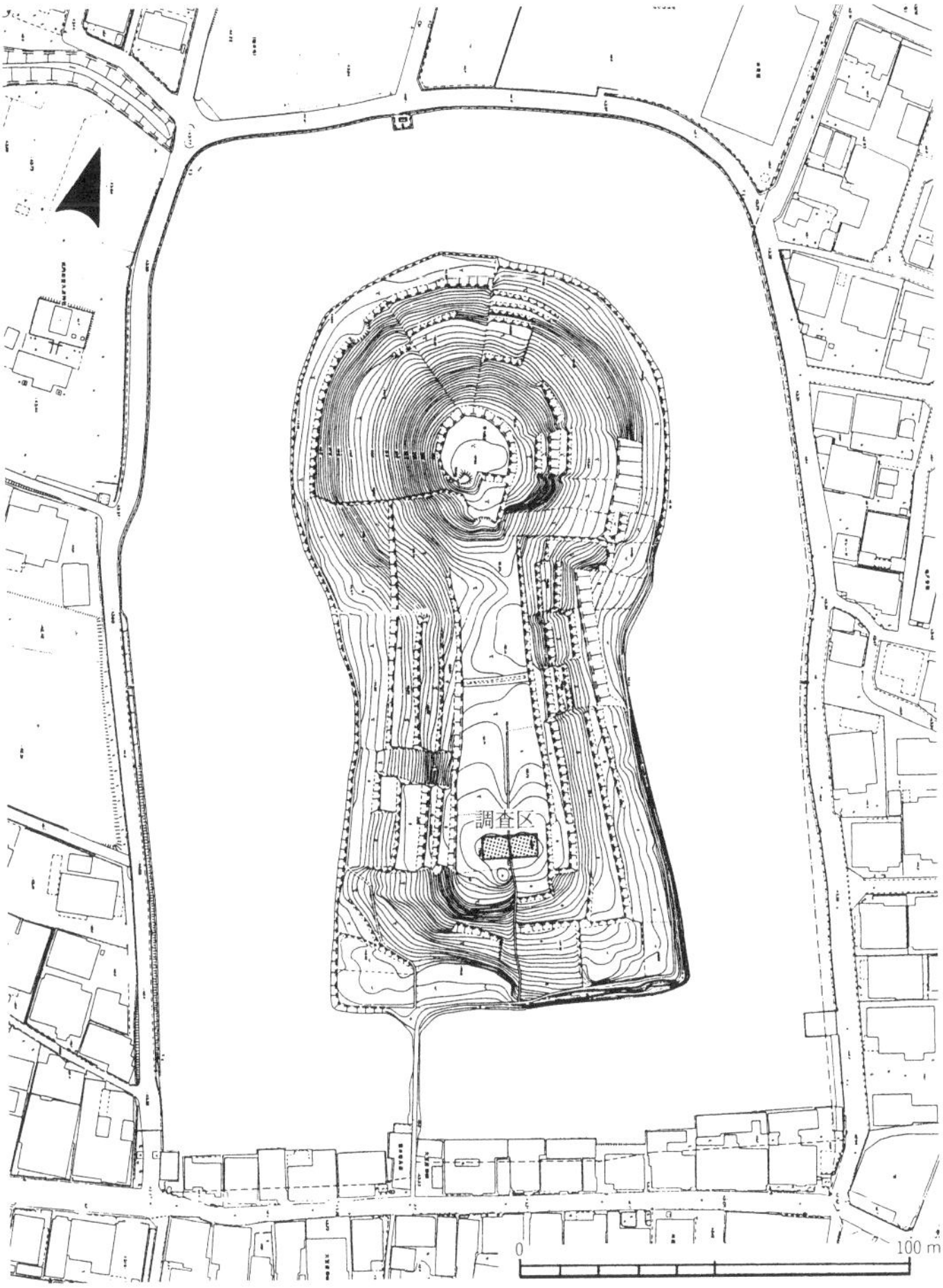

図16　奈良県川西町島の山古墳
（奈良県立橿原考古学研究所提供，図17も同）

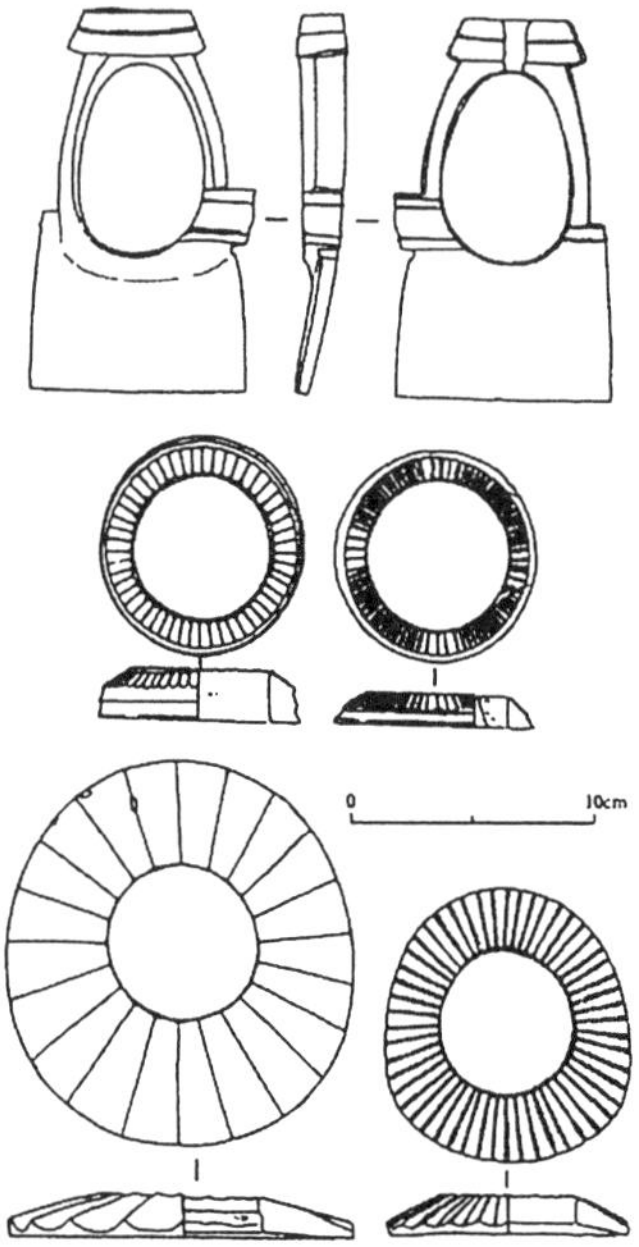

図17　島の山古墳前方部粘土槨出土の腕輪形石製品（上：鍬形石，中：石釧，下：車輪石）

点出土し、合わせて一三三点もの腕輪形石製品が出土しています（図17）。

この出土状況は石山古墳とは異なり、木棺を覆う粘土の上に腕輪形石製品が並べられていて、おそらくこの棺に眠る人の眠りを妨げるものがないようにと、魔よけの意味、辟邪《へきじゃ》の意味で並べられていたのでしょう。それにしてもこの人物は一三三点もの多量の腕輪形石製品をもっていたわけで、こうした被葬者はやや特殊な性格の人物と思われます。棺内からは仿製獣形鏡が三面、石製の合子が三点出てきていますが、棺内には武器・武具がまったくみられない。この被葬者が首飾りや手玉を装着していたことが玉類の配置からわかりますが、手玉は女性の人物埴輪のみにみられるところから、被葬者は女性である可能性が大きい。棺内遺物として武器・武具をまったくもっていないことをも考慮すると、前方部の被葬者は女性である可能性が非常に強いわけです。

しかも、腕輪形石製品は本来カミをまつる者の象徴的な持ち物ですから、そういう意味ではこの女性は司祭、まさしく巫女であったと思われます。残念ながら後円部の石室の副葬品に関する情報はありませんが、おそらく後円部の竪穴式石室に埋葬された人は男性の首長であったのではないか。後円部に葬られた政治的・軍事的な男性首長と、前方部に葬られた女性の宗教的な首長の組み合わせで、この島の山古墳の被葬者の一代の首長権というのは成り立っていた可能性が大きいと思われます。

ところで、カミがかりしてカミの意志を伝えるというのは別に女性に限ったことではなくて、男性でもカミがかりをする人がいます。巫男というのもいるのですが、しかし多くは女性です。ご承知のように『魏志』倭人伝には、卑弥呼が「鬼道につかえ、よく衆をまどわす」とありますが、まさにこれは巫女、すなわち女のシャーマンであったわけです。卑弥呼にも男弟がいて、それが政治を助けていたと書かれています。宗教的な首長である卑弥呼と軍事的・政治的な首長である男弟の組み合わせで卑弥呼の王権が成立していた可能性が大きいと思われます。

島の山古墳は昼飯大塚古墳と同じように四世紀終わり頃の古墳ですから、卑弥呼の時代すなわち三世紀前半とは一世紀以上年代差があります。『魏志』倭人伝では卑弥呼の方が重要視されていて、男弟は卑弥呼の陰に隠れているのですが、この島の山古墳の場合は時代がだいぶ新しくなっていますから、逆に男性の軍事的・政治的首長が後円部の立派な竪穴式石室に葬られ、それにたいして女性の首長、おそらく男性のキョウダイであったと思われますが、女性首長は前方部に陪葬されている。両者の関係は時代とともに逆転していることがわかるのですが、これはおそらく一般的な傾向であったろ

う と思われます。

昼飯大塚古墳の場合は、竪穴式石室は盗掘を受けていて、おそらく今後の調査によっても副葬品の組み合わせの全体像を知ることはできないであろうと思いますが、それでも粘土槨の内容が明らかになれば、いろいろなことが考えられるようになると思います。私は前期古墳の複数埋葬例のあり方から考えて、この昼飯大塚古墳の二人の被葬者は、男性の政治的・軍事的首長とおそらくその女性のキョウダイである宗教的首長を葬っていた可能性が大きいのではないかと推定しています。少なくともその一代前の矢道長塚古墳でも同じような状況がみられることから、一代後の昼飯大塚古墳の場合も同じように考えることができるのではないかと考えています。現在までに私たちに与えられている情報から考えると、以上のような被葬者像を描くことができるのではないでしょうか。ただし、この想定が正しいかどうかは、まさに今後の調査を待たねばなりません。

3　東国における昼飯大塚古墳の位置

最後に東国における昼飯大塚古墳の位置について、簡単にお話をしておきたいと思います。昼飯大塚古墳は前方後円形の墳丘の長さが一五〇ｍあることが確認されました。この規模は全国でみると六六番目、墳丘長がほぼ同じ一五〇ｍの古墳はいくつかありますから、六六番目から七一番目にランクされます。ですから、日本列島全体のなかではそれほど突出して大きいというわけではありません。しかし、東日本に限れば七番目に大きな古墳ということになります。

東日本で最大の前方後円墳は群馬県の太田天神山古墳で、中期前半の墳丘長二一〇mの前方後円墳で、このほかにも群馬県の浅間山古墳、白石稲荷山古墳や宮城県の雷神山古墳、山梨県の甲斐銚子塚古墳など一七〇m前後の古墳が続き、それらに次ぐのがまさに昼飯大塚古墳であり、ほぼ同規模の古墳に愛知県の断夫山古墳があります。

ただし、この断夫山古墳は六世紀のはじめ頃と推定されておりまして後期の前方後円墳です。古墳時代前半期ではこの昼飯大塚古墳が東海地方では最大規模で、隔絶した規模を誇っています。

ところで、愛知県埋蔵文化財センターの赤塚次郎さんが作られた濃尾平野の大型古墳の編年表を見ますと（図18）、この地域は日本列島のなかではあまり大きな古墳のないところといっていいと思います。濃尾平野がもっている大きな生産力に比べると、むしろ古墳は非常に小さい。とりわけ古墳時代の前期にはあまり大きな古墳がみあたらない地域であることがわかります。これは『魏志』倭人伝にみられ、古墳時代に入る直前の三世紀前半にあったと推定される「狗奴国」がこの濃尾平野を中心とする勢力と考えられ、それが後のヤマト王権につながる邪馬台国と戦った歴史的背景とも関連するものと思われます。

そして、ようやく四世紀の終わり頃、すなわち古墳時代の前期の終わり頃から中期のはじめ頃になってきますと、昼飯大塚古墳に見られるようにこの地域にはじめて大規模な古墳が登場します。どうしてこの時期に、東海地方にも昼飯大塚古墳のような大規模な前方後円墳が築かれるようになったのかということは興味深い問題です。

先ほど東日本の大きな前方後円墳をいくつかあげましたが、群馬県の浅間山古墳、宮城県の雷神山古墳、山梨県の甲斐銚子塚古墳、少し新しくなりますが群馬県の白石稲荷山古墳など墳丘長一七〇mクラスの大きな古墳が東日本にもみられますが、これらはいずれも前期の終わり頃から中期のはじめ

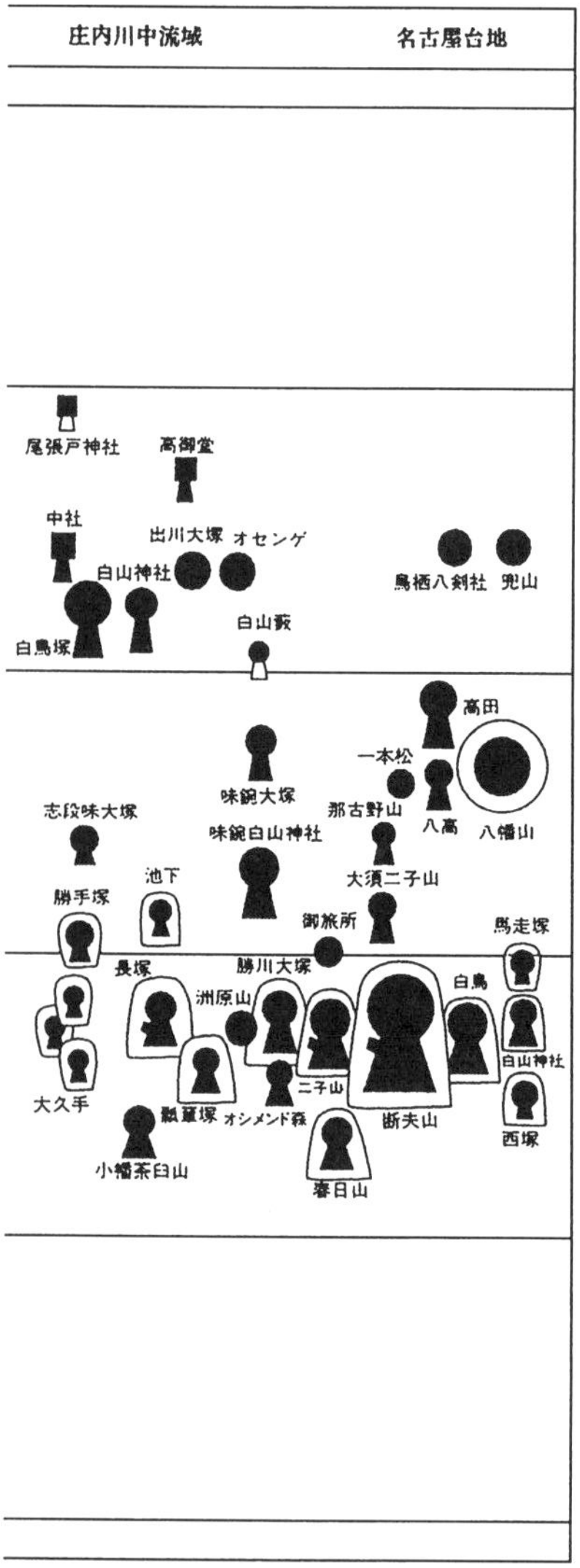

（赤塚次郎氏による）

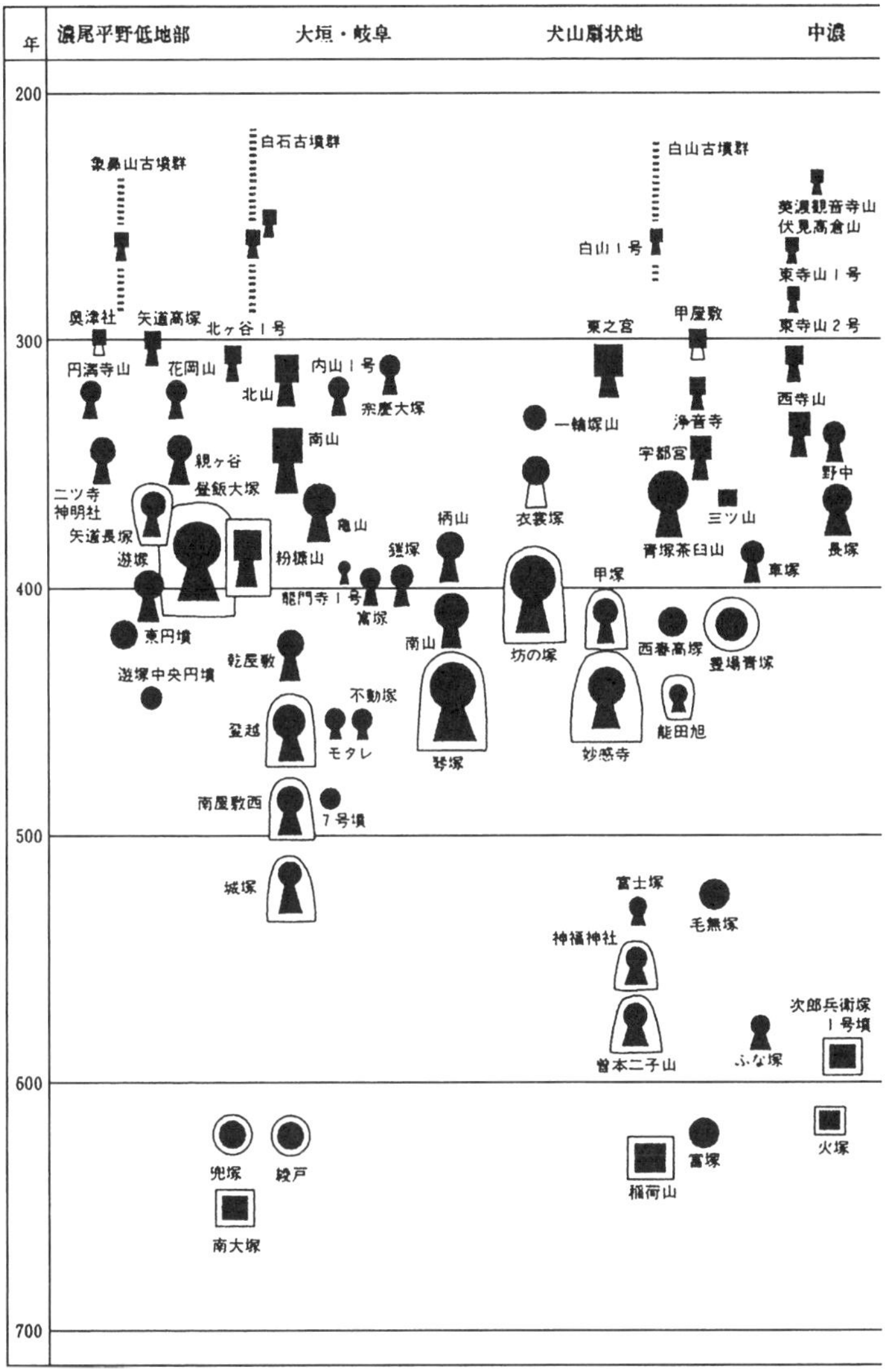

図18　濃尾平野における大型古墳の編年

頃の古墳です。じつはこの時期は畿内のヤマト王権の内部に大きな変化があった時期で、それは大王墓と思われる巨大古墳が奈良盆地から大阪平野に移ってしまうのです。

これについてはいろいろな考え方があるわけですが、私は畿内のヤマト王権のなかで、その盟主の地位が奈良盆地の勢力から大阪平野の勢力に移った結果と考えています。そういう大きな変動期であるからこそ、東日本でも大きな古墳がつくられる、つくることが可能になったものと考えています。

4　東アジアのなかの昼飯大塚古墳

最後に、昼飯大塚古墳から鉄柄付手斧《ちょうな》の雛形品が出ていることについて、一言ふれておきたいと思います。これは明らかに朝鮮半島の影響を受けた遺物と思われます。昼飯大塚より一代後と考えられています大垣市青墓町の遊塚古墳では、雛形ではなく実用品の鉄柄付手斧とともに朝鮮半島で焼かれた陶質土器が出土しています。四世紀末から五世紀初頭といった早い段階に、朝鮮半島の影響がこの地にまでおよんでいたことが知られるわけです。四世紀後半から末葉という時期は、朝鮮半島との関係の上から倭国が大きく変化する時期です。東海で最も西に位置する美濃の場合もその例外ではなかったことを物語っているのでしょう。

この時期、朝鮮半島では高句麗が南下して、百済、新羅、伽耶諸国はまさに国家存亡の大きな危機を迎えます。とくに百済や伽耶諸国は倭国を味方に引き入れ、高句麗と戦うことになります。おそらく倭国も、重要な鉄資源を朝鮮半島に頼っていたということもあって、この争いに加わることになったものと思います。このような国際情勢の大きな変化から、倭国は強力な高句麗の騎馬軍団と戦争をせざるをえなくなります。海外での高句麗との戦いは容易なものではなく、ヤマト王権としては列島各地の勢力、吉備、北部九州、さらに東日本の勢力の助けを借りなければなりません。畿内の内部の大和の古い政治勢力ではこうした情勢に対応できないこともあって、おそらく畿内勢力の盟主権が大和の政治勢力から河内の勢力へ移るということがあったのだと思います。従来からヤマト王権の内部で朝鮮半島との外交・交易を担当していた大阪平野の勢力に王権の中心が移ったものと考えられるのです。

また、こうした変動期であるがゆえに、東国にも大きな古墳が築造されるようになる。濃尾平野にもようやくこの時期になって昼飯大塚古墳のような大古墳が現れるのもこうした背景があったからだと考えられます。東海地方ではじめて造られる大型古墳の昼飯大塚古墳が、美濃の不破の地に近いところに造られることも重要で、この地が畿内と東国を結ぶ重要な拠点にあたっていることも関係していると思われます。そういう意味で四世紀終わり頃、東海地方ではじめて大型古墳と呼べるような昼飯大塚古墳がこの地に築かれることは、四世紀末葉におけるヤマト王権と東国の関係、さらにはこの時期の日本の歴史を考える上にも、きわめて重要な意味をもっているのではないかと思います。

今後調査が進めば、さらに興味深い事実が明らかになると、私自身も大きな期待をよせています。昼飯大塚古墳の調査、研究、保存、活用の事業は、理想的なかたちで進んでいます。今後もこうした文化財としての古墳の保存・活用の事業を進めていくには、市民の方々の理解と支援がどうしても必要です。今後とも今までと同様、日本の古代の歴史を考える上でも重要な昼飯大塚古墳の保存・整備事業への理解と支援をお願いして、私の話を終わります。

〔追記〕

昼飯大塚古墳の後円部上の大きな墓壙内の埋葬施設については、その後の調査により北側の竪穴式石室、南側の粘土槨の両者のさらに西側に、それらと直交する方向にもう一基木棺直葬の埋葬施設があることが確認されている。図15の墓壙内西方の鉄製品群の西側で検出されたもので、この鉄製品群は木棺の棺側に置かれた副葬品にほかならない。この第三の埋葬施設の性格をどう考えるかは今後の課題であるが、竪穴式石室や粘土槨に比べると簡単な施設であり、またその位置も両者より浅いところにある。こうしたところから本文で述べた竪穴式石室と粘土槨の二つの埋葬施設の性格についての評価を改める必要はないと考えている。これら昼飯大塚古墳の最新の調査の成果については、その後刊行された中井正幸『昼飯大塚古墳』日本の遺跡21、同成社、二〇〇七年を参照されたい。

四　伊勢・宝塚一号墳出現の意味するもの

はじめに

松阪市宝塚一号墳（図19）の発掘調査によって検出された造出し部周辺における船形埴輪（図20）をはじめとする形象埴輪群のあり方は、古墳における埴輪樹立の意味そのものを問い直す契機となり、日本の埴輪研究を大きく前進させるとともに、古墳における儀礼や古墳時代の祭祀のあり方を再検討するための重要な材料を提供した。ここではその成果に学びながら、宝塚一号墳それ自体の造営の意味するものを考えてみることにしたい。

1　東海西部における前方後円墳出現以前

最近の各地における古墳の年代研究の進展の結果、滋賀県東部を含む東海地方以東の東海、北陸、中部山地、関東という広大な東日本地域では、古墳時代前期の前半に造営された顕著な古墳はほとんど前方後方墳であることが明確になってきた。すなわち三世紀後半から四世紀前半においては、西日本が前方後円墳の世界であったのにたいし、東日本はまさに前方後方墳の世界であった。伊勢地域においても古墳時代前期は、雲出川流域を中心に多くの前方後方墳が造営されている。

このことの意味について私は、すでに三世紀前半の弥生時代終末期の段階に、濃尾平野の勢力を中心に東日本各地のいくつかの拠点的な政治勢力の首長たちの間に何がしかの政治的な連携関係が形成されていたことと無関係ではないと考えている。この時期には愛知県西上免遺跡の前方後方形墳丘墓をはじめ、東は千葉県木更津市の高部三〇・三二号墓など顕著な前方後方形墳丘墓が東日本各地に営まれ、奈良県桜井市の纒向石塚墳丘墓に代表される西日本の前方後円形墳丘墓の分布状況とはきわめて顕著な差異を認めることができる。これが『魏志』倭人伝からうかがえる西日本の邪馬台国を中心とする倭国連合と、その南（実は東）の狗奴国を中心とする政治連合の並立を示している可能性は否定できないと考えている。

こうした三世紀前半の状況を経て、三世紀中葉すぎになると西日本では奈良県桜井市箸墓古墳に代表される定型化した大型前方後円墳が各地に出現し、一方東の地域でも、西日本の前方後円墳ほどではないが、大型の前方後方墳が出現するのである。私はこれを西日本の邪馬台国を中心とする倭国連合に東日本に形成されていた広域の政治連合が加わり、まさに列島の中央部が一つの政治連合としてのヤマト政権を形成したことを示すものと考えている。この時以降、西日本の邪馬台国連合以来の第一次メンバーが造営したのが前方後円墳であり、東日本各地の政治勢力など倭国連合に後から加わった二次的メンバーが営んだのが前方後方墳であったと思われる。伊勢地方でも、東日本各地と同様に古墳時代前期前半の前方後円墳がまったくみられないのは、この地域もまた邪馬台国時代には東方の濃尾平野を中心とする政治連合の一員であったことを示すものであろう。この地域の首長たちは、他の東日本地域の首長たちと同様、四世紀前半まではヤマト政権と呼ばれる首長連合のなかでは、その二次的メンバーとして区別されていたものと思われる。

2　東海西部における大型前方後円墳の出現の意味

ところが、古墳時代前期中ごろの四世紀前半から中葉になると、東日本各地でもそれまでの前方後方墳に替えて、より大型の前方後円墳を造営する地域が多くなる。四世紀中葉に美濃では岐阜県垂井町親ヶ谷古墳（墳丘長八二m）、大垣市矢道長塚古墳（八一m）が、尾張では犬山市青塚古墳（一二三m）が営まれ、さらに四世紀後半になると美濃では大垣市昼飯大塚古墳（一五〇m）という美濃地域最大の前方後円墳が出現する。また伊勢の西方の伊賀地域でも四世紀後半には、伊賀市石山古墳（一二〇m）という大型の前方後円墳が出現する。

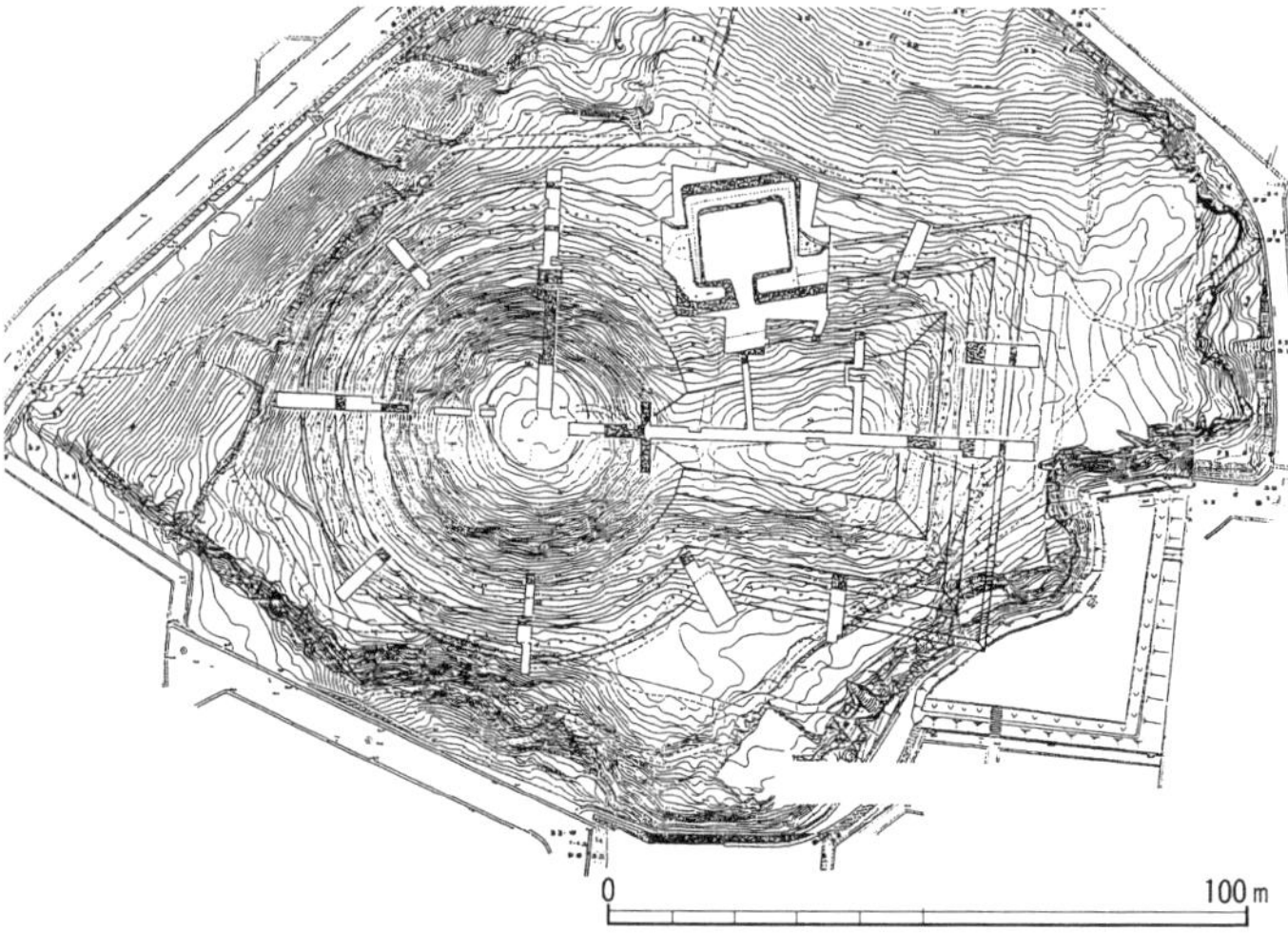

図19　三重県松阪市宝塚１号墳（『史跡宝塚古墳』による）

伊勢地域で最大の前方後円墳である宝塚一号墳（一一一ｍ）の出現もまた美濃の昼飯大塚古墳、伊賀の石山古墳という地域最大の前方後円墳の出現よりやや遅れるとしてもあまり大きな年代差を考える必要はなかろう。これら東海西部やその付近での大型前方後円墳の出現は、巨視的にみればまさに揆を一にする出来事にほかならない。

なお、伊勢南部の松阪付近では、大型前方後円墳の宝塚一号墳に先だって、大型円墳の久保古墳（径五二・五ｍ）や坊山一号墳（径四〇ｍ）が造営される。雲出川流域の前方後方墳と一部並行する可能性が大きいが、その実態が不明でありここではふれない。

四世紀中葉頃を境に東日本各地で前方後方墳に替えて前方後円墳が造営されるようになるのは、初期ヤマト政権を構成する各地の首長層の相互関

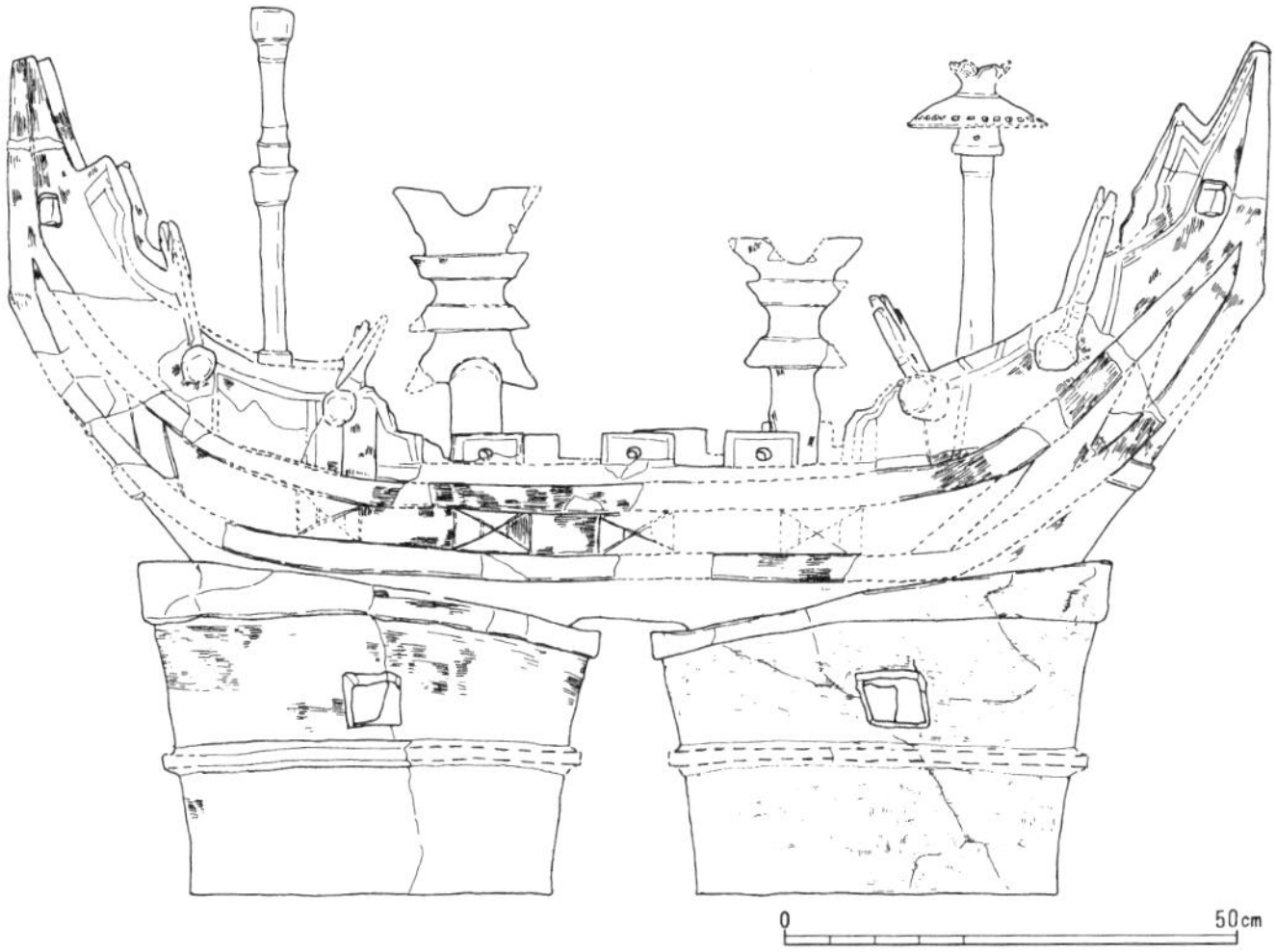

図20　宝塚1号墳出土の船形埴輪（『史跡宝塚古墳』による）

係が成熟した結果、倭国連合のなかでの、一次メンバーと二次メンバーの区別の意味がなくなったからであろう。ただ東日本でも下野地域（栃木県）のように前期の終りころまで前方後方墳の造営が続く地域があることは注意しなければならない。

一方、墳丘長一〇〇mを越えるような大型前方後円墳の出現については、とりもなおさず彼らがヤマト政権のなかで占める位置が大きくなった結果であることはいうまでもなかろう。さらにこの時期の東海西部の大型前方後円墳の所在地をみてみると、いずれもそれが後に畿内と呼ばれる近畿中央部から東日本地域に至る交通の要衝に位置することが注目されるのである。伊賀の石山古墳が畿内地域、とりわけ奈良盆地東南部の〝やまと〟から伊勢南部にいたる、現近鉄大阪線添いのルートに近い陸路の要衝にあり、またこのルートをへて伊勢湾岸に出た雲出川や櫛田川の河口に近い松阪に宝塚一号墳が出現することは重要である。

ここから海路伊勢湾を渡り三河湾にいたると西三河最大でやはり四世紀後半の愛知県吉良町正法寺古墳（九〇ｍ）がある。さらに後の東海道添いのルートには、ともに四世紀中葉頃でこの地域最大の遠江の静岡県磐田市銚子塚古墳（一一二ｍ）、同松林山古墳（一一〇ｍ）が、駿河には四世紀後半で駿河最大の静岡市谷津山古墳（一一八ｍ）がある。また東京湾の渡海地点である相模の三浦半島の付根付近では四世紀中葉ころの神奈川県逗子市・葉山町の長柄・桜山一号墳（九〇ｍ）、同二号墳（八〇ｍ）が、海を渡った上総にはやはり四世紀中葉前後の千葉県市原市姉崎天神山古墳（一二〇ｍ）や今富塚山古墳（一一五ｍ）などの大型前方後円墳がつながる。

一方、美濃の親ヶ谷、矢道長塚、昼飯大塚古墳の各古墳が、後の不破関を東に越えた関ケ原からその東方に位置し、この地をさらに東進した後の東山道ルートに近いところに前期としては尾張最大の青塚古墳がある。これら美濃・尾張の四世紀の大型前方後円墳は、いずれも後の東山道ルートに近い要衝の地に位置する。

このように、四世紀の中葉から後半に、近畿以東の各地に営まれた大型前方後円墳が、後の東海道や東山道の原型ともいえる畿内と東国を結ぶ海沿いと内陸の二つのルートに沿った拠点的な位置に営まれていることは、きわめて興味深い。これは東国の重要性が高まるとともに、ヤマト王権がこれらのルート上の拠点を押える在地勢力との関係を重視し、その関係を強化しようとした結果にほかならないと思われる。

それはまたヤマト政権とよばれる広域の政治連合が、各地の首長たちによる鉄や鉄器などの先進的な文物の物流や情報のネットワークにほかならなかったことを示すものでもあろう。東国への海の道の要衝をしめる宝塚一号墳の被葬者ないしこれを造営した勢力の果たした役割もまた、おのずから明らかであろう。

3　宝塚古墳の被葬者像をさぐる

このように、宝塚一号墳が美濃の昼飯大塚古墳、あるいは伊賀の石山古墳などと共通の性格をもつ大型前方後円墳であることは疑いなかろう。とすれば、埋葬施設が未調査の宝塚一号古墳についても、それらの古墳の内容からある程度その被葬者像を推測することができるのではなかろうか。

これらの古墳のうち埋葬施設の全面的な発掘調査が行われているのは石山古墳（図21）である。ここでは後円部の一つの墓壙内に並列する三つの粘土槨が存在したことが明らかにされている（図22）。そのうち長狭な割竹形木棺を用いた中央槨・東槨はともに多量の鉄製武器・武具を伴っていたのにたいし、短い組合せ木棺を用いた西槨（図23）では武器・武具はきわめて少量であるが、大量の鍬形石・石釧・車輪石などの腕輪形石製品を副葬していた（図24）。これらの腕輪形石製品の祖形は弥生

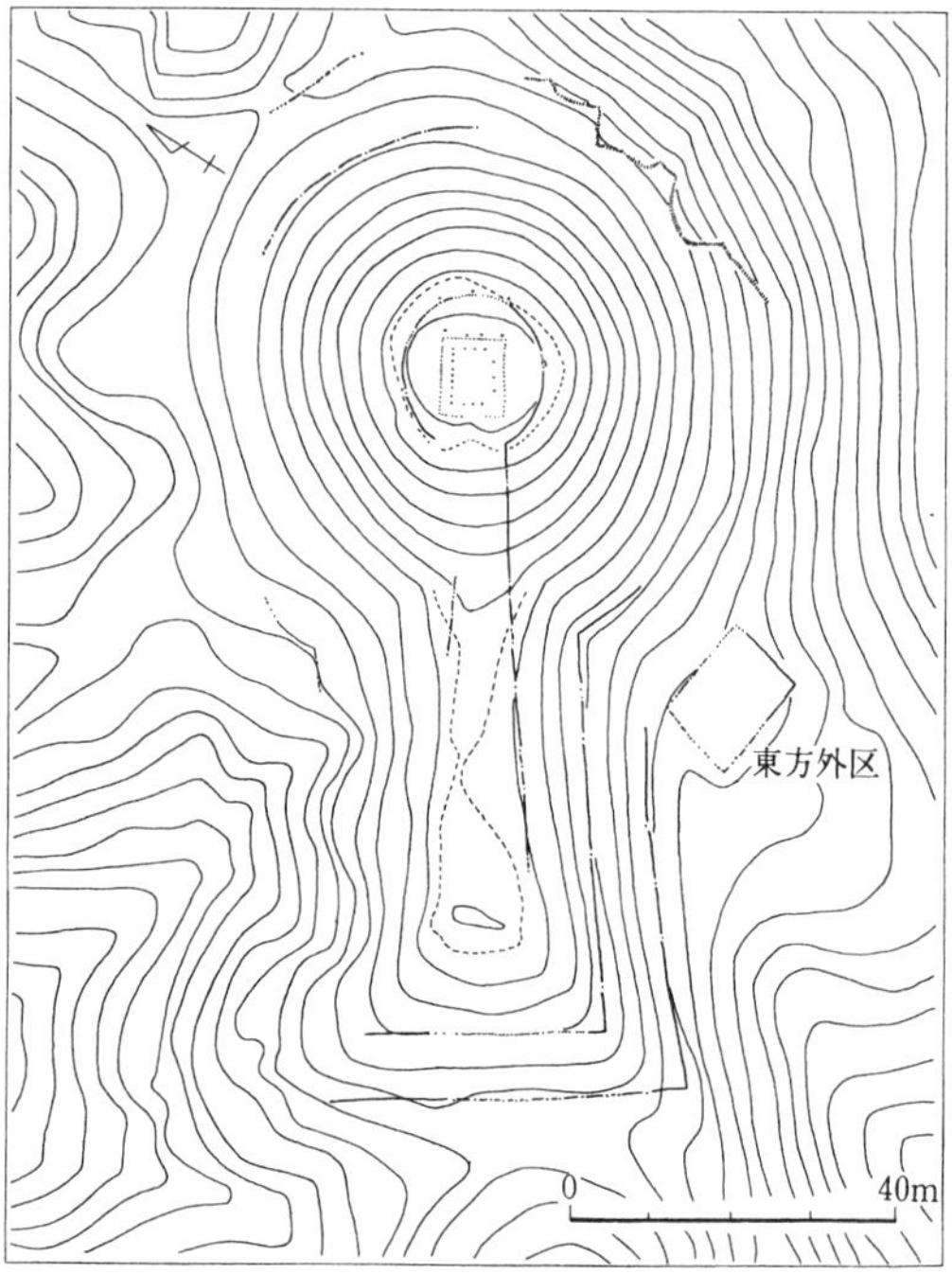

図21　三重県伊賀市石山古墳の墳丘
（『紫金山古墳と石山古墳』による）

時代の司祭者が身に付けていた南海産の貝を加工した貝輪である。このことから、石山古墳には二人の軍事的・政治的首長と一人の呪術的・宗教的首長が合葬されていたことは疑いない。

これにたいして昼飯大塚古墳ではまだ発掘は一部にすぎないが、やはり後円部の大きな一つの墓壙内に前方後円墳の主軸と並行に竪穴式石室と粘土槨が、これと直交する方向に一基の木棺直葬の施設があることが確認されている。今後の発掘の結果を待たなければそれぞれの被葬者の性格を追求することは困難である。

ただこの昼飯大塚古墳の一代前の首長墓と想定される矢道長塚古墳では、後円部に営まれた東槨・西槨の二つの埋葬施設のうち、割竹形木棺を用いた東槨からは相当量の武器とともに三面の三角縁神

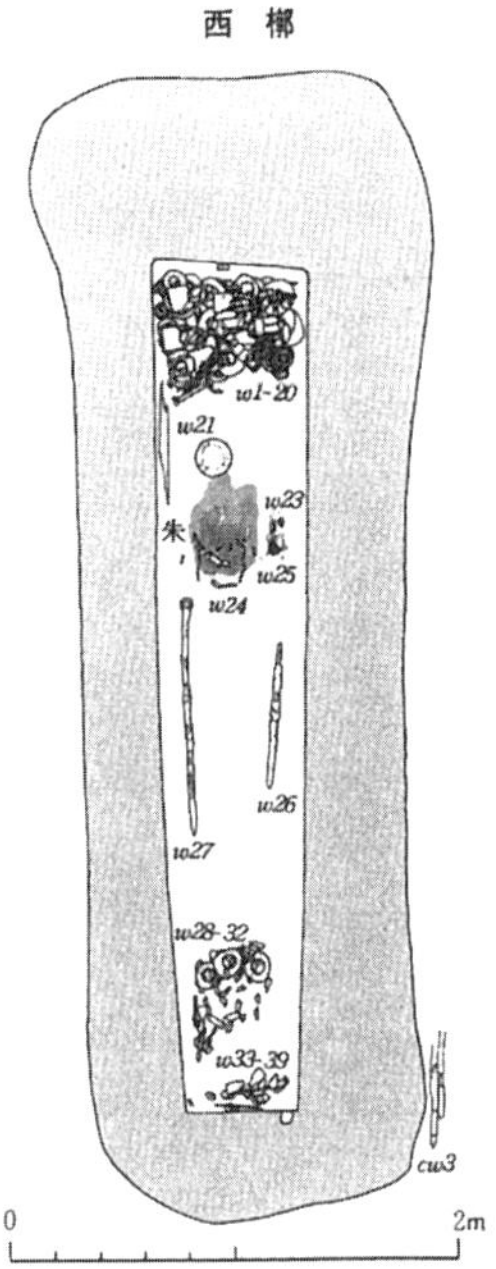

図23　石山古墳の西槨
（『紫金山古墳と石山古墳』による）

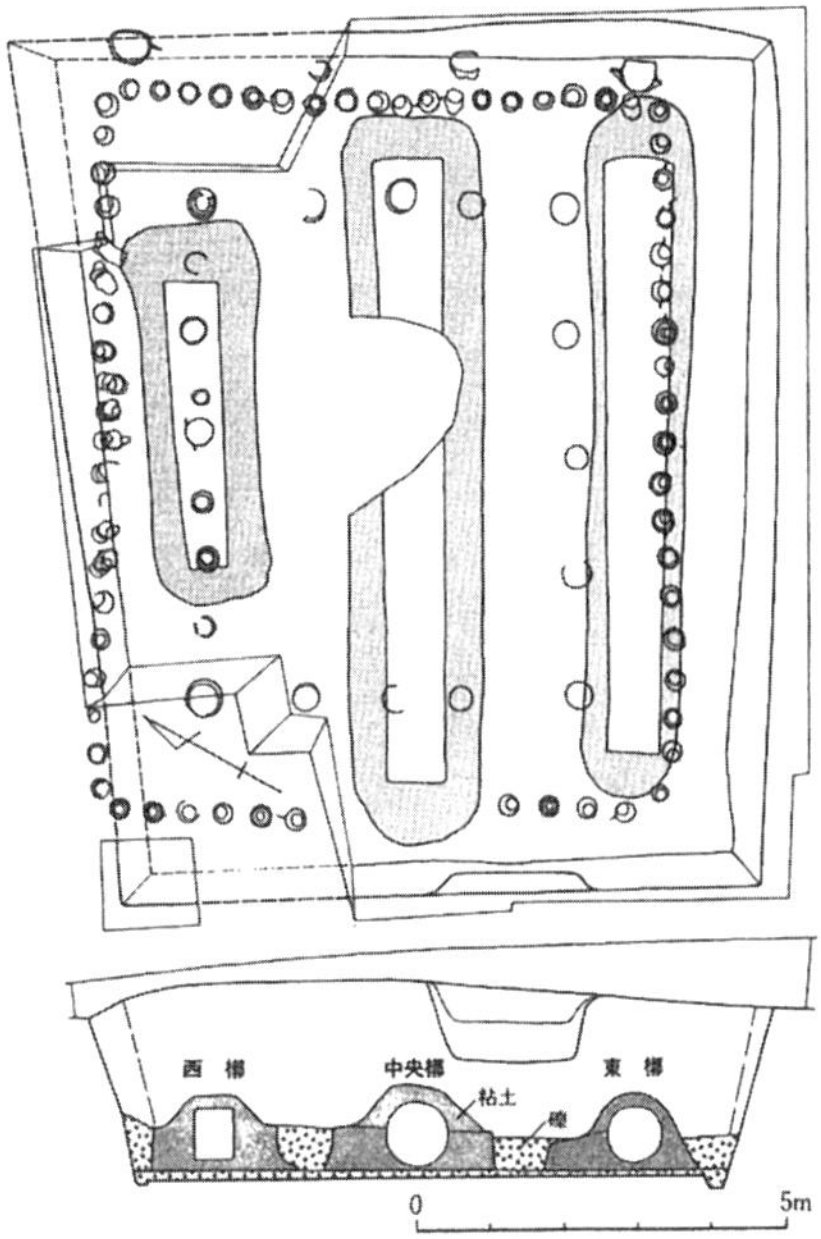

図22　石山古墳後円部の３つの粘土槨
（『紫金山古墳と石山古墳』による）

獣鏡と三つの鍬形石が出土しているのにたいし、組合せ木棺を用いた西槨では武器は少ないが、三面の仿製三角縁神獣鏡などとともに七六点もの石釧が出土している。

鍬形石の祖形はゴホウラ製の男性司祭の貝輪であり、石釧の祖形はイモガイ製の女性司祭の貝輪である。このことから、長塚古墳では東槨におそらく男性で宗教的役割をもつが基本的には軍事的・政治的役割の首長が、西槨にはおそらく女性の呪術的・宗教的役割の首長が葬られていた可能性が大きい。こう

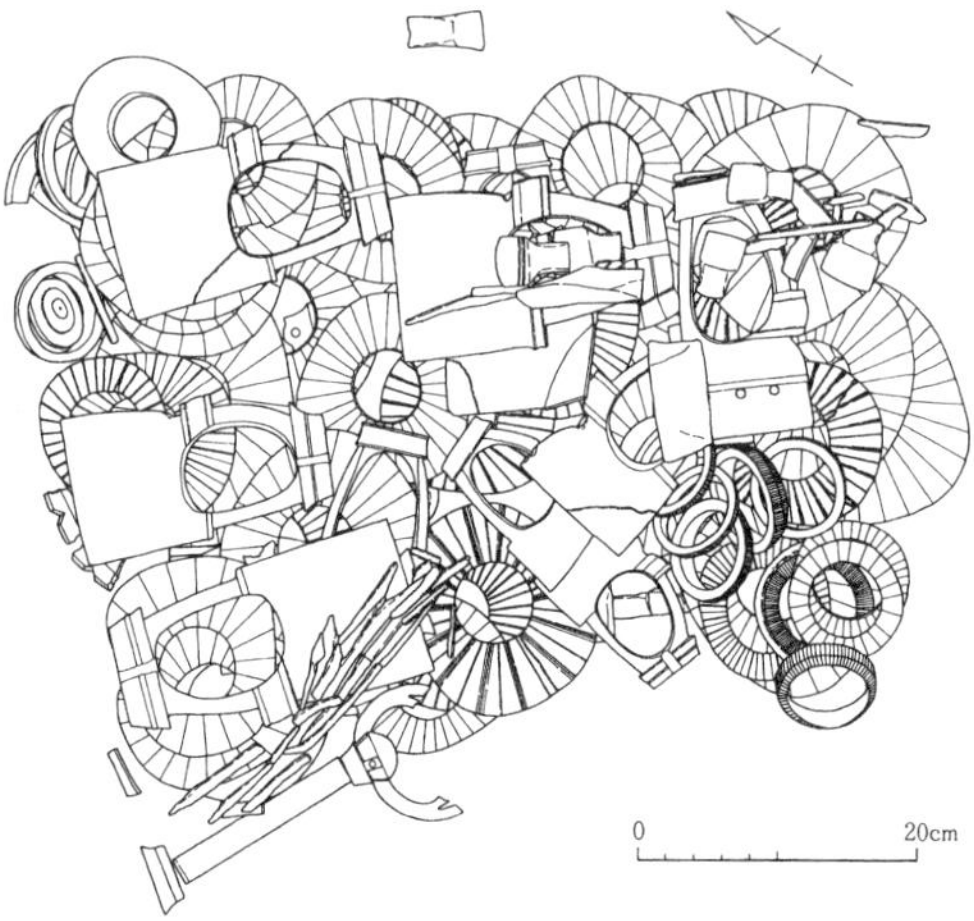

図24　石山古墳西槨北端部における腕輪形石製品の出土状況（『紫金山古墳と石山古墳』による）

した矢道長塚古墳のあり方からも昼飯大塚古墳の後円部、少なくとも竪穴式石室と粘土槨の被葬者が聖俗の役割を分担していた可能性は大きいと思われる。

　こうした、多くは男性の軍事的・政治的首長と、多くは女性の呪術的・宗教的首長からなる聖俗二重首長制が、四世紀の段階には相当広範に行われていたことは、奈良県島の山古墳の調査成果などからもうなずける。この古墳の車輪石八〇点、石釧三一点、鍬形石二一点をともなった前方部の粘土槨の被葬者は、武器・武具をほとんどもたず、手玉の着装などから女性と想定されている。後円部のすでに失われた竪穴式石室の被葬者を、軍事的・政治的首長と想定することは、充分可能であろう。

　ただ四世紀の段階でも、古墳の主たる埋葬施設が一基でそれが多量の武器・武具と腕輪形石製品の双方をもつものがあることなどから、一人の首長が聖・俗両方の権能を兼ね備えていた例もまた存在したことは確かである。埋葬施設が未調査の宝塚一号古墳の被葬者像については将来の調査に待つほかないが、この時期の他の大型前方後円墳に葬られた首長たちのあり方と性格を大きく逸脱するものとは考えにくい。仮にそれが一人の人物であったとしても、聖俗の首長権を合わせもつ首長であったことは疑いなかろう。造出し部周辺の形象埴輪群のもつ意味についても、こうした被葬者の性格を考慮してはじめて正しく理解できるものではなかろうか。

第Ⅱ部　関東の古墳を考える

一　古墳からみた上毛野とヤマト王権

はじめに

古墳時代の群馬県は上毛野と呼ばれ、大規模な前方後円墳が数多く営まれた。さらに東日本で最大の前方後円墳である太田市太田天神山古墳が造営されたことからも明らかなように、政治史的にも、文化史的にも東国の中心としてきわめて重要な位置を占めていた。またこの地域では江戸時代から古墳に関する調査や研究がはじめられ、すでに第二次世界大戦以前の昭和初期に全県的な古墳の分布調査が行われて『上毛古墳綜覧』としてまとめられるなど、古墳研究に関してはきわめて先進的な地域であった。

さらに最近の二〇年間には、(財)群馬県埋蔵文化財調査事業団などによって、古墳時代の豪族居館として全国的にも有名な三ツ寺I遺跡をはじめとする古墳や古墳時代のさまざまな遺跡の調査研究が進められ、この地域の古墳のあり方や古墳時代の状況が、きわめて鮮明にされている。

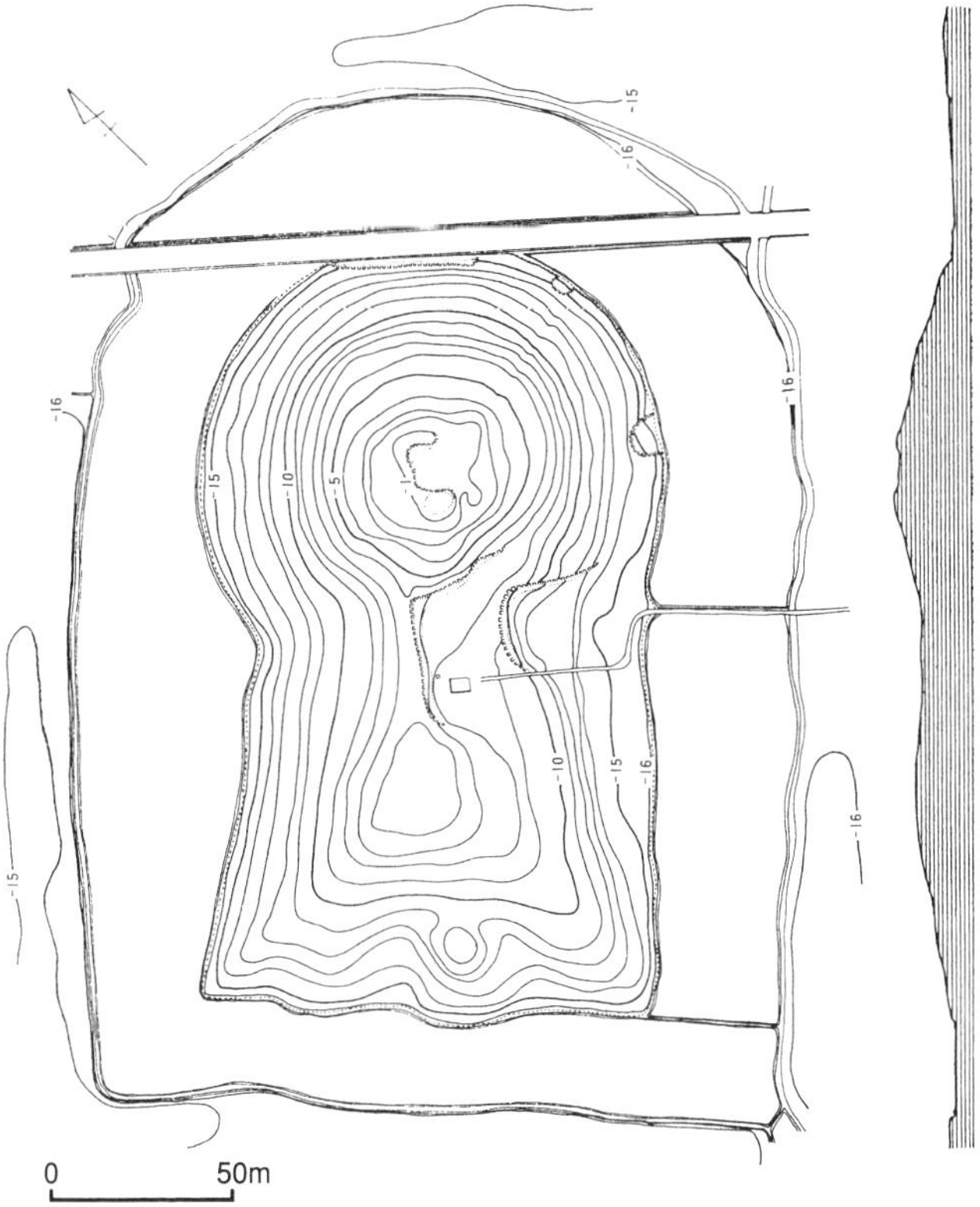

図25　群馬県太田市太田天神山古墳

こうした群馬県における古墳や古墳時代に関する調査・研究の成果は、日本列島における古墳や古墳時代を考える際にも多くの重要な示唆を与えてくれる。私も群馬県における古墳研究の成果に多くを学ばせていただいている一人である。（財）群馬県埋蔵文化財調査事業団創立二〇周年記念講演会で地元の方々にお話しする機会を与えられたので、群馬県における古墳研究の成果を踏まえ、古墳からみたヤマト王権と東国の関係について日頃考えているところを述べ、ご批判を仰ぐことにしたい。

1　東国における政治的世界の成立

上毛野をはじめとする広大な東日本に政治的世界が成立したのは、『古事記』や『日本書紀』によると四道将軍やヤマトタケルなど多くのヤマトの将軍たちの東国遠征によって、ヤマト政権とよばれる政治連合の版図が、しだいに東に拡大した結果だという。はたしてそうであろうか。三世紀になると東日本でも環溝集落が姿を消して行くことや、地域性の顕著な弥生時代後期の土器が斉一性の強い土師器に転換することなどから、三世紀という時代が東日本においても大きな転換期であったことは疑いない。

私は、

① 関東地方など東日本の弥生土器が土師器に転換する契機が、巨視的にみると東海系の土器の影響によったものであること。

② 三世紀前半から中葉頃には、東日本各地に前方後方形墳丘墓が営まれるが、その分布の中心は濃尾平野にあるらしい。

③　古墳時代に入ってもその前期前半には、西日本の前方後円墳に対して東日本では前方後方墳の造営が顕著である。

こうしたことから三世紀前半の関東地方は、東海東部、中部山地、北陸とともに、東海西部の濃尾平野の勢力を中心とするゆるやかな政治連合に含まれていたと考えている。

最近の三角縁神獣鏡の編年研究の進展や、年輪年代法による弥生時代中期末の暦年代の遡上からも、奈良県箸墓古墳に代表される定型化した大型前方後円墳の出現年代が三世紀中葉過ぎまでさかのぼる可能性が強くなった。そのため邪馬台国九州説が成立する余地はほとんどなくなり、邪馬台国はヤマト国にほかならないと考える人が多くなった。

三世紀初め頃を境にして、中国鏡の分布の中心が北部九州から畿内に大きく転換する。これはそれまで朝鮮半島東南部の鉄資源や中国鏡をはじめとする先進的な文物の輸入ルートの支配権を一手に握っていた玄界灘沿岸地域にたいして、畿内と瀬戸内海沿岸地域の諸勢力が連合してこの支配権を奪取した結果であろうと考えられる。邪馬台（ヤマト）を中心とする西日本各地の政治勢力の間の政治連合、すなわち邪馬台国連合（倭国連合）はこれを契機に成立したものであろう。

邪馬台国を畿内のヤマトと考えてよければその南（実は東）にあって邪馬台国と対等に戦った狗奴国は、濃尾平野を中心とする地域に求められる可能性がきわめて大きい。中部、関東の多くの地域は、まず第一段階の三世紀前半にこの狗奴国を中心とする政治連合に加わり、そして卑弥呼の死後、三世紀中葉以降にヤマトを中心とする倭国連合に加わったのではなかろうか。

こうした広大な東日本への政治連合の版図の拡大に対応するために、さらにまた卑弥呼という呪術的権威を失っても広域の政治連合を維持・発展させるために、政治連合のシステムの整備が行なわれ、その一環として連合に加わった各地の首長たちが、連合内での身分秩序に応じて大小さまざまな古墳を造ることがはじまったのであろう。邪馬台国連合からヤマト政権への転換である。その際、遅れてこの連合に加わった東日本の首長ら二次的メンバーに与えられた墳丘型式が前方後方墳であったと思われる。

上毛野でも古墳時代前期でも早い段階の大型古墳が前方後方墳であり、その後前方後円墳に転換することは明らかになりつつある。それはまさにこうした理由によるのであろう。

2　太田天神山古墳の語るもの

五世紀前半、上毛野には墳丘長二一〇mの巨大な前方後円墳、太田天神山古墳（図25）が造営される。この古墳は全国的には第二六位にランクされるものであるが、これが造営された五世紀の第2四半期半頃と想定される同一時期に限れば、列島内で五指のうちに入る大古墳であったことは疑いない。古墳の規模が連合政権としてのヤマト政権の身分秩序を反映しているであろうことはまず疑いないから、この時期には上毛野の大首長がヤマトの大王の同盟者としてヤマト政権の内政や外交で重要な役割を果たしたことは疑いない。

太田天神山古墳には、伊勢崎市のお富士山古墳とともに、畿内の五世紀の巨大古墳にみられるものとまったく同じ形態で同じ技法による長持形石棺が用いられている。太田天神山のものはそのごく一部がのこるにすぎないが、お富士山のものはやや小さいが、身の部分が完存し、太田天神山の石棺のありし日の姿を彷彿とさせる（図26）。これは、東国の上毛野の大首長の死にさいして、畿内で大王の石棺を作っていた工人が派遣されてその製作にあたったものと考えざるをえない。これもこの時期において上毛野の大首長が畿内の大王と同盟関係にあったことを如実に物語るものであろう。

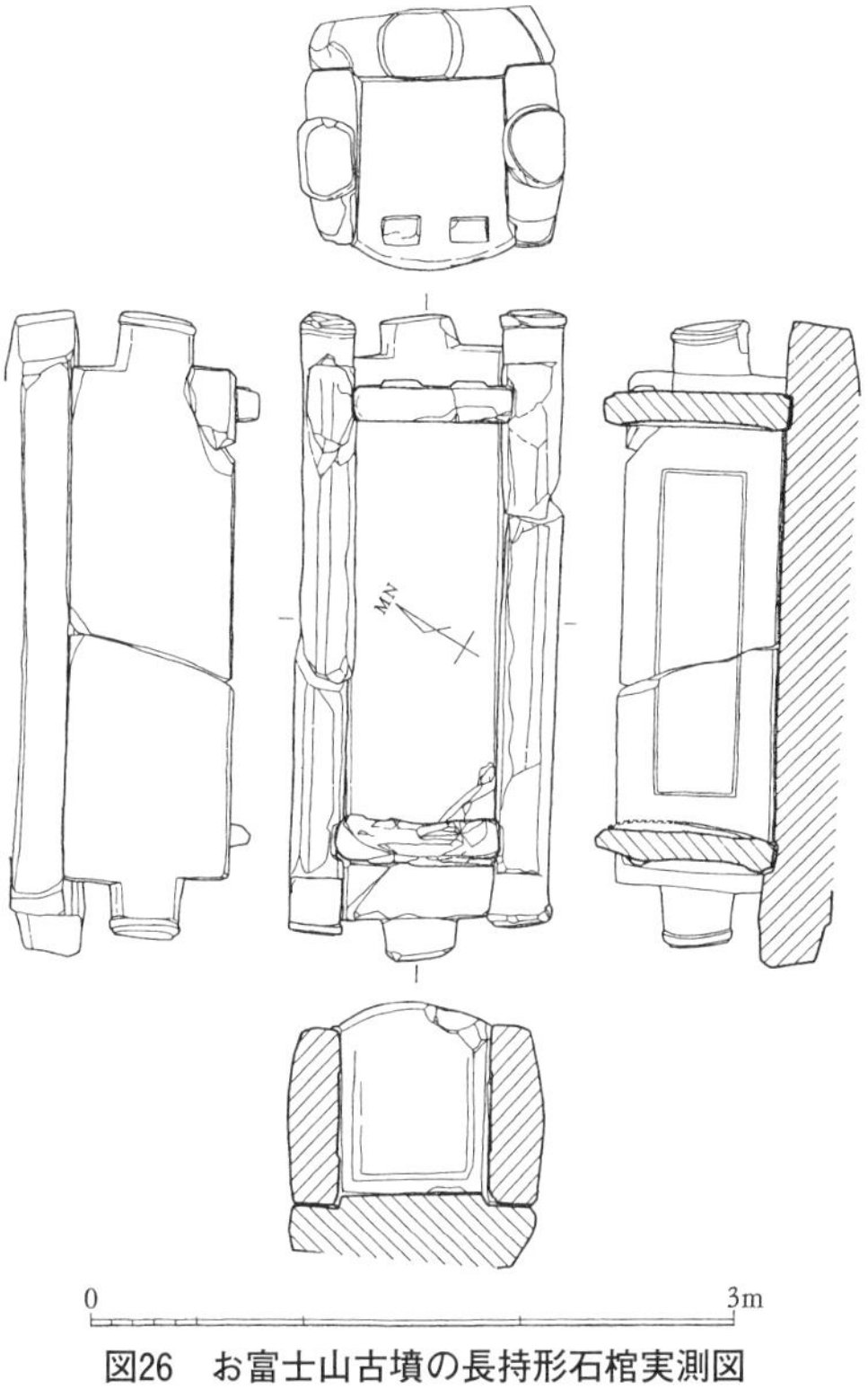

図26　お富士山古墳の長持形石棺実測図

五世紀初頭の岡山市造山古墳は、墳丘長三六〇mで、畿内の大仙陵古墳（現仁徳陵）、誉田御廟山古墳（現応神陵）、上石津ミサンザイ古墳（現履中陵）についで列島第四位の墳丘規模をもつ。ただ大仙陵、誉田御廟山古墳は五世紀前半のものであり、五世紀初頭の時点では造山古墳は墳丘長三六五mの上石津ミサンザイ古墳とほぼ同じ規模をもつ。この時期の吉備の大首長は畿内の大王墓とほぼ同形同大の巨大な前方後円墳を造営しているのである。

四世紀後半には朝鮮半島では高句麗が南下し、百済や新羅は国家存亡の危機を迎える。倭国もこの半島での戦いに加わるが、倭国王である畿内の大王としては、吉備や上毛野の大首長の協力なしには、高句麗の南下というきびしい国際情勢に対応することができなかったのであろう。

3　六世紀におけるヤマト王権と東国

五世紀後半以降になると、各地の前方後円墳の規模は急速に小型化し、ひとり畿内の大王のみが、依然として墳丘長二〇〇mをこえる巨大な前方後円墳の造営を続ける。各地の政治勢力の連合体であったヤマト政権の性格が大きく変化したことを物語る。

そうした中で上毛野をはじめとする関東各地では、比較的大規模な前方後円墳が数多く造営される。群馬県では、古墳時代後期の六世紀前後の前方後円墳で墳丘長が一〇〇m以上のものが一六基、六〇

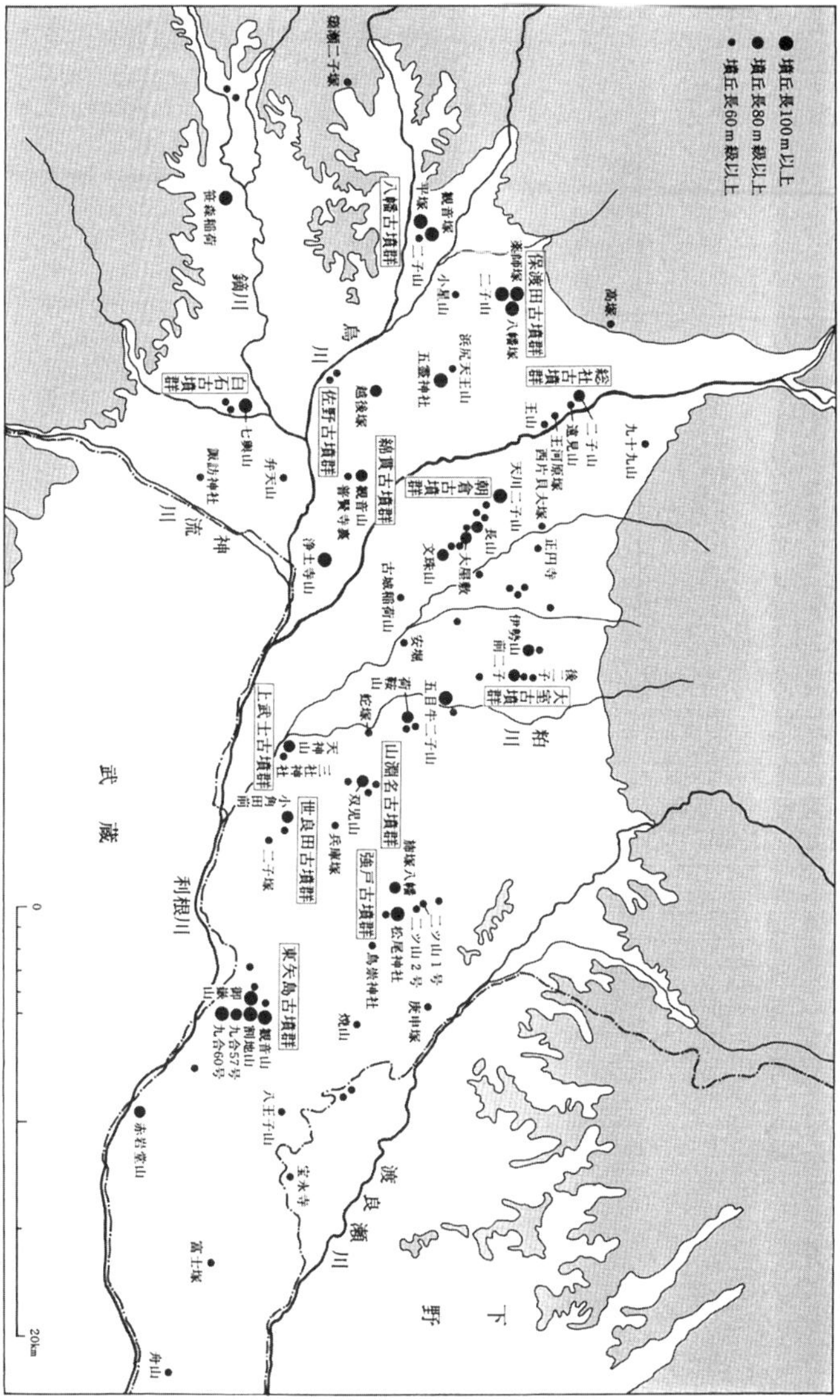

図27　上毛野における後期大型前方後円墳の分布

m以上のものは九七基も数えることができる。同時期の大和では、一〇〇m以上のものが一〇基、六〇m以上のものが二〇基、河内では一〇〇m以上が六基、六〇m以上が一二基にすぎない。さらに岡山県ではこの時期の一〇〇m級の前方後円墳がわずか一基しかみられないことなどと比較すると、群馬の状況がいかに特異であるかがわかる。こうした状況は群馬ほどではないが、相模をのぞく関東各地にも共通してみられる現象である。その意味するところを明らかにするのはむずかしいが、ヤマト王権の政治的、軍事的、経済的基盤の大きな部分が東国、それも関東地方にあったことを示すものととらえて大過なかろう。

4　東国における前方後円墳の終末

六世紀代、群馬の各地に数多く造営された前方後円墳は、七世紀初頭頃になると一斉にその造営が停止される。それまで一〇〇m級の前方後円墳が代々営まれていた各古墳群でも、小規模な円墳ないし方墳が営まれるにすぎなくなる。そして上毛野でただ一ヶ所だけ、前橋市の総社古墳群でのみ、愛宕塚古墳（図28）→宝塔山古墳（図29）→蛇穴山古墳と大型の方墳の造営が続く。このようにそれまで代々相当規模の前方後円墳を営んでいた群馬各地の政治勢力が一斉に前方後円墳の造営を停止することは、きわめて強力な規制が出されたことを示すものにほかならない。それはヤマト王権の地方支配システムの大変革を物語るものであることは疑いなかろう。

『国造本紀』によると上毛野には上毛野国造が置かれたことが知られるが、この前方後円墳の造営停止という大変革は、東国における国造制の成立に対応する可能性が大きいと思われる。前方後円墳の終末の歴史的意味、ひいては前方後円墳造営の歴史的意義を探る上にも、上毛野における前方後円墳の終末のあり方が示唆するものはきわめて大きい。

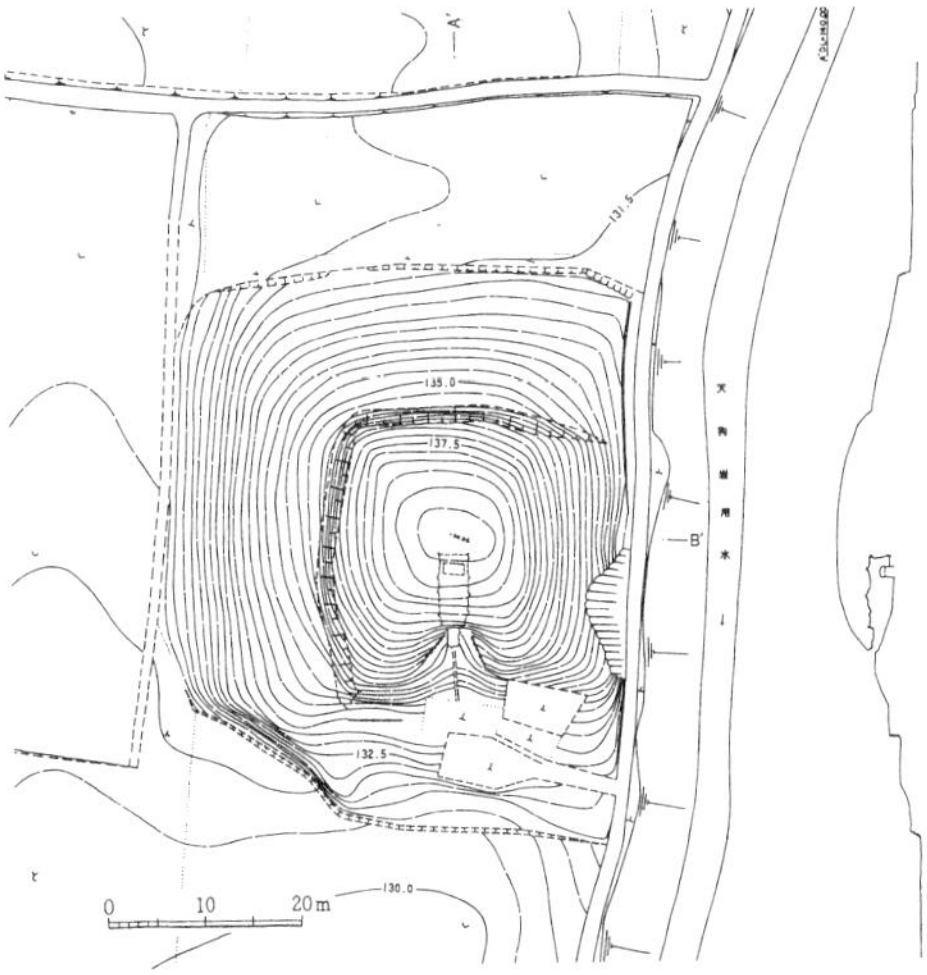

図28　群馬県前橋市愛宕塚古墳

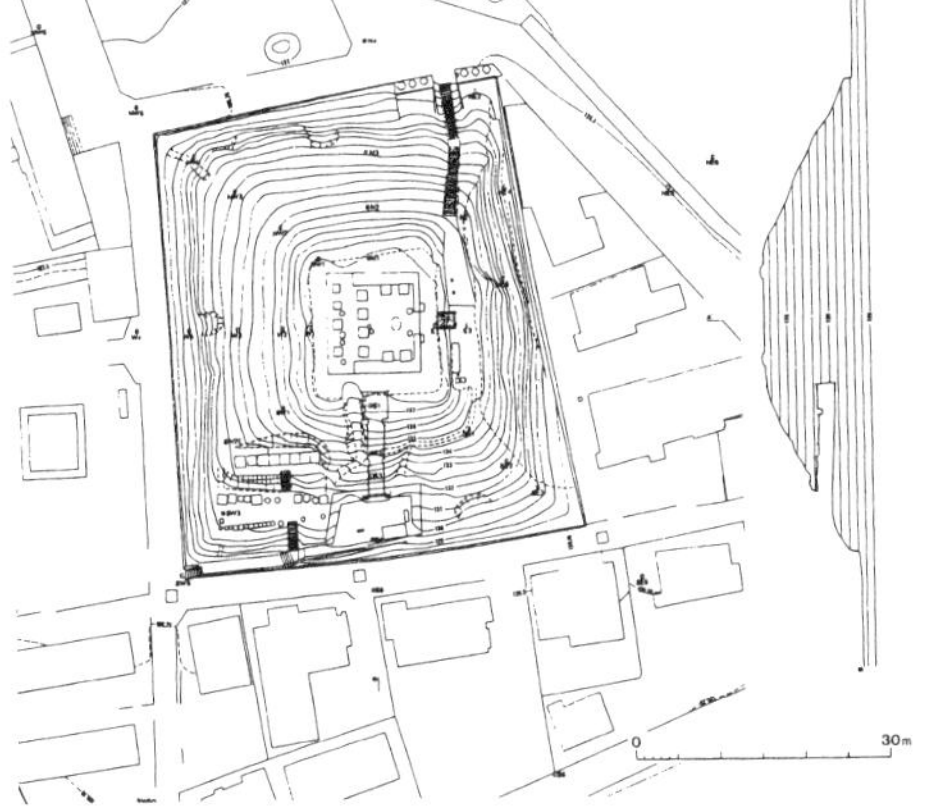

図29　群馬県前橋市宝塔山古墳

二　相模・長柄・桜山一・二号墳

はじめに

平成一一年三月から四月にかけて、逗子市と葉山町の境界の丘陵上で、長柄《ながえ》・桜山《さくらやま》一号墳および同二号墳という二基の大規模な前方後円墳が発見された。その後の神奈川県・逗子市・葉山町教育委員会などの調査によって、一号墳は約九〇m、二号墳は約八〇mの墳丘長をもつこと、ともに古墳時代前期にさかのぼる古い時期の古墳であることが確認されている。

この両古墳の発見は、単に神奈川県内で最大の墳丘規模をもつ前期古墳が確認されたことにとどまらず、それが古東海道のルート添いの要衝の地である三浦半島の西の付け根付近でみつかったことと関連して、東日本における古墳出現期の様相とその歴史的意味を考える上にきわめて重要な問題を提起したものと思われる。この二つの前方後円墳の実態については今後の調査にまつほかないが、ここでは、今までに明らかにされている情報をもとに、両古墳が東日本、とくに関東地方の前期古墳のな

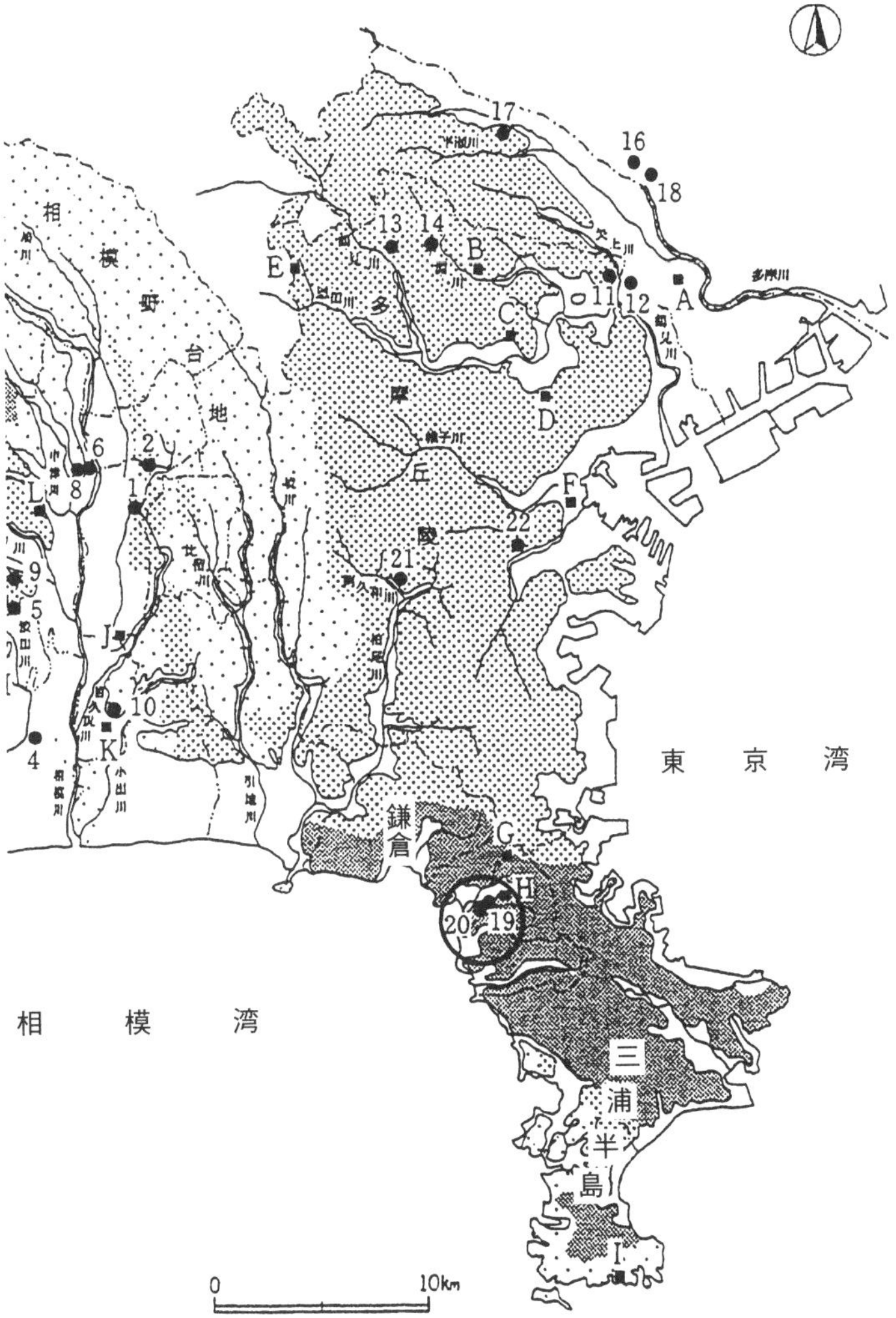

図30　神奈川県逗子市・葉山町長柄・桜山１・２号墳の位置
(19：１号墳，20：２号墳)

かで占める位置について考えてみることにしたい。

1　長柄・桜山一・二号墳の埴輪と年代

図31　長柄・桜山１号墳の墳丘

両古墳からは、墳丘上に立てならべられた壺形や円筒形の埴輪が確認されている。とくに試掘調査が実施された二号墳からは、比較的多量の資料が出土している。神奈川県の『埋蔵文化財調査報告』42に掲載された二号墳の「試掘調査報告」の付図によれば、同古墳の埴輪には、東日本の前期古墳に特徴的な「壺形埴輪」が多く、これに一部円筒埴輪・朝顔形埴輪が含まれているようにみうけられる。

一方一号墳のものとしては少量の採集資料が報告されているが、突出度の高いタガ

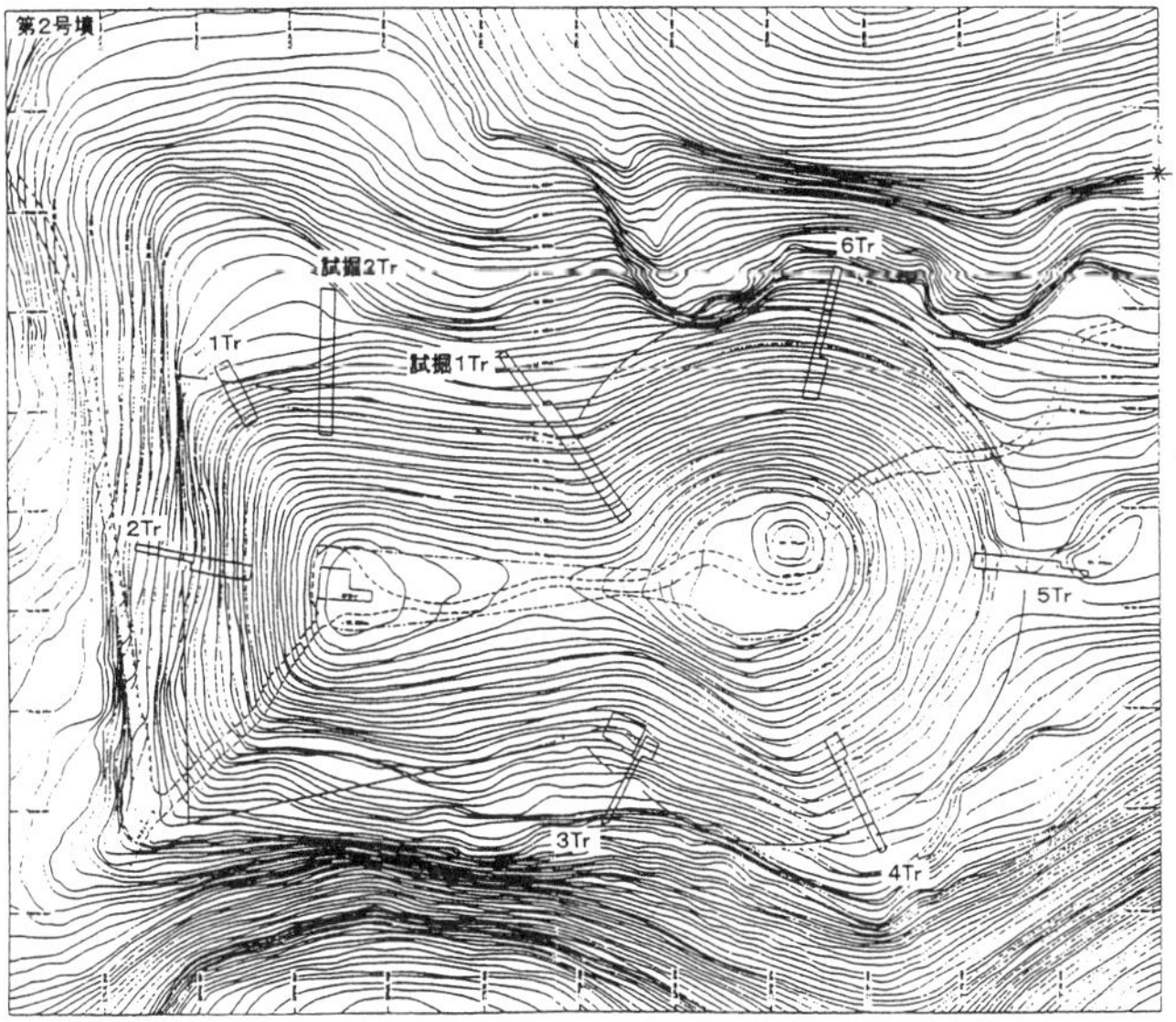

図32　長柄・桜山２号墳の墳丘

をもつ定型化した円筒埴輪・朝顔形埴輪の存在が注意される。二号墳には壺形埴輪が多くみられ、一号墳には定型化したタガをもつ円筒・朝顔形埴輪が顕著にみられるところから、二号墳が一号墳に先んじて造営された可能性が想定できるかもしれない。

ただ、前方後円墳の墳丘の形態からは、後円部にくらべて前方部がより低く、かつその先端部が撥形に開いているようにもみえる一号墳（図31）の方が、後円部と前方部の高低差がより少ない二号墳（図32）より古いようにもみうけられる。したがって、一号墳・二号墳の前後関係についても、さらに今後の調査をまたなければならない。

長柄・桜山第一号・二号墳にみられる、こうした壺形埴輪と円筒埴輪・朝顔形埴輪

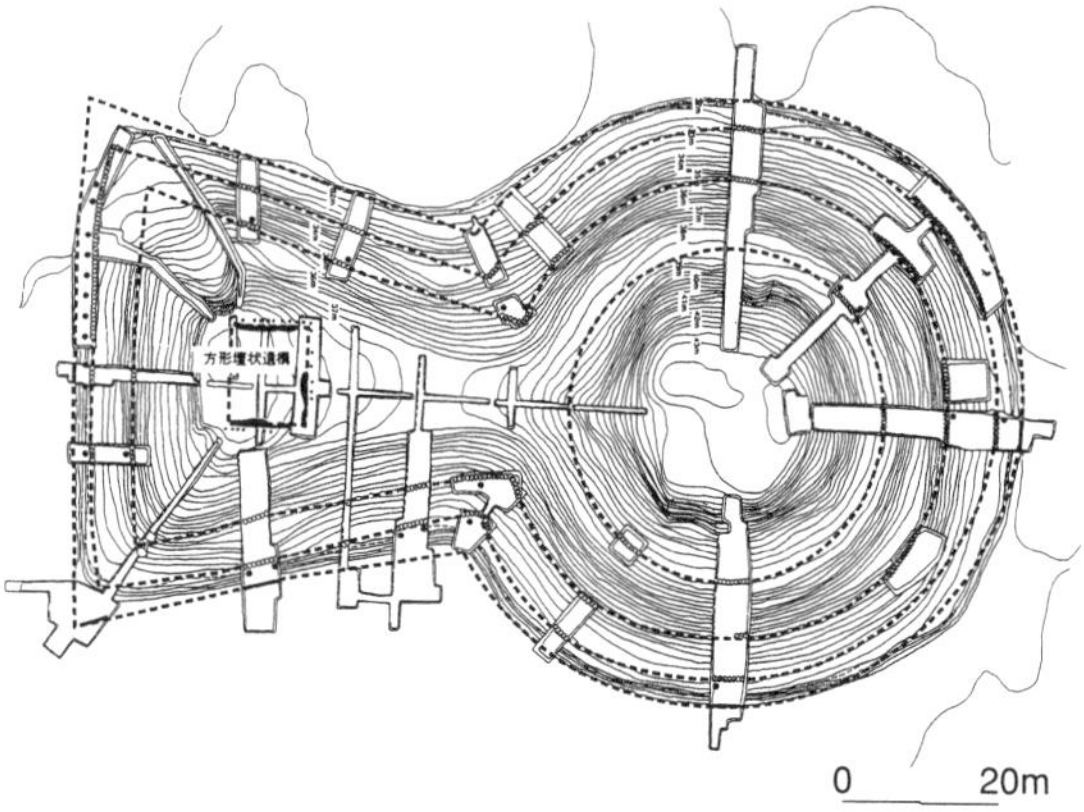

図33　愛知県犬山市青塚古墳の墳丘

の併用は、東日本の前期古墳、とくに埴輪受容期の東日本の古墳によく見られる現象である。最近の調査例では、愛知県犬山市の青塚古墳（前方後円墳、墳丘長一二三m、図33）では、前方後円形の墳丘の各段のテラス上にほぼ一・五m間隔で、底部を穿孔した長胴の体部に二重口縁の口頸部を付けた壺形埴輪（図34の5〜8）を、前方部頂部の方形壇のまわりには通常の円筒埴輪・朝顔形埴輪（図34の1〜3）を配し、さらに、樽形の特殊な円筒埴輪（図34の4）がおそらく後円部の頂上部に置かれていたものと想定されている。この場合、定型化した円筒・朝顔形埴輪は、前方部への追葬時に用いられたものと思われ、それ以前には壺形埴輪や在地色の強い樽形の円筒埴輪が用いられていたらしい。

関東でも、前期の前半から中ごろの群馬県高崎市元島名将軍塚古墳（前方後方墳）や同前橋市天神山古墳（前方後円墳）などでは、底部を穿孔した壺形土器の配列がみられる。西日本型（吉備型）の円筒埴輪・朝顔形埴輪の受容以前に、東日本の弥生時代以来の葬送祭祀の伝統をひく壺型土器の墳丘上への配列が行われたものと理解できる。そして前期後半になると、群馬県太田市朝子塚古墳（前方後円墳）などにみられるように、在地色の強い「壺形埴輪」とともに西日本形の円筒埴輪や朝顔形埴輪、さらに家・盾などの形象埴輪が出現するのである。

こうした埴輪のあり方は、静岡県磐田市松林山古墳、山梨県甲府市銚子塚古墳など、ひろく東日本各地の初期の大型前方後円墳にみられる現象であり、少なくとも長柄・桜山二号墳は、これらの古墳の埴輪の様相にきわめて近いものが認められ、まさに西日本型埴輪の東日本への伝播期に位置付けうることは確かであろう。その時期は、古墳時代前期後半のなかでは比較的早い段階、暦年代については、最近の古墳時代前期の暦年代の遡上の趨勢からも、四世紀の中葉頃と考えて大過なかろう。長柄・桜山一号墳はそれに続く四世紀後半のものと、現時点では考えておきたい。

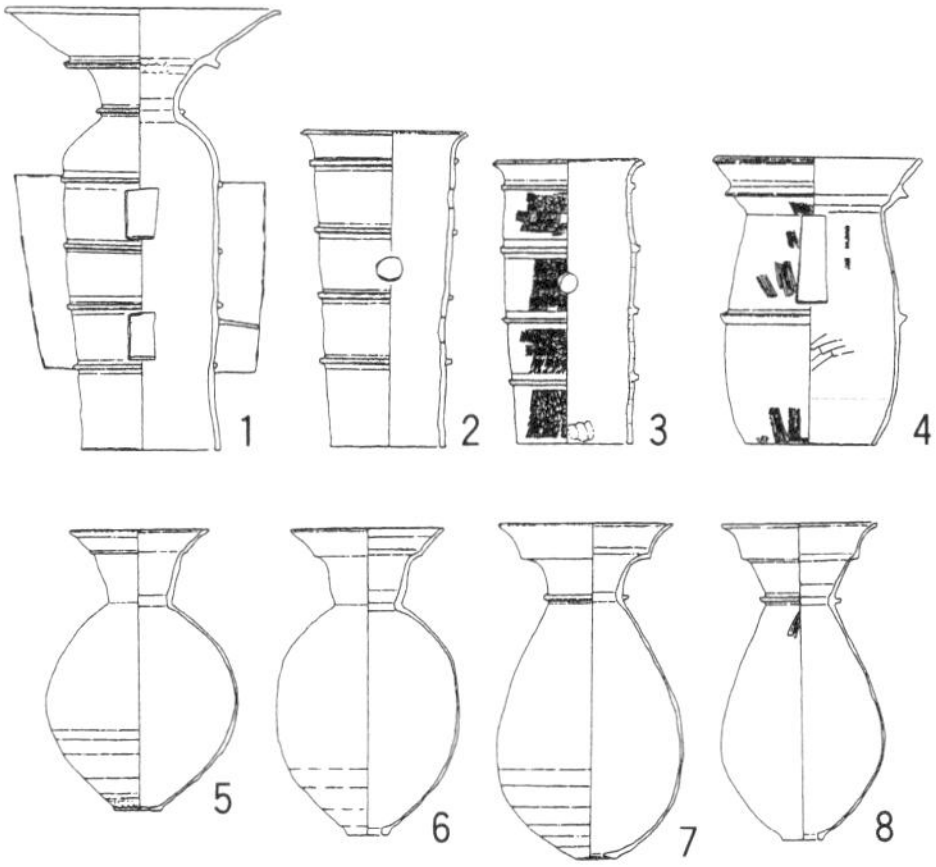

図34　青塚古墳の埴輪（1：鰭付朝顔形埴輪，2・3：円筒埴輪，4：樽形円筒埴輪，5～8：壺形埴輪）

2　前方後方墳から前方後円墳へ

東日本における古墳の編年的研究の進展の結果、最近では東海・中部山地・北陸・関東など東日本各地では、古墳時代前期前半にさかのぼる顕著な古墳は、ほとんど全部前方後方墳であり、それが前期後半になると前方後円墳に転換することが注意されるようになってきた。濃尾平野では前期前半には、岐阜県養老町の象鼻山一号墳、愛知県犬山市東之宮古墳などの前方後方墳が盛んに造営されるが、前期後半になると愛知県犬山市青塚古墳などの大型の前方後円墳が造られるようになる。この時期、三河では愛知県安城市二子古墳（後方墳）が姫小川古墳（後円墳）に、遠江では天龍川東岸の静岡県磐田市小銚子塚古墳（後方墳）が銚子塚古墳（後円墳）に、太田川西岸では同磐田市稲荷山古墳（後方墳）が松林山古墳（後円墳）に、駿河では、同静岡市午王堂山三号墳（後方墳）が三池平古墳（後円墳）に、同富士市浅間古墳（後方墳）が東坂古墳（後円墳）に転換する。

関東地方でも同じ動きがみられる。上野西部では前橋市八幡山古墳（後方墳）が前橋天神山古墳（後円墳）に、上野東部では現足利市藤本観音山古墳（後方墳）が本矢場薬師塚古墳（後円墳）に変化する。相模でも、相模川流域の海老名市秋葉山古墳群で最古の四号墳が前方後方墳で、その後に続く古墳はすべて前方後円墳あるいは円墳である。また三角縁神獣鏡を出した平塚市真土大塚山古墳についても前方後方墳であった可能性が指摘されている。

長柄・桜山一号・二号墳は、まさにこの前方後方墳から前方後円墳への転換期のものと考えて差し支えなかろう。この三浦半島の基部付近では、両古墳以前の前方後方墳が存在するが未発見なのか、それともこの段階から本格的な古墳の造営が始まるのかは不明である。ただ長柄・桜山二号墳には、他のこの時期の東日本の大型前方後円墳と同じように、東日本の伝統的な葬送祭祀に用いられた土器の流れをひく壺形埴輪とともに、西日本的な埴輪がみられることは、その背後にヤマトの勢力とのより堅固な関係が成立していたことを示すものにほかならない。

3　前方後方墳の世界

古墳時代前期の前半、西日本でも前方後方墳は少しは営まれるが、大規模な古墳がほとんど前方後円墳であったことは確実である。この時期の西日本が前方後円墳の世界であったのにたいして、東日本はまさに前方後方墳の世界であった。このように西日本の古墳のあり方と東日本の古墳のあり方に明確な差異が生じたのは、その前史が大きくかかわっていることはいうまでもなかろう。弥生時代の終末期には、日本列島の各地で前方後方形の墳丘墓が出現するが、それらの中でもとくに大規模なものは濃尾平野にみられる。また濃尾平野の土器の影響が広く東日本各地に及んで、各地の地域色豊かな弥生時代後期の土器が土師器に転換するが、それとほぼ同時に、濃尾平野に成立した前方後方形の墳丘墓が東日本各地に波及する。

私は、この時期の濃尾平野こそ『魏志』倭人伝にみられる狗奴国の所在地にほかならないと考えている。その理由は、邪馬台国（やまと国）の東（『魏志』倭人伝では南とする）にあって、邪馬台国を中心とする大連合勢力と対等に戦いうるような勢力は他に求めがたいからである。東海西部（濃尾平野）の土器の影響の広がりや前方後方形墳丘墓の分布からも、三世紀前半には濃尾平野の狗奴国を中心に東日本各地の勢力が政治的、文化的に密接な関係を結んでいた可能性は否定できない。まさに西の邪馬台国連合に対して、狗奴国連合が形成されていたのであろう。

『魏志』倭人伝によると、卑弥呼の晩年邪馬台国は狗奴国と争っているが、この戦いはまさに邪馬台国連合と狗奴国連合の争いにほかならなかったと思われる。この戦いの結末は『魏志』倭人伝には書かれていないが、その後の状況から邪馬台国側の勝利ないし邪馬台国側の主導のもとに和平にいったものと思われる。その結果、邪馬台国を中心とする政治連合の規模は飛躍的に拡大する。また卑弥呼の呪術的・宗教的権威に頼っていた邪馬台国連合の政治支配秩序についても、彼女の死を契機に大きな転換が求められたことは想像にかたくない。

こうした巨大化した連合の政治支配秩序の転換、整備の一環として、この連合に加わっていた各地の首長達の共通の墓制として生み出されたのが古墳にほかならないと思われる。そのさい、この政治連合に最初から加わっていた西日本各地の首長たち、すなわち一次的メンバーが採用したのが前方後円墳であり、この連合に新たに加わることとなった東日本などの二次的メンバーにつくることを許したのが前方後方墳であったのではなかろうか。それが東日本の狗奴国連合に加わった首長達のシンボルでもあった前方後方形墳丘墓の伝統を継ぐものでもあったことはいうまでもない。

この西の邪馬台国連合と東の狗奴国連合の合体によって、新しい政治秩序としてのヤマト政権が成立したものと思われる。それはまた、卑弥呼の死を一つの契機とする、従来の墳丘墓を止揚した大規模な古墳の造営の始まりでもあった。その後四世紀の前半までの一世紀近くの間、東日本の首長などこの連合の二次的メンバーは、前方後方墳を造り続ける。

しかし、政治連合としてのヤマト政権の版図がさらに東北地方まで広がり、それにともなってヤマト政権における東日本、とくに関東地方の重要性が増大するにしたがい一次メンバー・二次メンバーの区分の意味が薄れ、前方後円墳と前方後方墳の区別の意味がなくなっていく。こうして東日本の首長たちの古墳も、しだいに前方後方墳から前方後円墳に転換していったのであろう。

ただ東日本でも、下野地方（栃木県）ではなぜか前期の終わり頃まで前方後方墳の造営が続く。さらに西日本でも出雲地域（島根県東部）では、後期まで前方後方墳の造営は続く。これはこれらの地域が、その地域的伝統に強くこだわった結果にほかならない。

4　古東海道と長柄・桜山第一号・二号墳

このように、私は四世紀中葉の東日本各地にみられる前方後方墳から前方後円墳への転換を、かつての邪馬台国連合と狗奴国連合、広域の首長連合の一次メンバーと二次メンバーの区分の意味がなくなったこと、またヤマト政権の版図が東北地方にまで拡大したことにともない、畿内と東北をつなぐ東日本地域の重要性が増大した結果と考えている。この時期、東日本型の壺形土器・壺形埴輪に加えて、西日本型の埴輪が東日本各地の古墳に出現するのも、前方後方墳から前方後円墳へという墳丘形態の大きな転換と軌を一つにする動きであろう。

この段階に長柄・桜山第一号・二号墳が、三浦半島の西の基部に出現することの意味は決して小さくないと思われる。奈良時代以前の古東海道は、相模の国府から三浦半島を経て、走水海を渡り上総に至るものであった。房総半島では、三浦半島の対岸の東京湾岸に、南から千葉県富津市の内裏塚古墳群、小櫃川下流の木更津市付近、さらに養老川下流の市原市姉崎古墳群などに、規模も大きく、まったくすぐれた副葬品をもつ有力な古墳が数多く造営されている。このことは、古墳時代の東への幹線ルートである古東海道が、三浦半島から東京湾を渡り、上総のこの付近を経由していたことを抜きにしては理解できない。

長柄・桜山第一・二号古墳の造営は、まさに古墳時代における古東海道ルートの存在とその重要性を明らかにしたものと評価することができよう。それは、同時期の遠江の銚子塚古墳・松林山古墳、駿河の谷津山古墳、上総の姉崎天神山、今富塚山古墳など、古東海道ルート沿いの各地における大型前方後円墳の造営と同様に、ヤマト王権がこのルート上の拠点を押さえる在地勢力との関係を重視し、これを強化しようとした結果にほかならない。のちに東国の武家政権の本拠地が鎌倉に置かれるのも、古墳時代初期にこの地域が果たした、畿内と関東東部、さらに東北地方とを結ぶ要衝としての重要な役割と決して無関係ではなかろう。

三　上総・金鈴塚古墳が語るもの

はじめに

「金鈴塚《きんれいづか》古墳が語るもの」ということでお話をさせていただきますが、私はこの古墳の調査に関係した者でもありませんし、この古墳の調査に関わられた先生方で、まだご活躍中の方もおられます。また、私自身はとくにこの上総地方の古墳について詳しいわけでもありません。したがいまして私には金鈴塚古墳そのもの、あるいは金鈴塚古墳の調査についての詳しいお話をすることはできません。少し離れた場所というか、少し違った視点から、全国のこの時期の古墳の中で、金鈴塚古墳がいったいどういう位置を占めるのかというようなお話をさせていただきたいと思います。皆さんがこの金鈴塚古墳の問題、あるいは古代における木更津という地域の問題をお考えいただく上に、何らかのご参考になれば幸いです。

1　祇園・長須賀古墳群

まず最初に、金鈴塚古墳の位置ですが、まず図35をご覧下さい。この図は、この地域の古墳の研究を熱心に続けられておられます小沢洋さんがお作りになったものです。木更津駅から北東の地域、長《なが》須賀《すか》、あるいは祇園《ぎおん》といったところ、ここにはもう残っている古墳は少なくなっていますが、大きな、しかも重要な古墳がたくさんあった地域です。従来、この古墳群をまとめて呼ぶ場合、木更津古墳群であるとか、あるいは祇園古墳群とかいろいろな呼び方をしていますが、ここでは小沢さんが使っておられる祇園・長須賀古墳群という名称で呼ぶのがいいのではないかと思いますので、そう呼ばせていただきます。

この古墳群の中で、小さな古墳は別にして、大規模な古墳で一番古い古墳は、その図の左上にあります高柳《たかやなぎ》銚子塚《ちょうしづか》という古墳です。これももう墳丘はほとんど残っていないのですが、もとは墳丘の長さが一一〇mから一三〇mぐらいもあっただろうと考えられている、きわめて大きな前方後円墳です。そして、ここからは埴輪が採集されていますが、その埴輪が古墳の年代の決め手になります。それから一部ここから出たと考えられる石製模造品、石で鏡であるとかあるいは刀子《とうす》と呼ぶ当時のナイフなどを作って祭祀に使う道具にしたのですが、そういう石製模造品でここで出たといわれるものが

図35　千葉県木更津市祇園・長須賀古墳群

伝えられています。それから さらに、ここには長持形石棺と呼ばれる、五世紀の近畿地方の大王墓などにも用いられたのと同じ形式の石棺の棺材の一部が確認されています。そういったものから、おそらく古墳時代中期の前半、五世紀の前半から中頃にかけての古墳であろうと考えられます。

それに少し遅れて、五世紀の中頃と考えていいのではないかと思いますが、その図35の右の方、祇園地区に祇園大塚山古墳といわれる、これまた本来の墳丘の長さが一〇〇mにもなるような大きな前方後円墳があります。ここからはみごとな金銅《こんどう》製の眉庇付冑《まびさしつきかぶと》（図36）、野球帽のような形をした冑で、それが金銅でできていますが、そういう豪華な冑とか、あるいは古墳から出てきます鏡の中に稀《まれ》に仏像を鋳《い》出した鏡がいくつか知られていますが、その一例として有名な画文帯《がもんたい》四仏《しぶつ》四獣鏡《しじゅうきょう》と呼ばれる鏡が出土しています。これは上野の東京国立博物館に展示されているのでご覧になった方も多いかと思います。そういうわが国でもまれにみるみごとな金銅製の冑や特異な鏡を出した有名な古墳ですが、これも古墳時代中期、すなわち五世紀の中頃の古墳です。

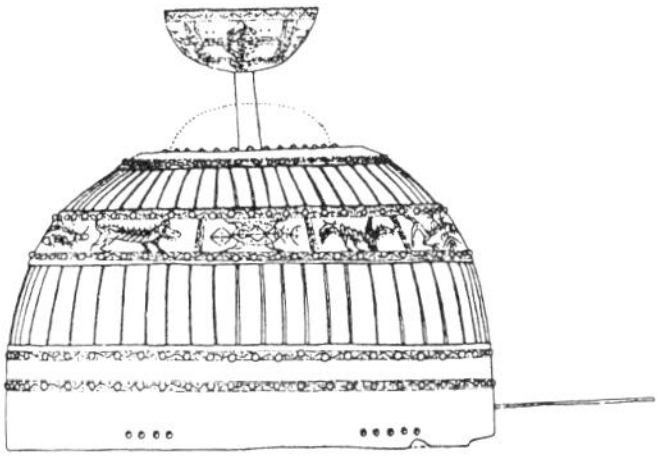
図36　木更津市祇園大塚山古墳の金銅製眉庇付冑

さらに後期になりますと、今日お話しさせていただきます金鈴塚古墳が、一般には六世紀の終わり頃とも七世紀の前半ともいわれていますが、祇園地区の西方の長須賀地区に造られます。これは墳丘の長さが九五mくらいに復元されていますが、だいたい一〇〇mくらいとお考えいただいてもいいのではないかと思われます。

それから、金鈴塚古墳の南の方、そこには松面《まつめん》古墳とか、塚《つか》の越《こし》古墳という、やはりこれまた、豪華な遺物を数多く出した古墳が知られていますが、それらのさらに南に稲荷森《とうかもり》古墳と呼ばれる大きな前方後円墳の痕跡がみごとに残っているのを小沢洋さんが第二次世界大戦直後に米軍

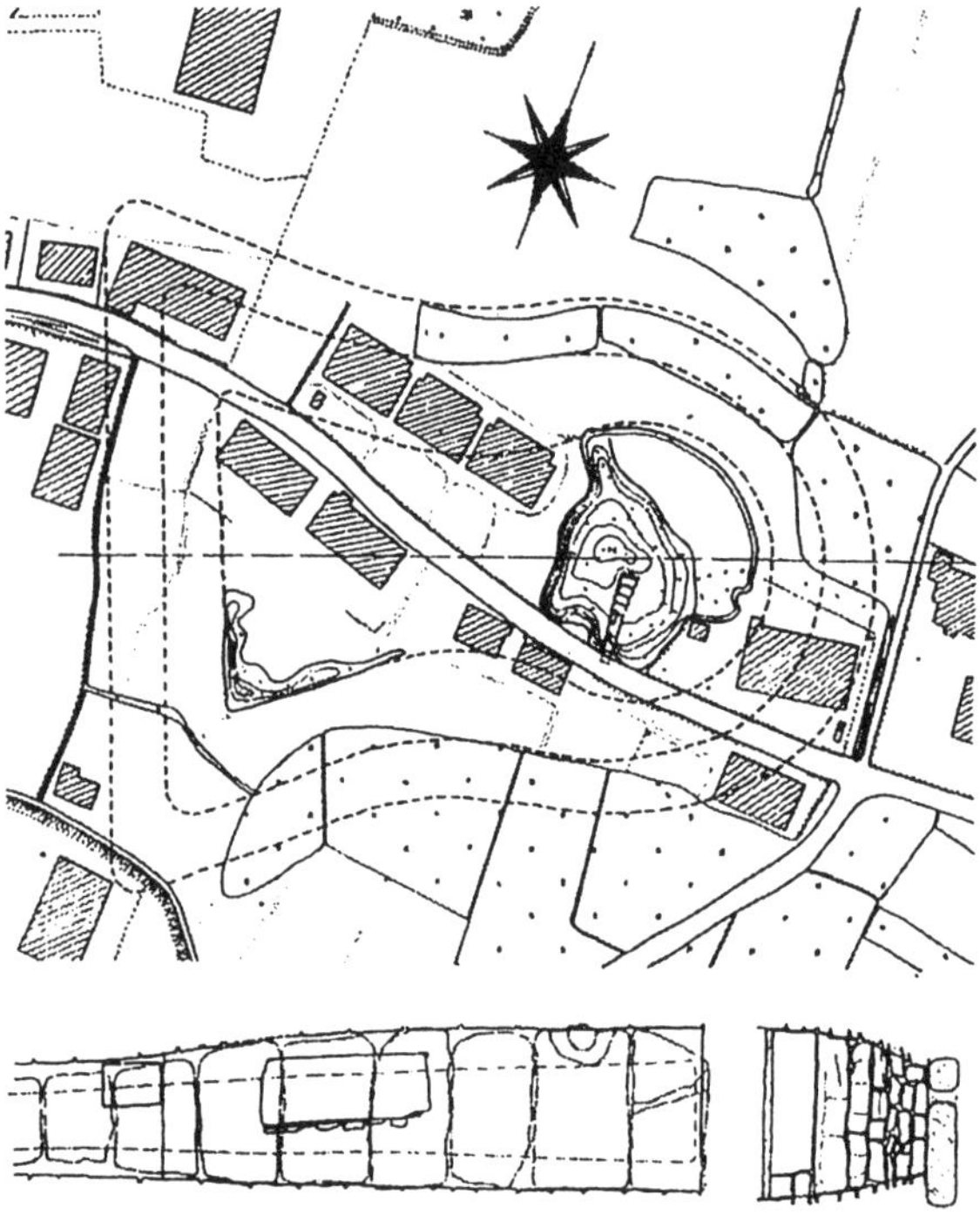

図37　千葉県木更津市金鈴塚古墳とその横穴式石室

が撮った航空写真などから見つけられました。現在、金鈴塚遺物保存館にその航空写真が展観されていて、私も先程みせていただきましたが、大きな前方後円墳の痕跡が明瞭に残っています。小沢さんの計算では墳丘がだいたい一〇〇mから一二〇mくらいの長さの、非常に大きな前方後円墳であっただろうと考えられています。残念ながら年代等はよくわかりませんが、のちにお話ししますように、金鈴塚古墳はおそらく前方後円墳としては一番新しい時期のものと思われますので、おそらく金鈴塚古墳の一世代前ぐらい、六世紀後半くらいの前方後円墳だろうと推測されます。

大規模な後期の前方後円墳としてその存在が確認できるものは金鈴塚古墳と稲荷森古墳だけですが、それ以外にも学界で有名な古墳としては、金鈴塚古墳と稲荷森古墳の間に松面古墳という古墳があります。これは、昭和一三（一九三八）年に緊急調査が行われ、金鈴塚古墳と同じような凝灰岩を切って積み上げた横穴式石室がみつかりました。その中から金銅製の双魚佩《そうぎょはい》、ちょうど魚をひらきにしたような形の金銅製の下げ飾りですが、この金銅製の双魚佩、双龍環頭《そうりゅうかんとう》の柄頭《つかがしら》をもつみごとな飾り大刀、さらに金銅製の馬具なども出ています。形はおそらく円墳であったのではないかといわれていますが、よくわかりません。ただ時期については、これも出ましたものの一部が東京国立博物館に所蔵されていますが、その須恵器などは金鈴塚古墳の須恵器によく似たもので、近い時期の古墳と思われます。

それから、祇園大塚山古墳のすぐ西南の所に鶴巻塚《つるまきづか》古墳という、これも考古学の世界では非常に有名な古墳があります。祇園大塚山古墳からは先に申しましたように画文帯四仏四獣鏡が出ていますが、祇園大塚山古墳よりは一世紀以上後の古墳であるこの鶴巻塚古墳からも、同じように仏像を鋳出した四仏四獣鏡という鏡が出ています。それ以外にも銅鏡とか、あるいはさまざまな柄頭をもった飾り大刀、環頭《かんとう》大刀・円頭大刀・圭頭《けいとう》大刀、さらに金銅製の馬具などがみつかっています。これまた、東京国立博物館に遺物が保存されていますが、この鶴巻塚古墳の須恵器は、これからお話しする金鈴塚古墳よりは、やや新しい時期のものと私は判断しており、おそらく金鈴塚古墳にすぐ続く時期のものであろうと思います。

さきに金鈴塚古墳は最後の前方後円墳だろうということを申し上げました。これは近畿地方でもそうですし、それ以外の地域でもだいたい六世紀の終わりか七世紀の初めで前方後円墳はもう造られなくなります。それに替えてかつて前方後円墳を造っていた各地の支配者たちは、大規模な方墳、あるいは大規模な円墳を造るようになります。私はおそらく、この鶴巻塚古墳というのは、その前方後円墳が造られなくなった直後の、それに替わって造られた大きな円墳か方墳であったのではないかと考えています。これはもう形はよくわからなくなっていますが、従来から大きな円墳だといわれています。これが正しければ、前方後円墳が造られなくなった直後に営まれた大きな円墳であったのではないでしょうか。

いずれにしましても、この祇園・長須賀古墳群は、中期の五世紀から後期の六世紀、さらに七世紀の初め頃にかけて、大規模な前方後円墳をはじめ大規模な円墳などが造られ、しかもそこにはいずれも全国的な視野でみても、きわめて豪華ですぐれた副葬品を出していることで有名な古墳がたくさん集まっている、そういう重要な古墳群です。したがって金鈴塚古墳は、単独で存在するわけではありません。五世紀から六世紀、さらに七世紀にかけてこの地域に、その当時日本列島で用いられていたさまざまな品物の中でも、とくにみごとな物をそのお墓にまで持ち込むことのできる、そういう有力な豪族と申しますか、そういう人たちがいて、それがこの地に代々大きな古墳を造っていた。その一つがこの金鈴塚古墳だということになるのです。

2　金鈴塚古墳とその遺物

つぎに金鈴塚古墳そのものについてみてみたいと思います。ご承知の方も多いと思いますが、もとは二子塚《ふたごづか》と呼ばれていた前方後円墳でした。ところが、発掘調査の結果、石室の中から非常に可愛らしい金の鈴がいくつか出てきたことから金鈴塚古墳という名前が付けられました。昭和二五（一九五〇）年に県の史跡調査委員会や早稲田大学の考古学研究室の手によって、発掘調査が実施されましたが、その調査当時、もうすでに墳丘は大部分失われておりまして図37にみられますように、後円部の一部と前方部のごく一部が残っていたにすぎません。しかし終戦直後の米軍の航空写真でみても、そこに復元されていますように、西に前方部を配した大きな前方後円墳であったことは確実で、報告書では長さ九五ｍと復元されています。しかし実際は、金鈴塚遺物保存館の方もそう考えておられるようですが、もう少し大きかった可能性が大きい。おそらく一〇〇ｍ前後の長さをもつ前方後円墳であったのではないかと思います。

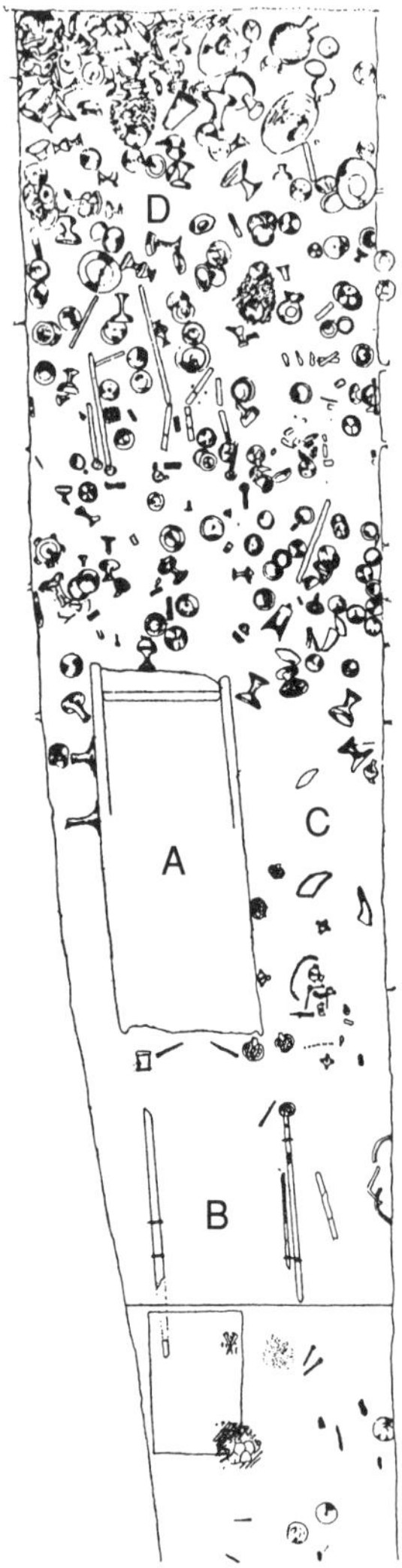

図38　金鈴塚古墳横穴式石室内の遺物出土状況

後円部に、横穴式石室が造られていて、ここに埋葬が行われていました。この横穴式石室は凝灰岩と呼ばれる非常に柔らかい石を切って、それを積み上げたものです。図38に平面図が示してありますが、長さが約一〇m、奥の一番広い所で幅がだいたい二・二m、それから天井の高さが二mあまりあります。考古学ではこういう人を葬る部屋（玄室）とそこに至る通路（羨道《せんどう》）の区別がない形を袖無《そでな》し型の横穴式石室といっていますが、そういうズンドウ形の横穴式石室が営まれていたのです。

そして昭和二五年の調査により、図38・39に示すように、もう足の踏み場もないくらい、豪華でみごとな遺物が石室内に充満していました。図38が、石室の全体図で、非常にたくさんの遺物が石室内に散らばっている状況がおわかりいただけるかと思います。そして、調査の結果ではこの横穴式石室の中から、三体の遺骸が、といっても残りはきわめて悪かったようですが、検出されています。したがって、少なくとも三人の被葬者がここに葬られていたということがわかります。もちろんこれは、それ以外にまったく埋葬が行われていなかったということにはならないわけで、少なくとも三体の人が葬られていたということが確認できたのです。

まず一体は、図38で、石室のほぼ中央部の右側壁（石室の奥からみて）寄りのところにAという符号を付けた石棺があります。組合式の箱式石棺と呼んでいますが、これは武蔵の秩父の板石を持って来て使っています。東京湾を奥へ入って、現在の荒川をさかのぼると秩父ですから、おそらくそういう水路を利用して持ってきたものと思われます。この石棺に一体の埋葬が行われているのです。

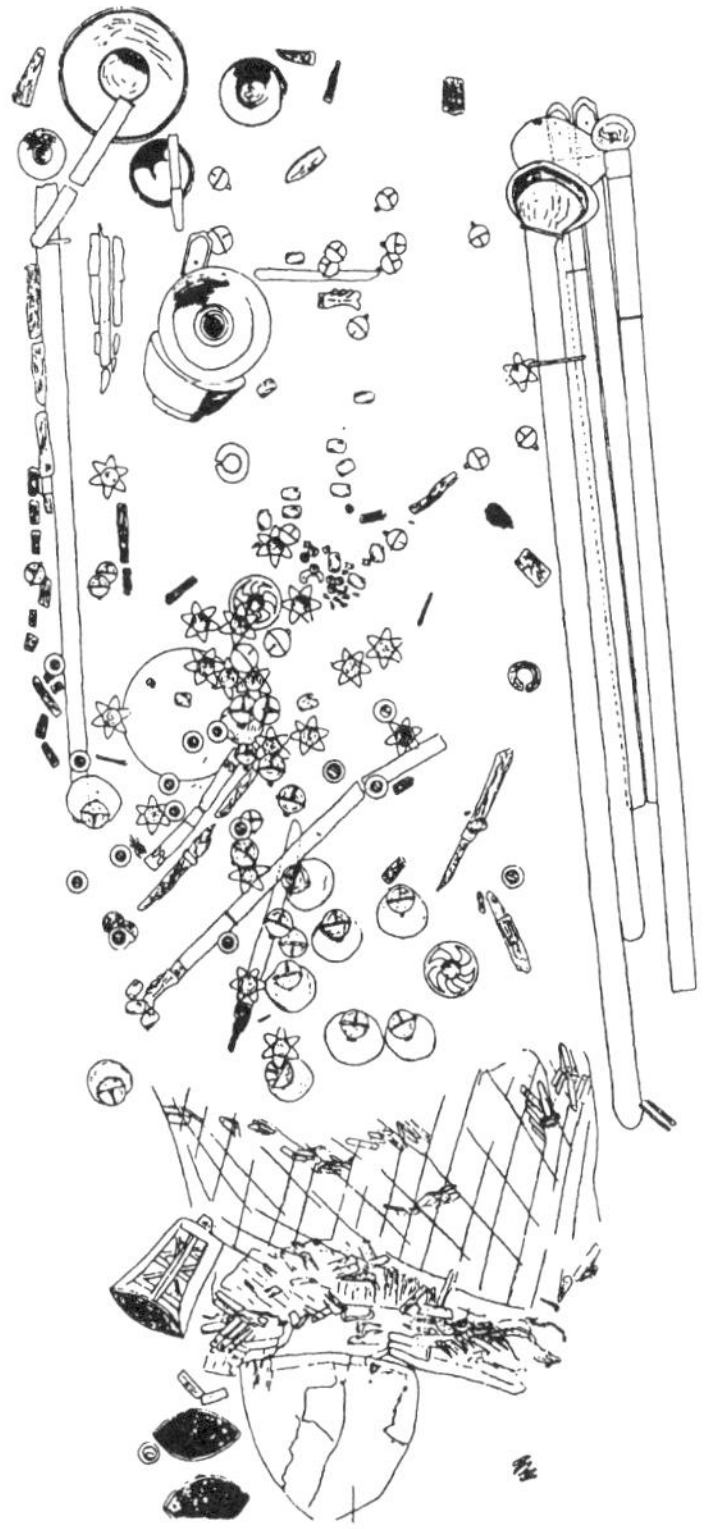

図39　金鈴塚古墳石棺内の遺物出土状況

それから石棺より奥の部分にたくさん遺物が散らばっていますが、ここにもう一体が埋葬されていた。調査報告書でD区と呼ばれているところです。それから、さらに石棺の前の入口に近いBと書いてある所にもう一体埋葬が行われていたことが確認されています。遺物のあり方もだいたいそれに対応しますので、金鈴塚古墳の重要な被葬者は三人いたことになります。D区と呼ばれている石室の奥の方に一体、それから手前のA区の石棺に一体、それからさらにその前の通路状部分、B区の所に一体、都合三体の埋葬が行われていたことが確認できるのです。

そして、A区の石棺の中の遺物出土状況は図39に拡大して示しています。鏡、銅鋺、甲冑、飾り大刀などたくさんの、しかも素晴らしい遺物が石棺の中に充満していました。ところでD区から出てきた遺物、あるいはA区の石棺から出てきた遺物、それからさらに前のB区から発見されている遺物をそれぞれ比較しますと、明らかに時期差がある。

例えば、各区から多くの刀が出ていますが、この刀などをみても、それぞれ少しずつ時期が違います。結論的に申しますと、D区がやはり一番古い。一番奥に最初の埋葬が行われて、それからさらにその前のA区に石棺を安置してここに埋葬を行う。それから、さらに少し時間が経ってから、その石棺の前のB区、これはD区もそうですが、おそらく木棺を使用したんだと思いますが、D区、A区におくれてB区に埋葬が行われていることが推定されています。

この金鈴塚古墳から出てきた遺物は、非常に豪華なものが、しかも多岐におよびます。刀剣類、馬具、それから装身具、それぞれじつにみごとなものがたくさん出ていて、それぞれについて、詳しくお話しするような時間はとてもありませんが、どういう物が出ているかということを簡単にみておきます。

まず一番奥のD区の部分ですが、ここでは、変形四乳鏡《へんけいしにゆうきよう》と呼ばれる鏡が一面出ています。それから、写真の銅鋺が出ています。これは初期の仏教寺院などで用いられていた、銅製の、あるいは佐波理《さわり》などと呼ばれる金属容器で、承台《うけだい》のついたみごとな銅鋺です。金鈴塚古墳からは銅鋺が全部で四組出ていますが、そのうちの一組がD区で出ています。それから、金銅製の馬具や、あるいは金銅製透彫金具、これは何に使ったものかよくわかりませんが、高さが三〇cmほどの金銅製の飾り金具です。私はこれはおそらく被葬者の冠に付けられていた立飾《たてかざ》りではないかと思っています。現在、金鈴塚遺物保存館に展示されていますが、二つ出ています。冠だったら真ん中に高いのがあり、両脇に短いのがあって、三本あるのが普通であって、二本だから冠と考えるのはおかしいという説があるのですが、冠の立飾り説以外に必ずしも説得力のある説は今のところ提起されていませんので、私はその可能性が強いのではないかと思っています。またそれ以外のさまざまな装身具類も出ています。それからさらに、一〇本ちかくの飾り大刀がこのD区で出ています。これについてはあとで整理してお話ししたいと思います。

写真　金鈴塚古墳の銅承台付蓋鋺

つぎにA区の石棺の中ですが、石棺の中からも鏡が一面出ています。これは三神五獣鏡という、直径が一五・八㎝の鏡です。D区で出たのは、一〇㎝あまりのちょっと小さな鏡ですが、それよりもやや大きな直径一六㎝くらいの鏡が一面、石棺の中から出ています。それから、銅鋺も、D区で出ていたのと同じような承台付《うけだいつき》の銅鋺が一組と、蓋のついた大きな銅鋺が一組、合わせて石棺の中から二組の銅鋺が出ています。それから、さらにここでは衝角付冑《しょうかくつきかぶと》といわれる冑と、小札《こざね》を綴じ合わせた挂甲《けいこう》と呼ばれる甲、さらに馬具にともなう馬鐸と呼ばれる鈴、それから、四本以上のみごとな飾り大刀が出ています。棺内からは馬鐸だけしか出ていないのですが、棺のすぐ横のC区とされる部分から馬具が出ておりますので、やはりこの石棺に葬られた被葬者も馬具をもっていたことがわかります。それ以外にもさまざまな玉飾りとか、あるいは耳飾りなどの装身具類をもっています。

その石棺の前の入口の部分、B区の被葬者にともなうと思われる遺物の中にも銅鋺があります。これは一番単純な形の、高台《こうだい》や蓋をもたないタイプの鋺です。

それから、報告書の記載はあまり詳しくないのでよくわからないのですが、どうも羨道部からも馬具が一部出ているようですし、やはりここでも、飾り大刀が三本以上出ているようです。ですから、石室の入口部分に葬られた被葬者も、鏡はもたないけれども、銅鋺や飾り大刀、馬具などをもっていたことがわかります。

3　金鈴塚古墳の飾り大刀

　これら金鈴塚古墳の遺物は、それぞれに重要な問題を提起していまして、馬具だけを取りあげても、金銅製の装身具を取りあげても、あるいは銅鋺を取りあげても、面白い問題を提起しているのですが、本日は省略します。

　ただ、金鈴塚古墳の三人の被葬者の埋葬された年代を考えるうえに重要な役割を果たすのが刀剣類です。刀剣類といっても実際はすべて刀です。考古学では両刃のものを剣、片刃のものを刀といっていますが、ここでは刀ばかりです。この大刀の類が、この古墳の年代を考えるのにきわめて重要な手掛かりとなりますので、大刀についてだけ少しお話ししておきたいと思います。

　この古墳からは、飾りの付いた金銅製、あるいは銀製の柄頭《つかがしら》を付け、鞘《さや》にも装飾をもった金銅板などを張りつけた、みごとな飾り大刀がたくさん出ています。図40は報告書の図面ですが、さまざまな形の刀があることがわかると思います。それらはいずれもその刀の柄頭にどういう飾りをつけているかということで、環頭大刀・圭頭大刀・円頭大刀・方頭大刀、頭椎《かぶつち》大刀、それから鶏冠頭《けいかんとう》大刀、ちょうど鶏の鶏冠《とさか》のような飾りを付けているのを鶏冠頭といいますが、そういう柄頭の飾りの形で名前を付けています。図の上の方、1番から7番まではいずれも環頭大刀です。輪のかたちをした柄頭をもっていて、その輪の中に、龍とか、あるいは鳳凰《ほうおう》とか、そういう飾りが入っています。その龍あるいは鳳凰が単体のものを単龍《たんりゅう》あるいは単鳳《たんほう》、龍やあるいは鳳凰が向かい合って、二匹ずつ入れられているものを双龍環頭《そうりゅうかんとう》、あるいは双鳳環頭《そうほうかんとう》などと呼び分けています。1番から5番までは単龍、単鳳の飾り大刀です。それから、6番と7番は、これはいずれも二匹の鳳凰、あるいは二匹の龍をその輪の中に入れた飾り大刀です。それから図で形がわかると思いますが、8番・9番や10番の柄頭を圭頭と呼び、これらを圭頭大刀といいます。11番が円い柄頭の円頭大刀。それからちょっとこの図ではわかりませんが、12番が四角い形の柄頭をもった方頭大刀、四角くなっています。13番や14番は、円い頭が非常に大きくなったもの、これを頭椎大刀と呼んでいます。それから15番、16番、17番が鶏冠頭大刀です。

これらはいずれも本来は朝鮮半島の飾り大刀で、朝鮮半島から輸入されたもの、ないしそれを真似て日本で作るようになったものです。例えばこの頭椎大刀などというのも、もとは朝鮮半島の円頭大刀ですが、それを倭人が真似て作るようになってだんだん頭が大きくなり、ついには頭椎大刀になっていくわけです。朝鮮半島から輸入されたもの、およびそれを真似て日本で作るようになったものが、両方が混じっているのです。とくに六世紀には、こうした朝鮮半島系の飾り大刀が日本でたいへん流行します。日本の六世紀から七世紀の初めの古墳からは、大量の朝鮮半島系の飾り大刀が出てきます。

図41は、岡山大学におられる新納泉さんが、そうした環頭大刀、あるいは円頭系の頭椎大刀が時代

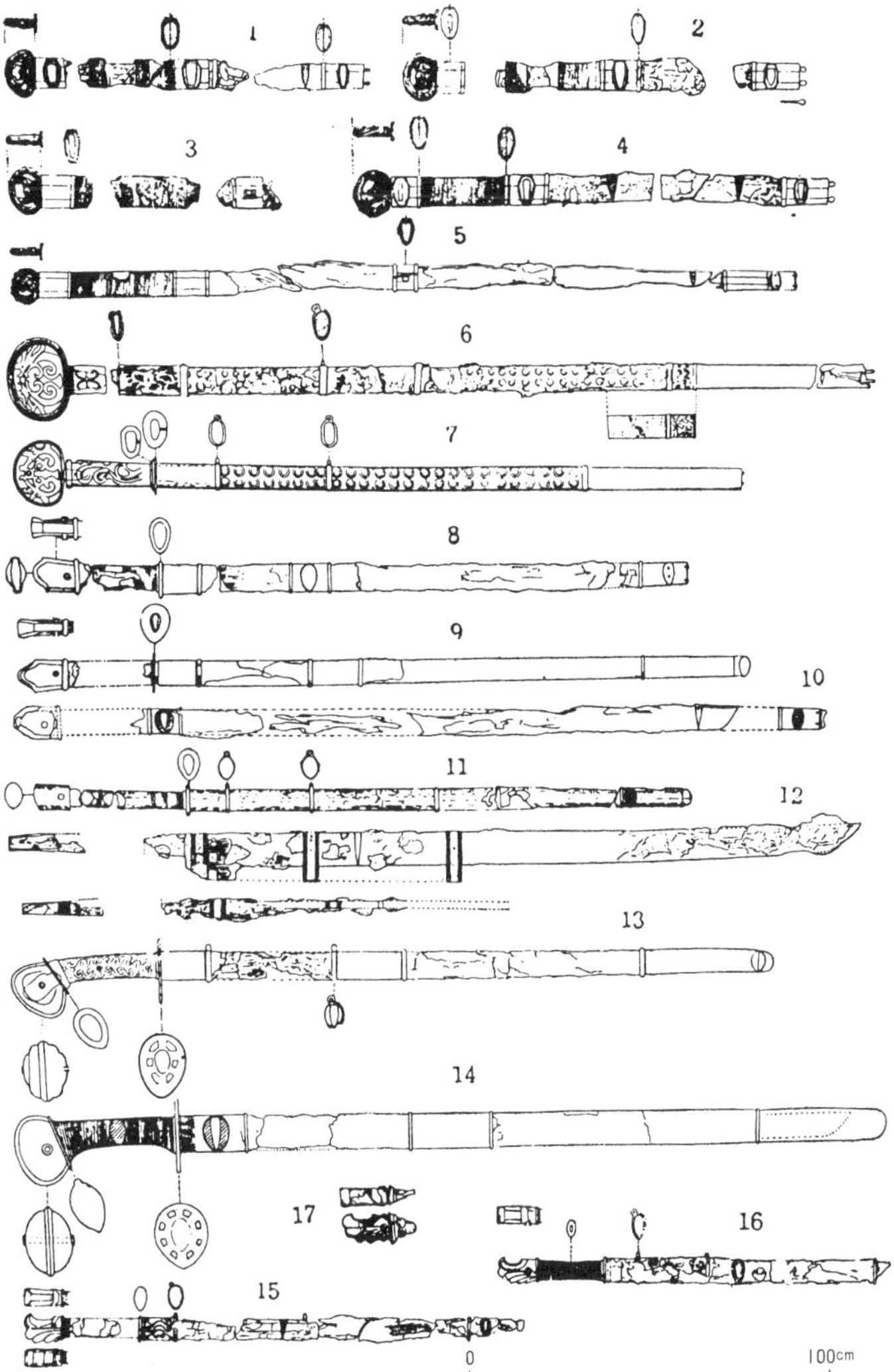

図40　金鈴塚古墳出土の飾大刀

とともにどう変わっていったか、考古学では編年といいますが、その時代的な型式の移り変わりを検討された結果を表にまとめられたものです。新納さんは六世紀から六世紀の終わり、あるいは七世紀の初めぐらいまでの間のこうした飾り大刀の型式変化を全部で一〇期に分けて考えておられます。そして、それぞれ単龍・単鳳の系統、それから双龍・双鳳の系統、あるいは頭椎大刀がどう変わっていったかということを示しておられるわけです。

それぞれの実年代についても検討しておられまして、そのうちの表の一番上、第一期の単龍環頭大刀は、韓国の百済の武寧王《ぶねいおう》という王の墓から出たものです。武寧王とその妃のお墓が今から一、三〇年前に発見されまして、買地券《ばいちけん》、土地の神様からその墓の土地を買った証文をお墓に入れるのですが、その買地券がみつかりました。それで武寧王と王妃のお墓であることがわかったのです。そこから出ているのが、第一期のこの環頭です。そして、武寧王が亡くなって葬られた年代がわかるのですが、これが五二三年です。ですから、まさに第一期というのは、だいたい五二〇年代くらいにおさえられます。

さらに、その一番最後の第一〇期ですが、今から一〇年程前、兵庫県養父郡（現、養父市）の八鹿町というところで箕谷《みいだに》二号墳という古墳が調査されました。そこで戊辰《ぼしん》という干支を鉄の刀身に銅象嵌した、年号銘をもった刀がみつかっています。新納さんはこの戊辰というのは、おそらく七世紀の初めの六〇八年にあたると考えておられます。この戊辰銘の大刀の柄頭はのこっておらずわからなかったのですが、その型式はのこっている刀装具の形態からおそらく第一〇期に併行するものと新納さんは考えられます。したがって、第一期が五二〇年頃、それから第一〇期が六一〇年前後。そうするとちょうど、各期一〇年ずつでうまく当てはまるわけです。ですから新納さんの結論は、第一期が五二〇年頃、第二期が五三〇年頃、第三期が五四〇年頃、第四期が五五〇年頃ということになり、第八期が五九〇年頃、第九期が六〇〇年前後、それから第一〇期が六一〇年前後ということになります。

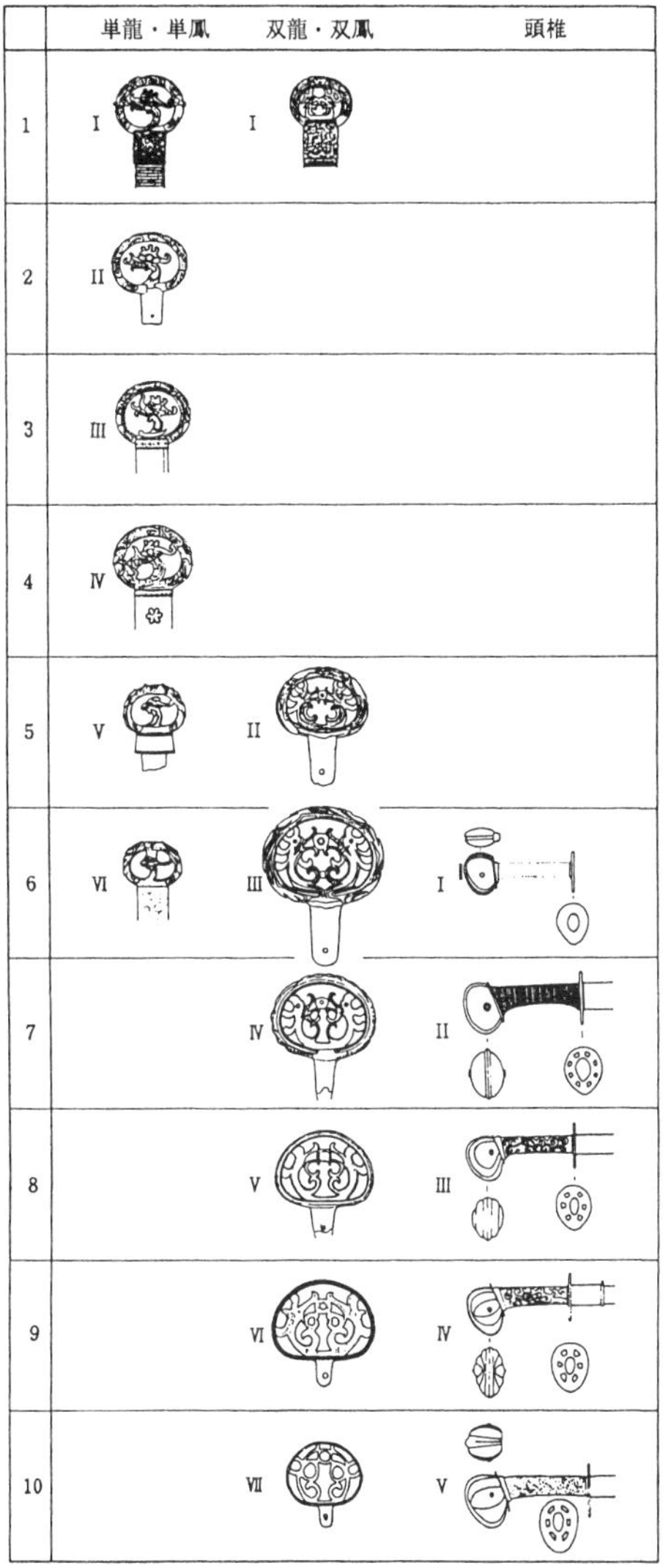

図41　新納泉氏の装飾付大刀編年表

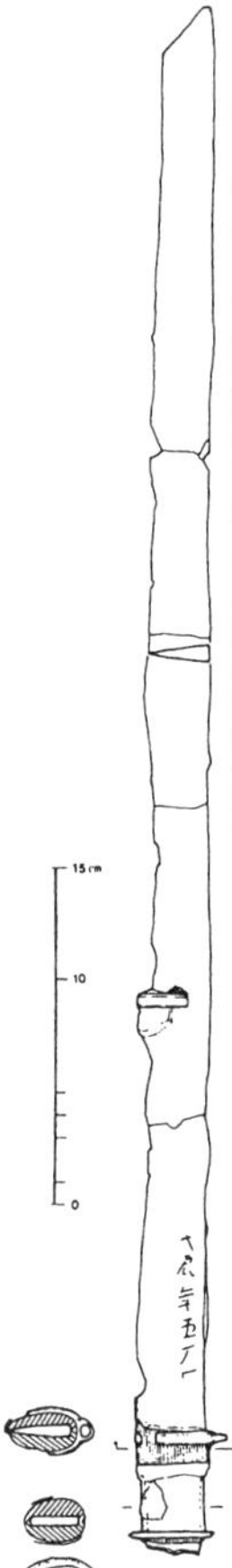
図42　兵庫県八鹿町箕谷古墳出土戊辰年銘大刀

この新納さんが作られました編年表、この大刀の柄頭の飾りの変化による年代の物差しで金鈴塚古墳の遺物をはかるとどういうことになるか、みてみたいと思います。さきに一番古いと申しました一番奥の部分、D区からは、図40の1番と2番と3番、これは獅咬環頭《しがみかんとう》という、獅子が歯を剝き出しにして何かを咬《か》んでいるような、そういう文様をつけた飾りをもった環頭大刀が出ています。それから4番の単龍環頭大刀、6番の双龍環頭大刀、11番の円頭大刀も出ています。D区から出ている飾り大刀で年代の一番決め易いのは、6番の双龍環頭大刀です。これは、まさに新納さんのいう第六期のものです。図の第六期の真ん中のところに示してあるものが、これにあたります。ですからこの金鈴塚古墳の最初の埋葬、一番奥のD区の埋葬が行われた時期は、この新納さんの装飾大刀の編年では第六期にあたっている。さらにほかの環頭大刀もだいたい第六期前後と考えて差し支えない。

それから、二番目に埋葬の行われたA区の石棺内から出ています大刀には、頭椎大刀があります。図39でもわかると思いますが、棺内に何本かの大刀が平行して重ねて置かれていたのですが、その中に二本の頭椎大刀があるのがわかると思います。この頭椎大刀がまさに第七期、第八期にあたります。

それから、その前のB区、石室の入口の近い方から出ている大刀の中には、7番の双龍環頭大刀がありますが、これは新納さんの編年表では第九期のものです。ですから、この新納さんの飾り大刀による年代の物差しで、金鈴塚古墳の三回の埋葬の行われた年代を考えてみますと、一番奥のD区、一番最初の埋葬は第六期にあたる。新納さんの年代観では西暦五七〇年頃、六世紀の後半です。A区の石棺を用いた埋葬は、第七期から第八期にあたり西暦五八〇年から五九〇年頃のものであろう。さらに入口の近いB区の埋葬は、第九期、西暦六〇〇年頃、六世紀の終わりから七世紀の初めにかけてのものであろうということになる。つまり金鈴塚古墳の三人の被葬者の埋葬が行なわれたのは五七〇年頃から六〇〇年頃までの間ということになります。

ところでこの新納さんの装飾大刀の編年のうち、装飾大刀の柄頭がどのように変わっていったかという、この順序についてはこれは大筋間違いないと思います。ただし、それぞれの時期について、新納さんが考えておられるその実年代については大分問題がありまして、私は、とくに新納さんのこの編年表の新しいところ、第五期から一〇期にかけては、少し古く考え過ぎておられるのではないかと考えています。したがって、新納さんの年代観をそのまま採ることは私にはできません。

4　須恵器からみた金鈴塚古墳の年代

先程お話しする時間がなくて省略しましたが、じつはこの石室の中から大量の土器が出ています。その土器の中には須恵器と呼ばれる、朝鮮半島から五世紀に製法が伝えられた硬く焼きしまった焼物と、弥生土器以来の伝統的な日本の焼物である土師器の両者が入っています。その須恵器の数が二四二点あるそうです。土師器は少ないのですが、それでも二八点あります。

これらの須恵器は、報告書によりますとD区の部分にたくさん置かれていたように報告されています。ただ、どの須恵器がどこからでたかということまでは、報告書には書かれていません。また個々の遺物の形態なども報告書ではわかりません。半世紀以上も前の調査であることを考慮しても、学術的な考古学の報告書としては、きわめて不十分なものといわざるをえません。

しかし、幸いなことにこの金鈴塚古墳の遺物はすべて国の重要文化財に指定されており、毎日新聞社からその写真を収録した図録が刊行されています。金鈴塚古墳の須恵器も一応写真に撮れるものはすべて収録されています。私は、報告書ではその実態がわからないので、もっぱらこの毎日新聞社の重要文化財の図録のほうを利用させてもらっています。

金鈴塚古墳の須恵器で圧倒的に多いのは脚のついた高杯と呼ばれる容器です。金鈴塚古墳では高杯が、百数十点出ています。高杯には、蓋のない無蓋の高杯と呼ばれるものと、蓋受けのかえりが口縁部についていて、蓋をともなった有蓋の高杯と呼ばれるものがあります。また金鈴塚古墳から出ている高杯の大部分は、高杯の脚部に二段の細長い透かし孔が開いています。その透かしが、高杯の脚の二方についているものがほとんどです。じつは日本の古墳時代の須恵器の高杯で、このように二方に透かしをもったものはあまりないのです。須恵器の製法が日本に伝えられたばかりの時期の高杯というのは、脚は短く、いずれも四方あるいはさらに多くの透かしをもっています。ところが、その四方の透かしの高杯はすぐなくなって、高杯の脚が長くなるとともに、透かしを三方にいれる、三方透かしに変わって行きます。六世紀代には、この長脚で二段三方透かしの脚部をもつ高杯が盛んに作られます。ところが七世紀になりますと、その三方透かしが二方透かしに変わります。そしてやがてこの透かし自体もなくなってしまいます。したがって、この二方透かしの時期というのはごく限られた短い期間です。金鈴塚古墳から出ている須恵器の高杯の大部分がこの二方透かしのごく限られた時期のものであるということが、その年代を考える決め手になるわけです。

奈良県の広陵町に牧野《ばくや》古墳という直径六〇mくらいの大円墳があります。そして、そこから大量の須恵器が出ているのですが、この牧野古墳から出ている須恵器の中でも一番多いのはやはり高杯です。この牧野古墳の須恵器の高杯は透かしがまさに三方から二方に移り変わる時期にあたっているのです。有蓋高杯も無蓋高杯も、いずれも三方透かしのものと二方透かしのものがほぼ半分ずつぐらい、まさ

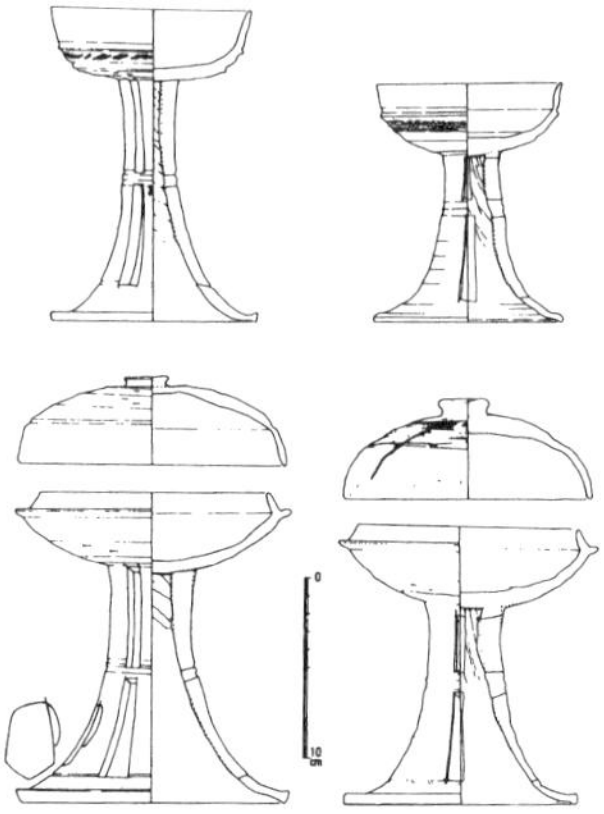

図43　奈良県広陵町牧野古墳の須恵器

に三方透かしから二方透かしに移り変わる時期にあたっていることがわかります（図43）。ですから、この牧野古墳は金鈴塚古墳の一段階前の古墳と考えていいことになります。

じつはこの牧野古墳は、日本の古墳の中でも珍しいのですが、そこに葬られた人の名前を、相当な正確さで推定することのできる数少ない古墳です。結論的にはこの古墳はおそらく、押坂彦人大兄《おしさかひこひとのおおえ》という人を葬った古墳であろうと思われます。この人は敏達《びたつ》天皇の皇子で舒明天皇のお父さんにあたる方です。舒明天皇のお父さんということは、日本の古代国家を完成する、中大兄、後の天智天皇と、その弟の天武天皇のお祖父さんにあたる方で、きわめて重要な人物です。

大兄というのは皇子のなかでも大王の位に就くことのできる、王位継承の有資格者の称号です。中大兄と同様に彦人大兄も大兄と呼ばれていることからもわかるように、大王の位に就いても一向に不思議ではなかった人物です。ただこの人は当時大きな力をもっていた蘇我氏と血縁関係をもっていなかった、蘇我氏と姻戚関係をもっていなかった。そのために大王の位に就けなかったと考えられている人物なのです。この人のお墓が『延喜式』という書物によりますと、大和国の広瀬郡にあったことが書かれています。これが、六世紀後半から七世紀頃の皇族の墓がたくさん造られた飛鳥地方などにあると、どれがどれかわからないのですが、『延喜式』では、この時期広瀬郡に墓を造っている皇族というのは、この彦人大兄だけしかいないのです。そして、広瀬郡域で、六世紀の終わりか七世紀の初めぐらいで、そういうきわめて有力な皇子の墓と考えていいような古墳は、この牧野古墳しか見当たらないのです。ですから、年代もほぼ合っていて、私どもはこの牧野古墳はまず間違いなく彦人大兄の墓であろう、と考えています。

しかし、残念ながら『日本書紀』には彦人大兄が、いつ亡くなったかということは書かれていません。しかしその子どもである舒明天皇の年齢などから考えますと、おそらく西暦六〇〇年すぎまでは生きていたであろうと考えられている人物です。

ですから、牧野古墳の年代は、西暦六〇〇年前後と考えて大きな間違いはないであろうということになるわけです。そうしますと、先に申しましたように牧野古墳から出ている須恵器の高杯は、三方透かしと二方透かしがほぼ半々で、明らかに金鈴塚古墳の須恵器よりは古い様相を示しています。もちろん金鈴塚古墳の須恵器はどこで作られたものかわかりません。近畿地方の古墳から出てくるものとよく似ています。よく似ていますが、やはり細かく観察すると少し違ったところがあります。しかしながら先ほど申しましたように、近畿地方でも高杯の脚部の透かしが二方になる時期というのは、ごく限られた時期です。その形態も近畿のものに近く、さらに近畿でもごく限られた時期にしかみられない形態の須恵器ですから、どこで作られたものかはわかりませんが、近畿地方の須恵器生産の影響を強く受けて作られたものであることは間違いない。したがって、金鈴塚古墳から出ている須恵器は、一応近畿地方の須恵器と同じ年代の物差しで考えても差し支えないだろうということになります。そうしますと先に申しましたように、金鈴塚古墳の大量の高杯は、いずれも牧野古墳よりは一段階新しいものです。牧野古墳の年代を西暦六〇〇年前後と考えてよければ、それより新しいわけですから、これはどう考えても七世紀に入ってしまうのです。

六世紀の終わり頃から七世紀の初めぐらいの須恵器の実年代については、研究者の間に少なくない見解のひらきがあります。私はこの辺の須恵器の年代を比較的新しく考えているほうです。ところが、最近、飛鳥地方でつぎつぎとこの辺の時期の須恵器の実年代を考える上に重要な資料が出てきています。それらは、いずれも私の考えに有利なように見受けられます。

例えば大化改新の功臣に蘇我倉山田石川磨呂という人がいます。蘇我氏の一族ですが、大化のクーデターの時には中大兄皇子側についた人物です。この人が、大化改新の少し前に飛鳥に山田寺というお寺を建てます。この山田寺の調査が奈良国立文化財研究所（現、奈良文化財研究所）によって、ここ数年行われていますが、最近この山田寺の下層から、お寺を造るための大規模な整地工事が行われる直前、さらに整地工事の時期に使われていたと考えられる土器群がみつかっています。この土器群は、金鈴塚古墳よりはやや新しい時期のものですが、じつは従来、飛鳥地方で一番古い段階、飛鳥Ⅰ

と呼ばれていた時期の最終段階の型式の須恵器です。七世紀の第1四半期、七世紀を四つに分けた、その最初、だいたい西暦六〇〇年から六二五年ぐらいまでのものと考えられていたものです。山田寺の建設がはじまったのは大化改新のすぐ前の六四一年です。ですから、従来七世紀の第1四半期に使われていたと考えられていた土器の年代の下限が、もう少し新しくなるということが、この山田寺の調査ではっきりしてきたわけです。それも大化改新の直前まで使われていた。ですから、この辺の須恵器の実年代は、従来考えられていたより、相当新しくなるということは間違いないようで、だいたい私が以前から主張していたくらいの年代になってきているのではないかと、私は思っています。

金鈴塚古墳の須恵器にもいくつかの段階のものがありますが、圧倒的に多いのはこの二方透かしの高杯をともなう時期のものです。それはD区からも大量に出ている。ですからおそらくD区の埋葬の行われた時期というのは、最近の近畿地方における土器の年代研究の成果などを踏まえて考えましても、やはり七世紀に入っているだろうと考えられます。ですから新納さんの飾り大刀編年の第六期、新納さんは五七〇年代と言っておられるのですが、これは私に言わせますと、どう考えても西暦六〇

〇年代よりやや下がることになる。新納さんのお考えと私の考えには約三〇年ほど開きがあります。

私は金鈴塚古墳の最初の被葬者である、D区の被葬者が葬られた年代、すなわち金鈴塚古墳が造営された年代ということになろうかと思いますが、これはまさに七世紀の初頭、聖徳太子や蘇我馬子《そがのうまこ》が活躍していた、まさにその頃にあたると思っています。そして、A区の石棺はそれよりもやや新しい

時期に埋葬が行われた、さらにそれに遅れて入口に近いB区に埋葬が行われるわけで、おそらく七世紀の初めから七世紀の前半にかけて、三人の被葬者がこの古墳に葬られたと考えていいのではないかと思います。

5　房総における金鈴塚古墳の位置

金鈴塚古墳の年代についての私の考えは、以上申し上げた通りですが、それでは金鈴塚古墳の造営年代が七世紀初めとして、その頃の各地の古墳造営の動向のなかでどういう位置を占めるかということが、つぎの課題になります。図44に「上総・下総地域における後期大型前方後円墳の分布」という図を示しておきました。この後期というのは、さきに申しましたように古墳時代を前期・中期・後期に分けた後期、だいたい六世紀から七世紀初頭頃と考えていただいていいと思います。

金鈴塚古墳は、この後期の前方後円墳のなかでも最も新しい段階、すなわち前方後円墳が造られている時代の最後にあたる、まさに最後の前方後円墳と考えていいだろうと思います。関東地方などでは、前方後円墳は七世紀のごく初めまではまだ造られていたと考えていますが、図に示してあるのは、だいたい六世紀の初めから七世紀のごく初めまで、約一〇〇年間に造られた前方後円墳のうち墳丘の長さが六〇ｍを越える大型のものです。上総でも下総でもそうですが、そういう後期の大きな前方後

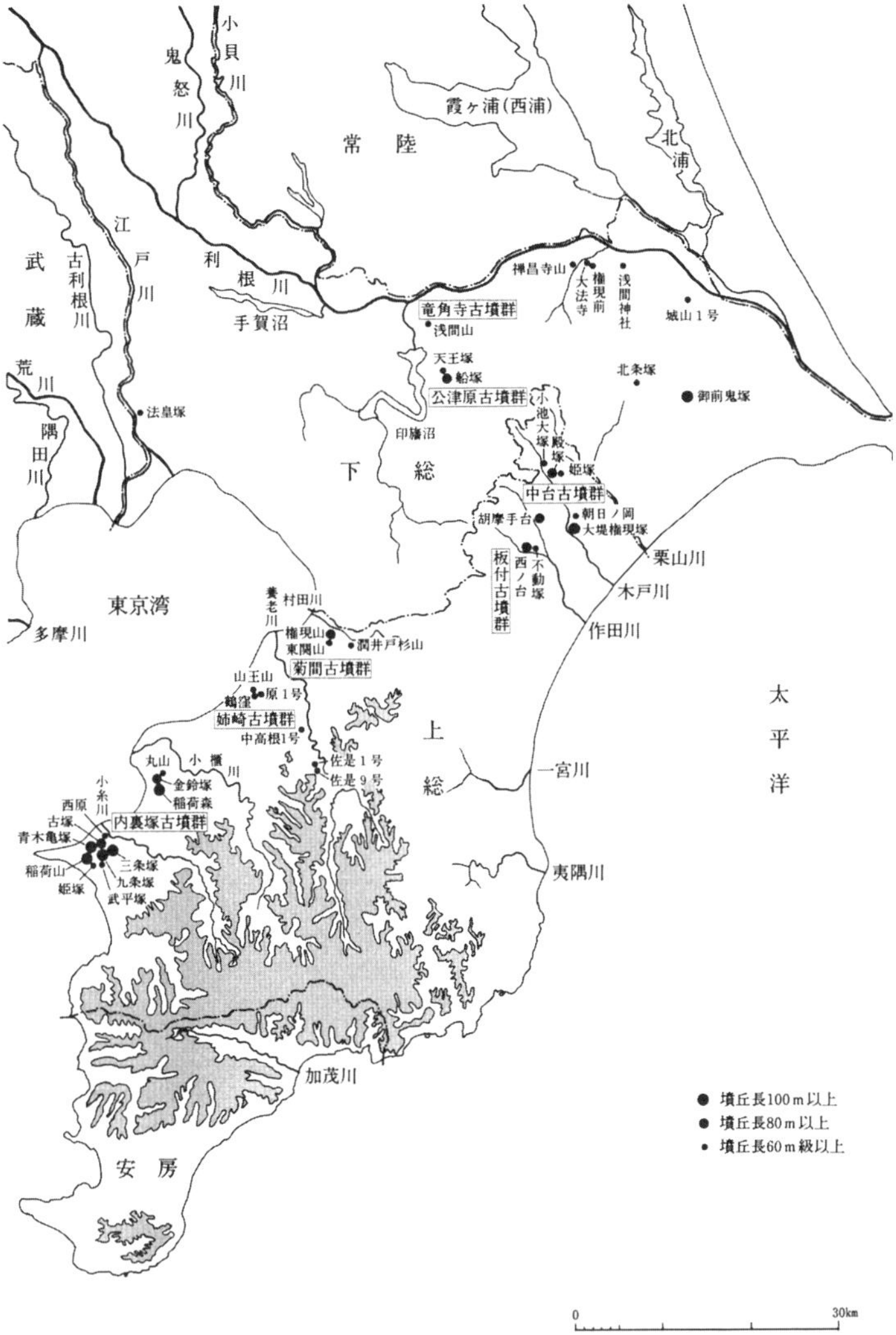

図44　上総・下総地域における後期大型前方後円墳の分布

円墳が代々営まれる地域があるわけです。

上総の東京湾岸でみますと、まず図44の一番南の方、富津《ふっつ》市域には三条塚古墳・九条塚古墳とか稲荷山古墳といった大きな前方後円墳が営まれる地域があります。これが内裏塚《だいりづか》古墳群です。それから少し北にいきますと、金鈴塚古墳とか稲荷森《とうかもり》古墳とかいう古墳がみられます。これがまさに、木更津市の祇園・長須賀古墳群にあたるわけです。それからさらに北へまいりますと現在の市原《いちはら》市ですが、姉ケ崎古墳群というのがあります。そこにも、山王山古墳とか原一号墳という後期の大きな前方後円墳がありますが、ここでは一番大きなものでも墳丘の長さ六〇mから七〇mくらいまでのものです。さらに北の市原市の北の方に菊間《きくま》古墳群というのがありますが、これもやや規模が小さいようです。

いずれにしても上総の東京湾岸には、北から菊間古墳群、姉ケ崎古墳群、祇園・長須賀古墳群、それから内裏塚古墳群の四つの大きな古墳群がみられます。そのうち菊間古墳群と姉ケ崎古墳群、とくに姉ケ崎古墳群は四・五世紀の段階では非常に大きな前方後円墳があるのですが、六世紀の段階では古墳は割合小さくなる。それにたいして、南の二つの古墳群、祇園・長須賀古墳群と内裏塚古墳群は、六世紀になってもなおきわめて大きな古墳が代々造られています。

比較する意味で南の内裏塚古墳群についてちょっとみておきたいと思います。JRの青堀駅のすぐ南側のところに大きな前方後円墳が累々と営まれています（図45）。一番大きな古墳が内裏塚古墳で、その名前をとって内裏塚古墳群と呼ばれています。この古墳は墳丘の長さが一四四m、中期の五世紀

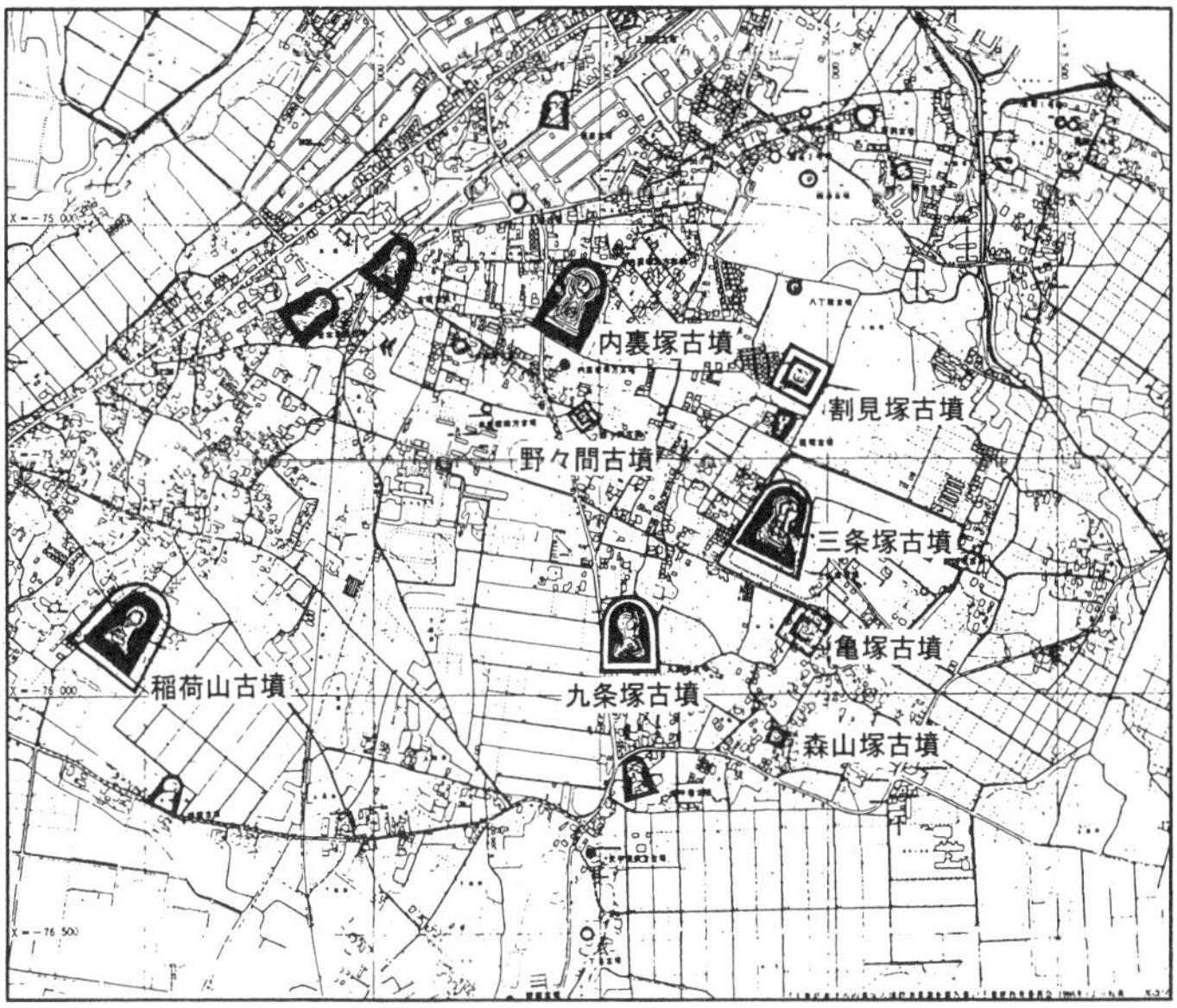

図45　千葉県富津市内裏塚古墳群古墳分布図

の前方後円墳です。これは千葉県で一番大きい前方後円墳です。ここでは後期になっても三条塚古墳、九条塚古墳、稲荷山古墳の三つの大きな前方後円墳が営まれるわけです。

この後期の三つの大型前方後円墳のなかで一番古いのはどうも九条塚古墳のようです。これは六世紀の半ばすぎぐらいではないかと考えられており、墳丘の長さが一〇五mあります。その次が稲荷山古墳、これがやはり一〇六mぐらい。それから一番新しいのが三条塚古墳です。九条塚古墳と稲荷山古墳はまだ埴輪がある時期です。三条塚古墳は君津郡市文化財センターで調査されましたが、埴輪は出てこない。埴輪が使われなくなった時期のものです。金鈴塚古墳ももう埴輪は使われておりません。ですから、金鈴塚古墳と同じように、この内裏塚古墳群の中の最後の前方後円墳がこの三条塚古墳であろうと思われます。それはおそらく六世紀末か七世紀の初めであろうと考えられるのですが、これが一二三mもあります。いずれにしても内裏塚古墳群では、六世紀の半ばすぎから七世紀の初めぐらいまで、一〇〇mを越える、あるいは一二〇mにもおよぶような大きな前方後円墳が続いて造られているのです。

この内裏塚古墳群では七世紀代になりますと、三条塚古墳を最後にここでも前方後円墳が造られなくなります。そして、それに替えて、ここでは大方墳が造られます。三条塚古墳の直ぐ北に割見塚《わりみづか》古墳という方墳があります。これは墳丘は一辺が約四五mで、それほど大きくないのですが、周りに二重の立派な堀を巡らしていまして、その外堀の外側の一辺は一〇七mにおよぶ大きな古墳です。割見塚古墳以外にも、野々間古墳とか、森山塚古墳とか、あるいは亀塚古墳とか四角い古墳がいくつかあります。これらは内裏塚古墳群では七世紀代に方墳が造られ続けたことを物語っているものと思われます。このように、この内裏塚古墳群でも、六世紀代には祇園・長須賀古墳群と同じように、一〇〇mを越えるような大規模な前方後円墳が代々造られていた。そして七世紀に入ると、それに替わって大方墳が造られるようになったことがわかります。

それにたいして祇園・長須賀古墳群の場合ですが、ここでは早くに古墳が破壊されていますので詳しいことはよくわかりませんが、少なくとも六世紀の後半から七世紀の初めにかけて、稲荷森古墳や金鈴塚古墳が営まれます。稲荷森古墳は先程申しましたように、一二〇mぐらいあったかもしれないといわれています。これは内裏塚古墳群で一番大きい三条塚古墳に匹敵する。金鈴塚古墳も従来復元されているのよりは、もう少し大きい可能性がありまして、いずれも一〇〇mを越える前方後円墳であったことはまず間違いない。おそらく六世紀の後半から七世紀の初頭にかけて、二代にわたって、大きな前方後円墳が造られた。そして、ここでは七世紀になりますと、これまた早く潰されてしまって実態がよくわかりませんが、鶴巻塚古墳が造られます。さきに申しましたように、これは須恵器からみますと金鈴塚古墳より新しい。したがって、これが大きな円墳であったというのが間違いなければ、これはまさに、内裏塚古墳群における割見塚古墳と同じような位置を占める古墳です。前方後円墳が造られなくなった後、祇園・長須賀古墳群を営んだ首長は、前方後円墳に替えて大円墳を造っている可能性がある。それが鶴巻塚古墳であろうと考えられます。おそらく直径数十mあったと思います。ですから、上総の東京湾岸の木更津から富津にかけての地域には、六世紀の後半から七世紀の初め頃に代々一〇〇mを越えるような前方後円墳を造り続けた勢力が二つもあって、そこでは七世紀に入って前方後円墳が造られなくなっても、一方は大方墳、一方は大円墳を造り続けていたらしいということになります。

6　古墳からみた六・七世紀の東国

それでは、この金鈴塚古墳のような六世紀後半から七世紀初頭頃の一〇〇mを越える前方後円墳というのは、どういう位置を占めるのかということについて考えてみたいと思います。二四頁の表1と表2に関東地方の後期の大型前方後円墳と、ヤマト王権の本拠地である近畿地方の中央部、のちに畿内と呼ばれる地域の後期の大型前方後円墳の数を比較するための表をあげておきました。一般に後期になりますと、前方後円墳の規模は急速に小さくなり、かつ少なくなります。

ところが例外はこの関東地方であって、六世紀になると少なくなるというよりも、むしろ逆に多くなります。大きな前方後円墳が数多く造られるようになるのです。表のトータルの数字をみていただくと一番わかりやすいと思いますが関東地方全体で、後期の墳丘の長さが六〇m以上の大きな前方後円墳が二一六基もあるのです。それにたいして畿内の墳丘の長さが六〇m以上の前方後円墳は、三九基しかない。この中には当然、当時大王と呼ばれていた、後に天皇と呼ばれる人たちのお墓も含まれています。当時関東地方では、大きな前方後円墳がいかにたくさん造られたかということがおわかりいただけると思います。

今ここで問題にしています一〇〇mを越えるような後期の前方後円墳ということになりますと、もっと少なくなるわけです。近畿地方では、一〇〇m以上のものは全部で一八基しかありません。一〇〇mから一四〇mぐらいのが一一基、一四〇m以上、これはおそらく大部分大王墓だと思いますが、七基ほどあります。大王墓とおぼしき一四〇m以上のを含めても一八基しかないということになります。ところが関東地方では一〇〇mから一二〇mまでのが三一基、一二〇m以上のが五基、合わせて三六基もあるわけです。この違いは、当時の畿内と関東地方以外の地域のあり方と比較するともっとはっきりします。畿内と関東を除く地域では、大型前方後円墳の数というのはきわめて少ない。例えば、かつて中期の五世紀に、近畿地方の大王墓に匹敵するような大きな古墳を造っていた岡山県を中心とする吉備《きび》地方、ここでは後期の一〇〇mを越える前方後円墳というのはわずかに一基だけです。総社市備中《びっちゅう》こうもり塚古墳というのがぎりぎり一〇〇mです。これは吉備だけではなくて、山陰、山陽を含めた中国地方全体でもそうです。一〇〇mを越える前方後円墳というのは、後期ではわずか一基になってしまうのです。ですから、関東地方で六〇mを越える後期の前方後円墳が二一六基、一〇〇m以上のものだけでも三六基もあるというのは、いかに多いかということがわかると思います。

これは関東地方の特殊な状況で、このことについては、いろいろな解釈が可能だと思いますが、一つはっきりしているのは、ほかの地域とはまったく異なった基準で前方後円墳が造られていたということです。おそらくそれ以外の地域は、基本的には同一の基準で前方後円墳が造られていたのではないかと思われるのですが、関東地方だけはまったく違った基準で造られていたと考えざるをえません。

このことは、当時の六世紀から七世紀の初めのヤマト王権にとって、関東地方が非常に重要な地域であったということを物語っているものに他ならないと思います。例えば「固関《こげん》」ということをご存じの方もおられると思いますが、古代には、東国と畿内の間には三つの関がありました。東山道には不破《ふわ》の関が、東海道には鈴鹿《すずか》の関が、北陸道には愛発《あらち》の関がある。古代において天皇が亡くなりますとこの三関が閉じられます。天皇が亡くなりますと、当然皇位継承をめぐって争いが起こる可能性があるわけで、それを未然に防ぐためにこの三関が閉じられる。それを「固関」といいます。天皇が亡くなるとすぐに固関使が遣わされて、この三関が閉められます。

三関というのは東国から畿内を守るための関とお考えかもしれませんが、じつはそうではないのです。不破の関を守っているのは、畿内からいうと不破の関の外側の美濃国です。鈴鹿の関を守っているのは外側の伊勢国、愛発の関を守っているのは、外側の越前国です。

要するに、畿内を東から守るのではなくて逆なんですね。これは、畿内で皇位継承をめぐる争いが予想される場合に、畿内の特定の勢力が東国と結んで軍事的な行動を起こすことを防止するために三関が設けられ、「固関」が行われたと考えられています。ということは、当時の畿内王権にとって最も重要な武力は、この東国にあったということを示しているのです。例えば壬申の乱の時に、後の天武天皇、大海人皇子方が勝利を収めたのも、東国の兵力を味方につけるのに成功したからであるといわれています。このことは、東国がヤマト王権にとって軍事的にきわめて重要なところであったということを示すものにほかなりません。

また「防人《さきもり》」もご存じだと思いますが、これは奈良時代前後に九州の防備にあたるための兵が徴発されるわけです。九州の防備にあたるわけですから、西日本から徴発したらよさそうなものなのに、防人は東海道では遠江から東、東山道では信濃より東の人が徴発されるのです。この上総からもたくさんの人が防人として、西海道の防備に駆り出されていました。そのこともまた、当時の畿内政権にとってこの東国が、軍事的にきわめて重要なところであったことを示しています。

さらに東国の重要性は、たんに軍事的なものにとどまらなかったようです。例えば七世紀の中頃、有名な大化改新（乙巳の変）が行われます。大化改新そのものの実態については、よくわからないわけですが、ただ、一つはっきりしていることは、中大兄皇子を中心とするグループがクーデターを起こして蘇我氏を倒し、そして新しい政治体制をうち建てたことは事実です。大化元（六四五）年にクーデターが起こされて、そして大化二年の正月に有名な大化改新の詔が出されたことになっていますが、それ以前に、大化のクーデターの二か月後の大化元年の八月に、東国国司《こくし》が任命されて東国に派遣されるわけです。この東国国司というのは何をしたのかというと、まず戸籍の製作です。人民を支配するための基本台帳である戸籍を作る。それから、水田の面積の調査をする。それから武器を押収する。豪族が持っていた武器を集めて倉に納める、ということを命ぜられているわけです。これはすべて実際に行われたかどうかはわかりませんが、いずれにしても後の公地公民制のような新しい支配体制を、まず東国で敷こうとしているわけです。

大化改新の時に、そうした新しい支配体制がまずとられるのは、東国とそれからヤマト王権の根拠地である大和の六県《むつのあがた》と呼ばれる、これはまさに大王家の直轄領です。そこでまずそういう新しい政策が試みられるわけです。ということは、七世紀以前において、この東国が畿内王権の軍事的な基盤であるとともに、経済的にも重要な基盤であった。畿内の王権を支える軍事的かつ経済的基盤は、この東国にあったということを物語っているのです。このことと、関東地方にほかの地域に比較して異常に多くの後期大型前方後円墳が営まれたということは、おそらく関係していると思われます。特に古墳からみますと東国でも関東地方に限られるわけですが、関東地方に特に後期の大型前方後円墳が多いということは、関東地方が当時の畿内王権にとってきわめて重要な地域であった、ということを物語る以外の何ものでもないと思います。

こうした関東地方の後期大型前方後円墳のなかでも、とくに大規模な墳丘長が一〇〇mを越えるようなものが、この上総の、祇園・長須賀古墳群と内裏塚古墳群に代々造られていて、しかもこの祇園・長須賀古墳群の金鈴塚古墳では、例えば大刀一つをとってみても、みごとな飾り大刀が二〇本ちかくも副葬されているわけで、こうした例は、現在のところ全国的にもまったく知られていません。また金鈴塚古墳以外のこの時期の祇園・長須賀古墳群の古墳をみても、いずれもその一部しか残っていませんが、高いレベルの優れた遺物が副葬されていた古墳が多いことが注目されます。

このように、この祇園・長須賀古墳群では六世紀から七世紀の初め、大きな前方後円墳が代々造られ続け、全国的にみても超一級の遺物が、しかも大量に副葬されている。このことは、関東地方全体が当時の畿内政権にとってきわめて重要な地域であったことはいうまでもないのですが、その中でもとりわけこの祇園・長須賀古墳群あるいは内裏塚古墳群のある場所は、重要な地域であった。そのためこの地域の豪族を、畿内政権としては優遇する必要があったと思われるのです。

ご承知の通り、かつての東海道は相模から、東京湾の走水《はしりみず》の海を渡って、ちょうどこの富津から木更津のあたりに渡ってくる。そして東京湾岸沿いを北上して今の千葉市あたりから内陸部に入りまして、佐倉・成田あたりを通って香取の海に出る。かつては印旛沼から今の利根川の流域、さらに霞ヶ浦は香取の海といわれる大きな内海になっていたのです。東京湾岸から香取の海への最短距離を通って、さらに常陸の方に進んでいく。これが旧東海道のルートでした。この旧東海道のルートで、この富津から木更津の地は、東京湾を渡ったばかりのきわめて重要な位置を占めるところで、古代の交通の要衝にあたっている。この地は、畿内王権の東国、さらに陸奥の支配にとってきわめて重要な地域であったわけです。そのことが、金鈴塚古墳をはじめとする祇園・長須賀古墳群や内裏塚古墳群のいくつかの古墳のように大規模で、しかも非常に豪華な遺物を大量に副葬した古墳を六世紀から七世紀初頭に出現させた理由、ということになるのではないかと思います。

奈良時代以前の古東海道ルートにおいて、木更津市周辺が占めた位置はきわめて重要なものであった、ということを金鈴塚古墳の存在そのものが物語っています。金鈴塚古墳が語るものは、皆さんが、この地域の将来の問題をお考えになるうえにも、示唆するところが多いのではないかと思います。

〔追記〕

木更津市松面古墳については最近の調査の結果、二重の周溝をもつ一辺四四mほどの方墳であることが確認されている。最後の前方後円墳である金鈴塚古墳に続いて営まれた大型方墳であろう。祇園・長須賀古墳群でも、前方後円墳の造営停止後に営まれた首長墓が大型の方墳であることが明らかになった意義は大きい。鶴巻塚古墳はこの松面古墳に続く時期のものと想定されるが、その墳形が従来からいわれているように円墳であるかどうかについても、再検討が必要になった。

四　上総・駄ノ塚古墳

1　関東の終末期大型方・円墳

前方後円墳の造営が停止された六世紀末葉ないし七世紀初頭以降のいわゆる古墳時代終末期には、関東地方では大型の方墳や円墳が数多く造営された。なかでも千葉県栄町の龍角寺岩屋古墳（一辺八〇m）、群馬県前橋市の総社愛宕山古墳（一辺六五m）などの大型方墳や、栃木県壬生町の壬生車塚古墳（径八二m）、埼玉県行田市の八幡山古墳（径約七〇m）などの大型円墳は、この時期の畿内地域の大王墓をも凌駕する墳丘規模をもつことが注目されている。

こうした関東地方の大型方墳や大型円墳が、前方後円墳の造営が停止されて以降の、古墳時代終末期のものであることについては、それらの埋葬施設がいずれも七世紀に下る新しい時期の横穴式石室であることなどからも、ほぼ共通の認識がえられていた。ただこうした大型方墳や大型円墳の正確な造営時期やその埋葬の実態などについてはほとんど知られておらず、前方後円墳の終末とこうした大型方墳・円墳造営の年代的関係やその被葬者像については、必ずしも明らかにされてはいなかった。

国立歴史民俗博物館では、こうした関東地方における終末期の大型方墳や円墳の実態やその造営時期を明らかにすることを目的に、終末期の大型方墳と想定されながらも必ずしもその実態が明らかにされていなかった千葉県山武市駄ノ塚《だのづか》古墳の発掘調査を一九八五〜八六年に実施した。その結果、同古墳の造営時期が七世紀でもきわめて早い段階にさかのぼることを明らかにし、こうした関東地方における終末期の大型方墳・円墳の性格を考える上に重要な多くの情報をえることができた(1)。ここでは、この調査の成果にもとづき、駄ノ塚古墳やその他の関東地方の終末期大型方墳・大型円墳の被葬者の性格について考えるところを述べてみたい。

2　駄ノ塚古墳の造営年代

駄ノ塚古墳は、上総の九十九里沿岸地域のほぼ中央部に位置する板附《いたつけ》古墳群（図46）に所在する。群中には、埴輪などから六世紀後半の前方後円墳であることが知られる西ノ台古墳（墳丘長九〇m）、埴輪の樹立がみられないところから前方後円墳としては最終段階の六世紀末葉ないし七世紀初頭と想定される不動塚古墳（同六五m）などがあり、駄ノ塚古墳はこの西ノ台、不動塚についで造営された首長墓と考えられた。さらに群中には、駄ノ塚古墳に後続するものと想定される方墳の駄ノ塚西古墳

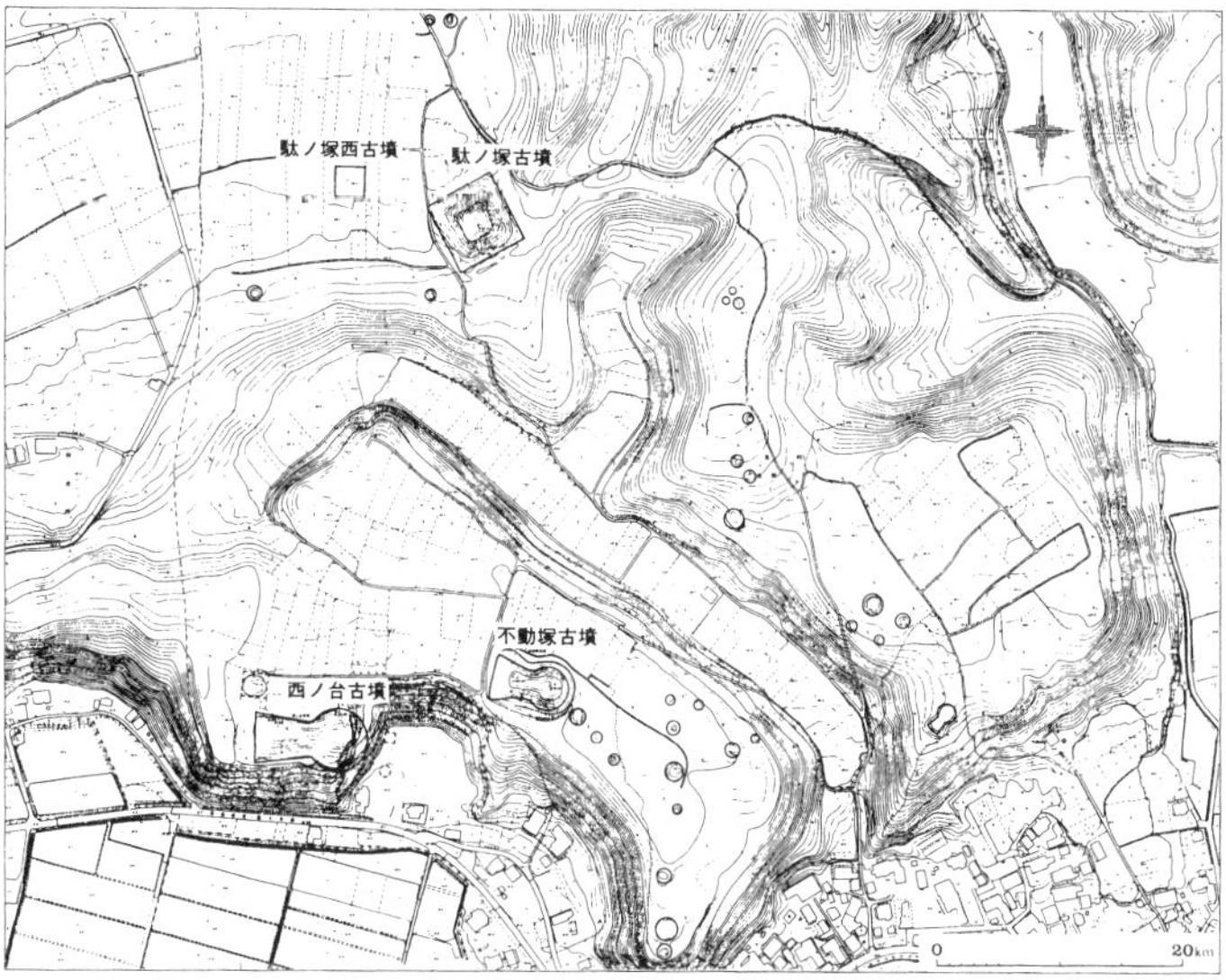

図46　千葉県山武市板附古墳群古墳分布図

（一辺三〇ｍ）があり、西ノ台→不動塚→駄ノ塚→駄ノ塚西という四代におよぶ首長墓の系列が想定された。

調査の結果、駄ノ塚古墳は一辺六〇ｍの三段に築成された大型方墳で、周囲に二重の周溝をめぐらし、墳丘の南斜面ほぼ中央に凝灰質泥岩の切石造りで複室構造の横穴式石室が営まれていることが明らかにされた。石室は早い段階に盗掘をうけていたため、本来の埋葬の実態や副葬品の全貌は明らかにできなかったが、耳環、琥珀・ガラス・瑪瑙・水晶などの玉類、金銅歩揺付飾金具をともなう馬具、鉄地銀象嵌頭椎大刀などの武器類が、五体分の人骨や一〇体分の歯とともに石室内から検出された。また石室の前庭部や、その前方の周溝部などからは、鉄鏃群、土師器、須恵器

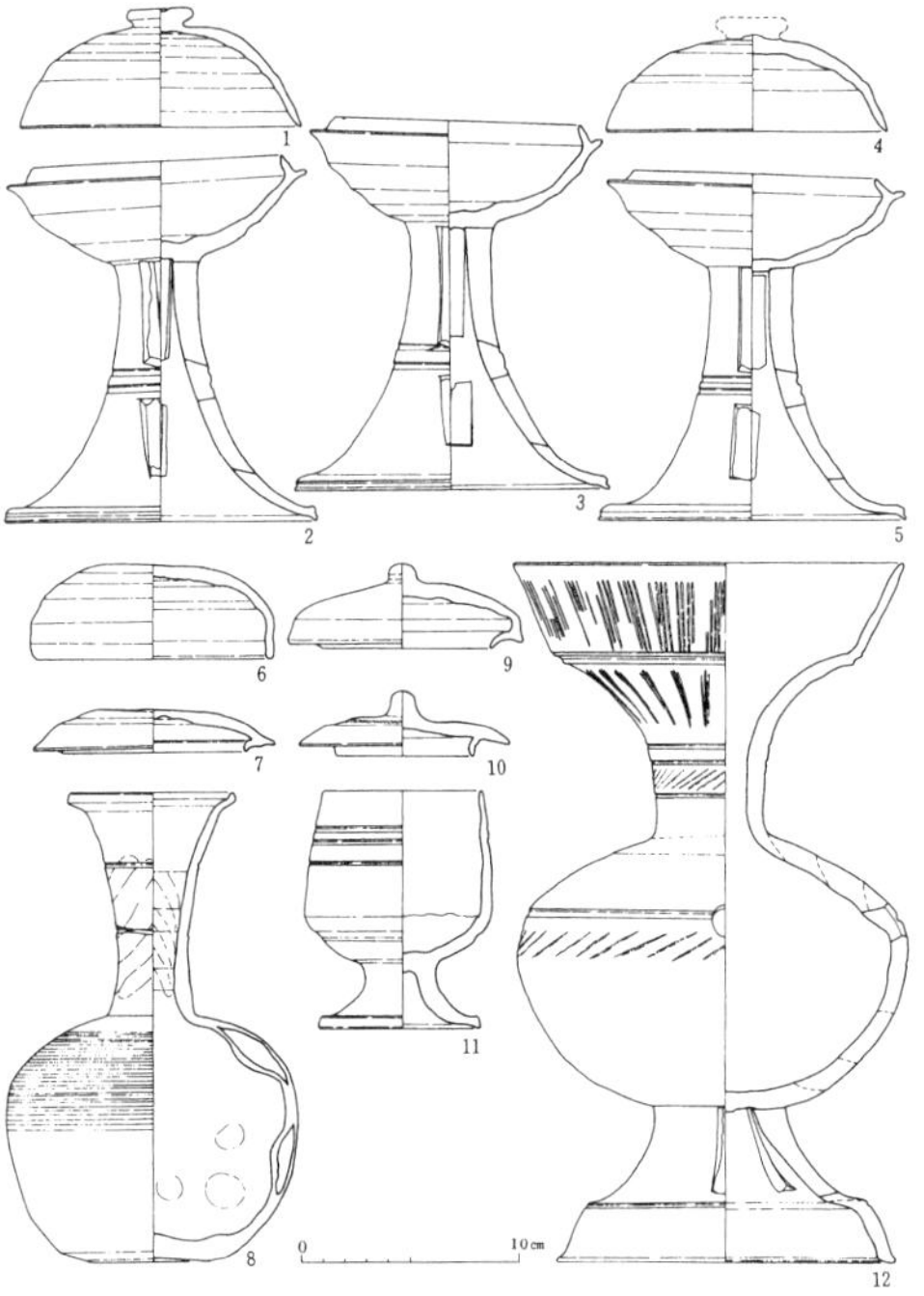

図47　山武市駄ノ塚古墳の須恵器

などが出土した。

　出土した大刀、鉄鏃、馬具などはいずれも六世紀後半から七世紀初頭に編年されるものであるが、さらにこの古墳の造営年代を限定できる資料は、石室前方の内側周溝の底部付近で細かく打ち割られた状態で出土した須恵器群である。それらには有蓋高杯三、同蓋二、台付𤭯一、台付椀一、長頸壺一、蓋四がある（図47）。これらの須恵器の産地は現在のところ明らかにできないが、畿内地方の須恵器と共通する特徴をもち、陶邑窯の編年ではＴＫ二〇九型式の中段階に並行する時期のものと判断される。

　ＴＫ二〇九型式の古段階の須恵器が、忍坂彦人大兄皇子の成相墓である蓋然性の高い奈良県広陵町牧野《ばくや》古墳から出土し、また同型式の新段階は豊浦寺の高句麗系軒丸瓦を焼いた京都府宇治市隼上り《はやあが》窯の初期の須恵器とほぼ同時期とみられるところから、同中段階はほぼ七世紀初めの六一〇〜六二〇年頃に相当するものと思われる。

駄ノ塚古墳では、これ以外に須恵器の副葬や須恵器を用いた儀礼は認められず、こうした比較的多量の須恵器を用いた儀礼は、この古墳の主たる被葬者の埋葬儀礼にともなうものと考えられる。このことから須恵器群の示す年代は、駄ノ塚古墳の造営年代と考えてほぼあやまりないものと思われるのである。

3　駄ノ塚古墳の被葬者像

このように、駄ノ塚古墳の造営年代をほぼ六一〇年代に限定しえたことは、龍角寺岩屋古墳など関東各地の終末期の大型方墳や円墳の年代を想定するうえにも重要である。こうした終末期の大規模な方墳・円墳は、関東地方で前方後円墳の造営が停止されたと考えられる七世紀初頭以降、前方後円墳にかえて有力な在地首長層が造営したものであり、その規模はその後次第に小型化していったものと想定される。

駄ノ塚古墳の被葬者像を鮮明にするためには、こうした七世紀初頭から前半に関東各地で造営された大型の方墳や円墳の性格を明らかにする必要がある。これら終末期の大型方墳・円墳は、上野（群馬県)、下野(栃木県)、武蔵(埼玉県・東京都)ではこれら律令制の国を単位にほぼ一ヶ所ずつにしか認められない。

ところが上総・下総(千葉県)、常陸(茨城県)などでは必ずしも律令制の国に一ヶ所とは限定されていないようである。例えば上総では、九十九里沿岸の板附古墳群に駄ノ塚古墳が、東京湾岸の富津市の内裏塚古墳群にも大方墳の割見塚古墳(一辺四五m)などがみられる。

興味深いのは、このうち上野、下野、武蔵は、いずれも後の律令制の国に匹敵する上毛野国造、下毛野国造、武蔵国造などの大国造が置かれた地域であり、上総、下総、常陸は律令制下の二、三郡程度の支配領域をもつ小国造が置かれた地域にあたることである。このことから私は、終末期の大型方墳・円墳は国造の支配領域に一ヶ所ずつ営まれたものであり、少なくとも関東地方では、前方後円墳造営停止とそれにかわる大型方墳・円墳の造営は、国造制というヤマト王権による新しい地方支配システムの創設に対応するものと考えている。

このことから、駄ノ塚古墳の被葬者は武社《むさ》国造に任じられた在地首長その人にほかならないと思われる。武社国造の支配領域と想定される上総の武射郡・山辺郡域では、古墳時代後期の六世紀後半には、板附古墳群以外にも境川流域の山武市胡摩手台古墳群に胡摩手台一六号墳(墳丘長八〇m)、東方の木戸川流域の同大堤古墳群には大堤権現塚古墳(同一一五m)、やはり同流域の横芝光町の中台古墳群やその付近には殿塚古墳(同八八m)、小池大塚古墳(同七六m)、姫塚古墳(同六〇m)などの大型前方後円墳が営まれた（図48）。

したがって武社の地域では六世紀後半には有力な政治勢力が少なくとも四ヶ所に存在したことが知られるが、七世紀になるとこのうち板附古墳群をのこした勢力が国造の地位に就き、駄ノ塚、駄ノ塚西古墳を二代にわたって造営したのであろう。

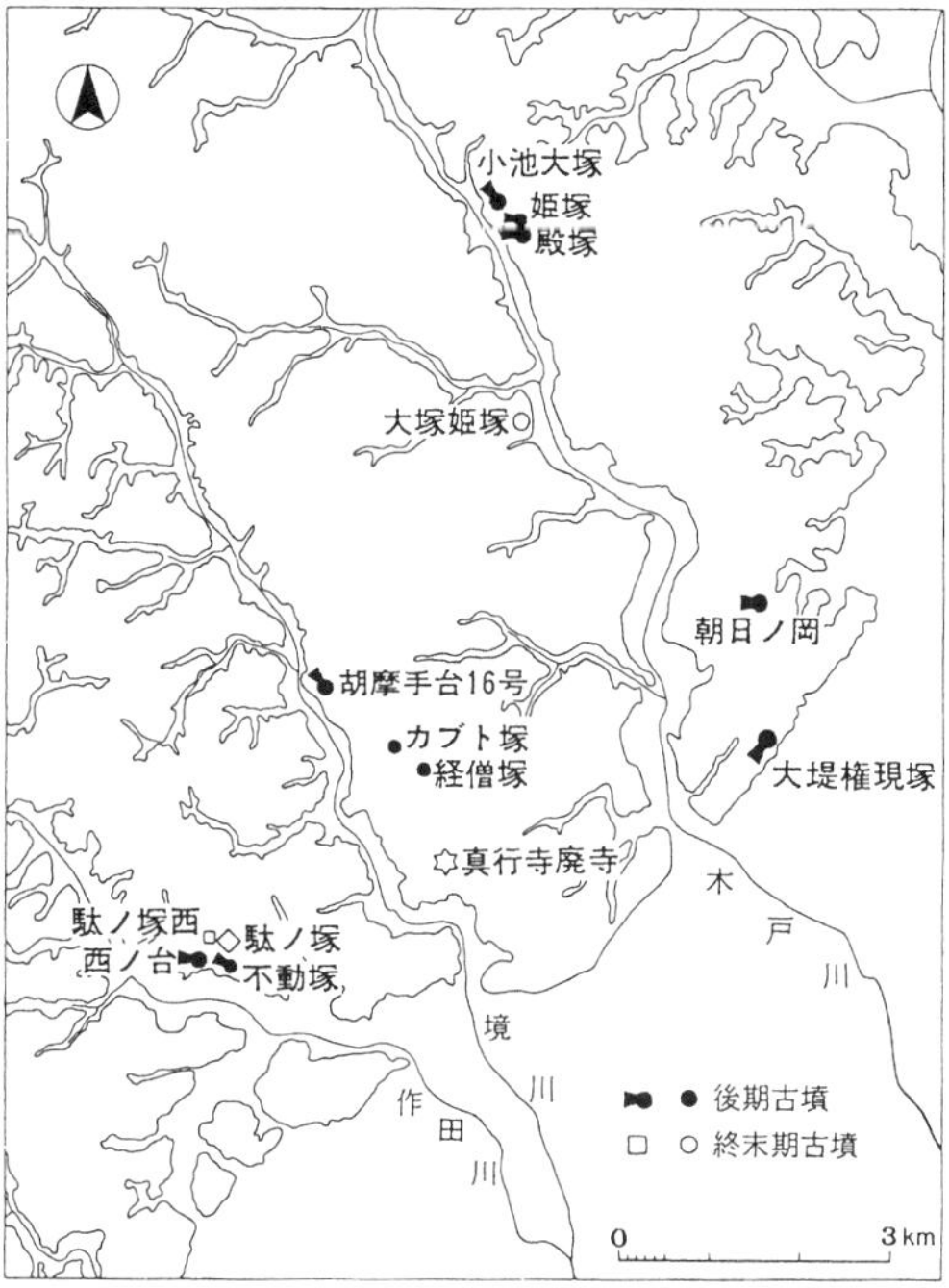

図48　武射（武社）地域における後期・終末期古墳の分布

ただこの地域では、木戸川流域の中台古墳群と大堤古墳群の中間の松尾町大塚古墳群の中に、大塚姫塚古墳と呼ばれる墳丘径約六五mの大型の円墳があって、終末期のものと考えられている。その正確な造営時期については今後の調査・研究を待つほかないが、武社国造の地位が一時期、東の木戸川流域の勢力に移ったことも考えられる。東国の国造と古墳の関係については、さらに検討を要する問題が残されている。

［註］

（1）白石太一郎・杉山晋作編「千葉県成東町駄ノ塚古墳発掘調査報告」国立歴史民俗博物館研究報告　第六五集　一九九六

五　下総・龍角寺岩屋古墳の造営年代

はじめに

千葉県印旛郡栄町の龍角寺古墳群に所在する龍角寺岩屋古墳は、一辺八〇mの大型方墳としてよく知られている。その墳丘は、日本列島の方墳のなかでも奈良県橿原市鳥屋町の桝山古墳（現倭彦命墓、九六×九〇m）に次いで、第二位の規模をもつ。桝山古墳が一部採集されている円筒埴輪の型式(1)などから、五世紀でも比較的早い段階のものと想定されているのにたいし、龍角寺岩屋古墳は横穴式石室を内部構造とするものであることなどから古墳時代でも新しい段階の、おそらく前方後円墳の造営が停止されて以後の古墳時代終末期(2)のものと想定されている。終末期の大型方墳としては、日本列島で最大の規模をもつものということになり、同時期のおそらく大王墓と想定される大阪府太子町山田高塚古墳（現推古天皇陵、六三×五六m）や同春日向山古墳（現用明天皇陵、六三×六〇m）の墳丘規模を凌駕する。

のちに畿内とよばれる近畿地方中央部では、六世紀末葉をもって前方後円墳の造営は停止され、それまで前方後円墳を造営していたような有力支配者層は、大型の方墳ないし円墳を営むようになる。(3) 大型方墳の例としてはさきにあげた山田高塚古墳や春日向山古墳のほか、奈良県明日香村石舞台古墳（一辺五〇ｍ）、同桜井市天王山古墳（一辺四五ｍ）などがある。また大型の円墳としては、奈良県天理市塚穴山古墳（墳丘径約七〇ｍ）や同広陵町牧野《ばくや》古墳（径約六〇ｍ）などがみられる。

これは関東地方でも同様で、畿内よりほんのわずか遅れて七世紀初頭を最後に大型前方後円墳の造営が停止され、やはり大型の方墳ないし円墳が営まれるようになる。(4) 龍角寺岩屋古墳はまさに、こうした前方後円墳の造営停止後に造営される終末期の大型方・円墳の代表例にあたるものにほかならない。関東では、ほかに大型の方墳としては群馬県前橋市の総社古墳群の愛宕山古墳（一辺六五ｍ）や宝塔山古墳（一辺六〇ｍ）、千葉県山武市駄ノ塚古墳（一辺六〇ｍ）などがあり、さらに大型円墳としては栃木県壬生町壬生車塚古墳（径八〇ｍ）、埼玉県行田市八幡山古墳（想定復元径約七〇ｍ）などがみられる。円墳の場合も、関東のものが同時期の畿内の諸例よりひとまわり大きくなっていることが注目される。

ここに示した、関東地方における終末期の大型方墳・円墳出現の経過に関する大まかな図式については、ほぼ誤りないものと考えている。ただこうした図式の中での一つの大きな難点は、関東地方の終末期の大型方墳を代表する龍角寺岩屋古墳の造営年代が明らかにされておらず、またその点に関して、確かな考古学的根拠にもとづく議論がかならずしも充分になされているとはいいがたい点である。

さらに一九九九年には、千葉県史料研究財団によって、龍角寺岩屋古墳の造営に先立って営まれた龍角寺古墳群で最後の大型前方後円墳と想定される浅間山古墳の発掘調査が実施されている。この調査の結果、遺存した副葬遺物のうち毛彫りの装飾をもつ金銅製馬具などは、いずれも七世紀後半に下ると想定されるもので、予想していた六世紀末葉ないし七世紀初頭の遺物はきわめて少なかった。

浅間山古墳の造営年代の考古学的な検討については、発掘調査報告書において[5]、調査に関係した者の一人として調査担当の諸氏とともに所見を示しているが、日本列島で最大の終末期の大型方墳の営まれた龍角寺古墳群でも、さきに示した前方後円墳から大型方墳への転換に関する図式を大きく変更する必要はないものと考えている。

本稿はこうした状況から、現在われわれに与えられている材料によって、状況証拠をも含めて龍角寺岩屋古墳の造営年代をいつにもとめるのがもっとも妥当性が高いのかについて検討を試みようとするものである。副葬品をはじめとする遺物に関する情報がまったく知られていないなかで、その結論には限界があることは承知している。

しかし、関東地方における古墳の終末問題を考える上にも、また考古学的資料によって千葉県の古代の歴史を描こうとする上にも、避けて通れない問題であり、私見を提示して批判を仰ぐことにしたい。

1　墳丘と横穴式石室の構造

龍角寺岩屋古墳の墳丘とその埋葬施設である横穴式石室の構造については、大塚初重氏の論文とその測量図、実測図に詳しい(6)。また墳丘についてはその後、房総風土記の丘によって測量調査が行われている(7)。いま大塚氏の報告文と図（図49）をもとに必要な範囲で簡単に整理しておくと、墳丘は一辺八〇m(8)、高さ一二・四mで三段に築成されている。

第一段は約二mの高さをもち、第二段は基底の一辺約六六mで高さ約四m、第三段は基底の一辺四二mで高さ約六・五m、頂部の一辺は約一七mである。横穴式石室が開口する南側の前面には認められないが、墳丘の西、北、東の三方には空濠と外堤がめぐらされている。周濠の外側部で測ると、その東西幅は約九二mとなる。房総風土記の丘の測量図（図50）によると、西、北、東の外堤の幅は一五m程度であるので、外堤の外側部の東西間の間隔は一一〇mを越える。墳丘上には葺石や埴輪の樹立は認められない。

いま、墳丘の基底の幅に対する高さの比率を求めると一五・六%となり、大阪府山田高塚古墳の一六・八%(9)、千葉県駄ノ塚古墳の一六・六%に近く、群馬県宝塔山古墳の二〇・〇%に比べると墳高が低いことがわかる。また墳丘の基底の幅に対する墳頂平坦面の比率も二一・二%で、山田高塚古墳の二

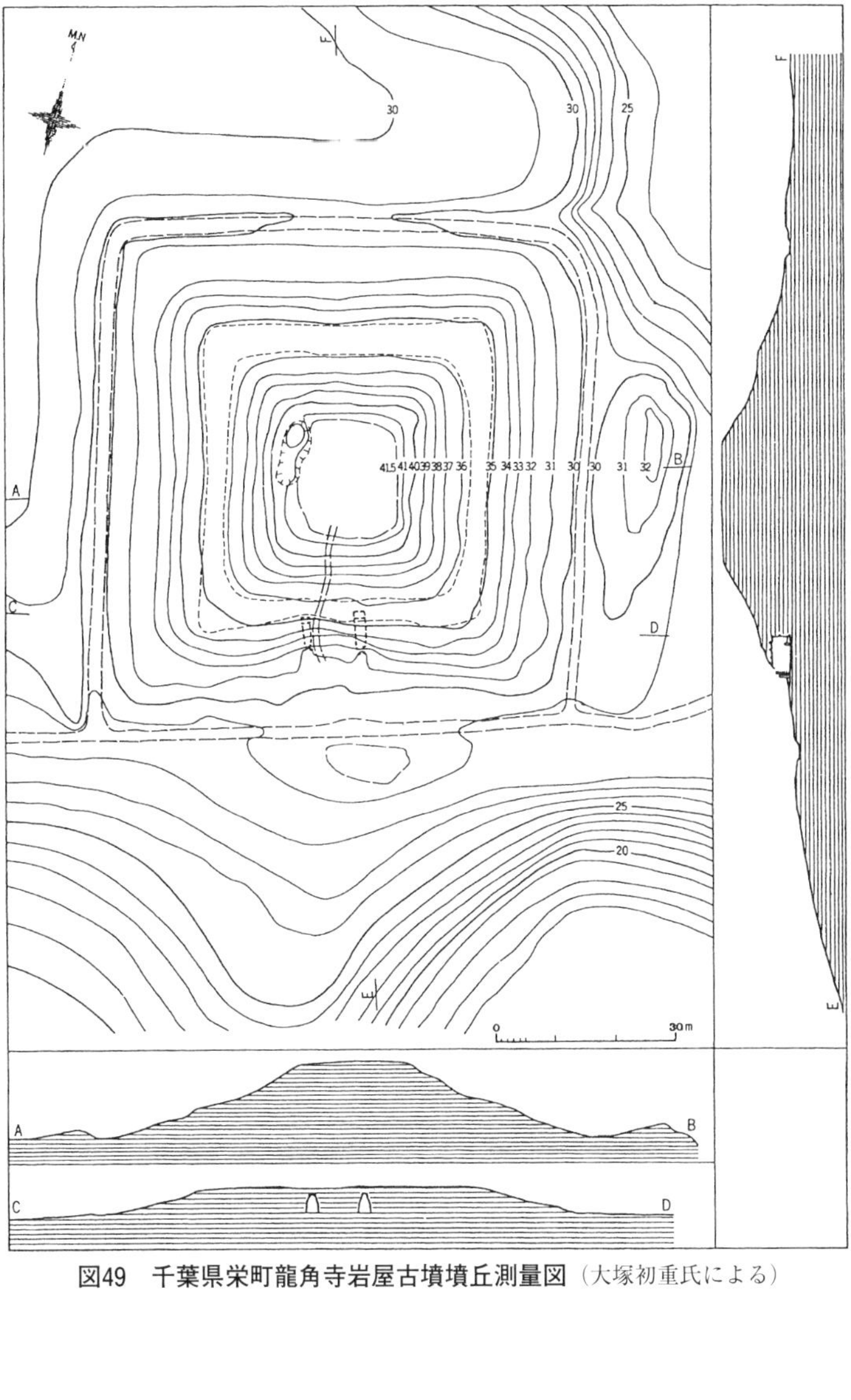

図49　千葉県栄町龍角寺岩屋古墳墳丘測量図（大塚初重氏による）

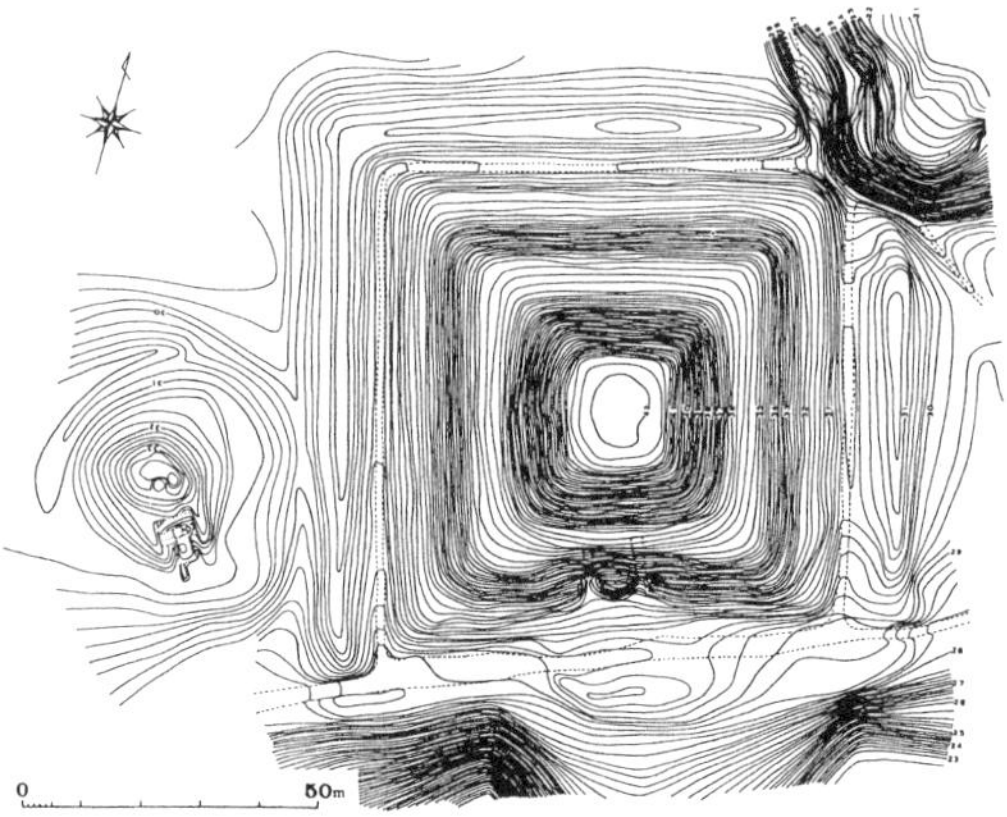

図50　龍角寺岩屋古墳墳丘測量図（房総風土記の丘による）

一・六％に近く、宝塔山古墳の二六・六％に比べると狭くなっている。これらの点から龍角寺岩屋古墳の墳丘の形態は、七世紀前半にその造営年代が求められている山田高塚古墳や駄ノ塚古墳などにきわめて近いことが認められる。

墳丘の南斜面には、その床面を墳丘第一段の上面に置き、第二段の墳丘中に営まれた二基の横穴式石室が東西に並列して営まれている。東石室が長さ六・五ｍ、西石室が長さ四・八ｍで、東石室の方が大きく、西石室ははるかに小規模である（図51参照）。またその墳丘内の位置についても、東石室が墳丘の東西間のほぼ中央やや東より（墳丘の想定中軸線より一・五ｍ東）にあるのにたいし、西石室はそれより約七ｍほど西に偏った位置にある。さらに東石室の中軸線を北に延長すると墳丘のほぼ中心点に達することから、石室の軸線が墳丘中央を指向していることは明らかであろう。

これらの点から、東石室こそが、この古墳の中心的な埋葬施設、すなわちこの古墳の墓主のための墓室であり、西石室はより付随的な性格のものであることは疑いなかろう。一つの墳丘に複数の埋葬

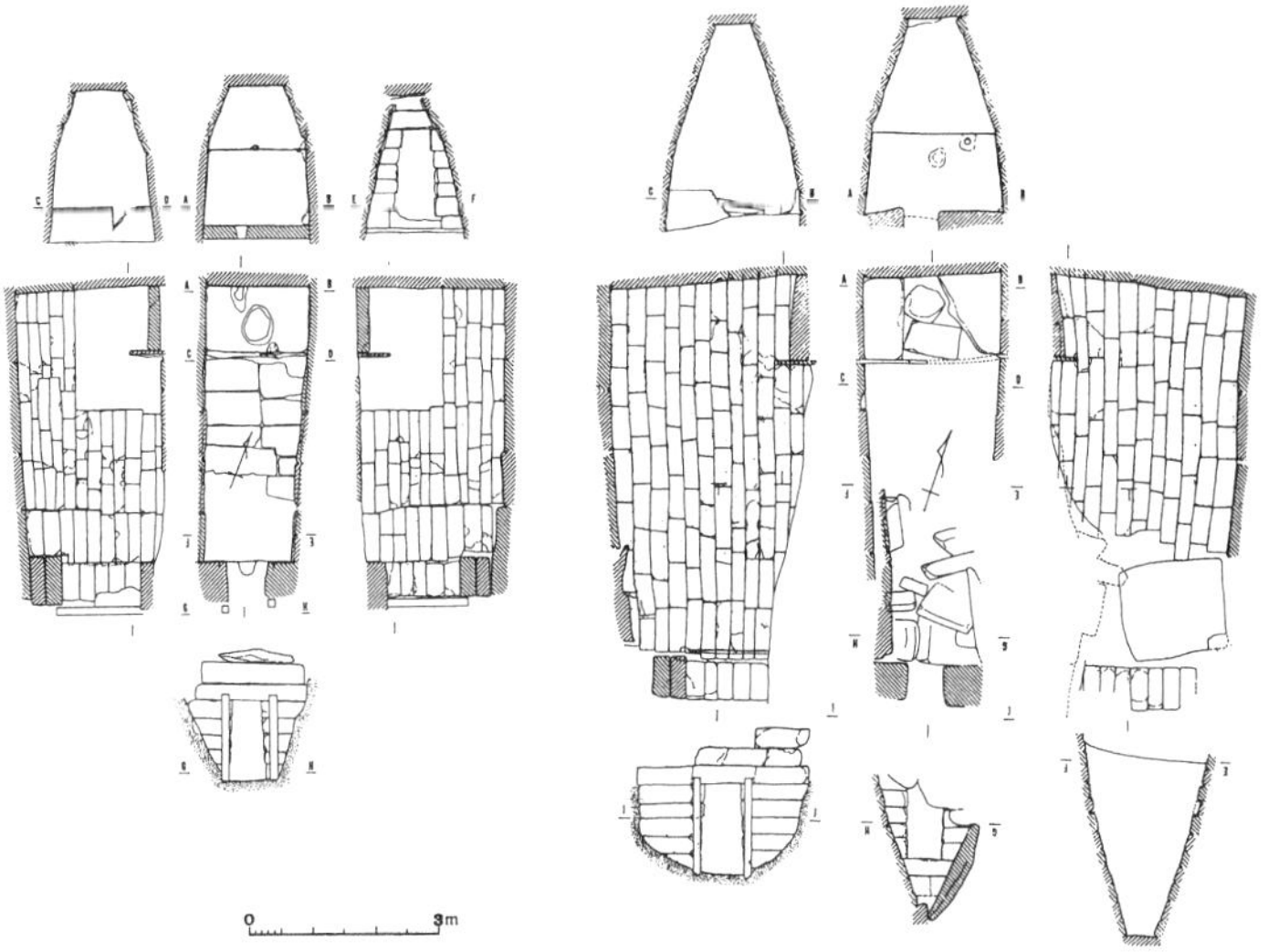

図51　龍角寺岩屋古墳の横穴式石室（左：西石室，右：東石室　大塚初重氏による）

施設が営まれる例は少なくないが、付随的な埋葬施設が中心的な埋葬施設に先立って営まれることは考えがたいから、両石室の間に年代差を認めることができるとすれば、西石室は東石室より遅れて営まれた可能性が考えられよう。もちろん、大塚初重氏も想定しておられるように、両石室の造営が墳丘の設計企画段階から構想されていたことまで否定する必要はなかろう(10)。

東西の石室は、いずれも木《き》下《おろし》貝層とよばれる貝化石を多量に含んだ砂岩層を切り出した石材を用いた特異なもので、その分布は印旛沼東岸北部を中心に一部その西岸北部に及ぶ狭い範囲に限られるものである。東石室（図51右）は、玄室奥壁を二段の大きな切石で構成し、左右両壁は長さ六〇〜一〇〇cm、高さ三〇cm前後の横長の切石を、水平方向の目地を通していねいに積んでいる。奥壁と前壁がほぼ垂直に立つのにたいし、左右両壁は上へいくほど内側へ傾斜する。奥壁の第一段目と二段目の境のところで左右両壁の傾斜が変わり、上半部は下半部より傾斜が著しくなる。玄室は長さ五・八m、幅約二・二m（奥壁部分）の長方形平面をもち、高さは三・二m以上。玄室前半部の右壁（入口から奥壁の方向に向かって、以下同じ）が破壊されており、また玄室の玄門部よりの部分の状況が不明確であるが、長さ六〇cm前後、幅七〇cm程度で天井が玄室天井より一一〇cm程度下がる狭い玄門をもつ。羨道については不明であるが、大塚氏は前庭部にあった片岩の板石を用いた簡単な羨道が存在した可能性を指摘しておられる。

この種の石材を用いた他の石室の例からもその可能性は大きいが、前庭部の状況からみて、あったとしてもそれほど長い羨道でなかったことは確かであろう。玄室の奥部には、主軸と直交する方向に片岩の板石の仕切り石を立てて玄室床面より一段高い床部をもつ屍床（遺骸安置施設）をしつらえている。

西石室（図51左）は、東石室に比べるときわめて小規模であるが、全体の形態や構造はよく似ている。玄室の前後壁がほぼ垂直になっているのにたいし、左右の両壁は上方へ行くほど内側へ傾斜している。玄室奥半部の左右両壁の一枚石から上の部分は特に傾斜が著しくなっている。奥壁は二段の大石で構成され、左右両壁は奥半部の下半に一枚の大石が用いられているほかは、長さ三〇～六〇cm、高さ二〇cm前後の、東石室より一回り小さい切石を横積みにしている。東石室同様水平方向の目地を通しているが、一部にずれたところがある。玄室の長さ四・二m、幅一・七m（奥壁部分）、高さ二・三m。玄門は床が玄室のそれより約四〇cm程高く、長さ六〇〜七〇cm程度、幅も六〇cm、高さも一三〇cm前後ときわめて狭い。羨道の有無や構造は不明であるが、東石室と同じようにあったとしても短いものであったと思われる。玄室の床には切石が敷かれ、やはり玄室の奥には片岩の板石の仕切り石を立てて一段高い屍床を設けている。

2　横穴式石室の型式の検討

前節では、龍角寺岩屋古墳の墳丘と横穴式石室の概要を整理したが、副葬品などの遺物がまったく知られていない現状では、この二基の横穴式石室の型式の検討がその年代を限定するほとんど唯一の手がかりとなろう。ただその場合大きな難点となるのは、こうした木下貝層の貝化石を含んだ砂岩を用いたこの種の石室の分布がきわめて限られたもので、その類例もきわめて少なく、型式編年を組立てるにたるだけの資料に恵まれないことである。横穴式石室の形態やその変遷が、用いられる石材に大きく規制されることはあらためて論ずるまでもなかろう。石材に恵まれず本来なら石室架構に耐えない軟質の砂岩を用いたり、また遠隔地から石材を搬入している房総半島では、横穴式石室の形態もきわめて多様な様相を呈している(11)。この地域の横穴式石室の総合的な型式編年については今後の研究に待ちたいが、とりあえず龍角寺岩屋古墳のおおよその年代を検証することに目的を限定して検討してみよう。

まず検討の出発点は、前節で述べたように龍角寺岩屋古墳の二基の横穴式石室の間には、規模と占める位置に大きな相違があり、東石室こそがこの古墳の中心的埋葬施設にふさわしい規模と位置を占めているという点である。巨大な墳丘の規模との関係からみても、西石室が付随的な埋葬施設であることは疑いなかろう。問題は両者が墳丘構築時に同時に造営されたものか、それとも一方がのちに築成されたものかという点である。両石室の形態がきわめて類似していることは先に述べたとおりである。規模の大小以外に両者の相違点をあげるとすれば、それは①玄室の横断面形の幅にたいする高さの比率が異なり、東石室が西石室に比べて玄室の高さの比率がより高いことと、②この点と関連するが、玄室の床部の幅にたいする天井部の幅の比率が異なり、東石室の天井部の幅がきわめて狭いことがあげられよう。

まず①の玄室の天井高については、東石室では本来の床面が確認されておらず、正確な玄室高が不明であるが、奥壁から一・五m付近では左側壁の高さが三・二m以上あることが知られているから、いま仮に三・二mとし、その部分の幅二・二mで計算すると、玄室幅にたいする玄室高の比率が一四五％となる。この三・二mという玄室高を想定すると玄室奥部の屍床面との差が三〇cm程度となり、より小型の西石室の場合が二五cm程度であることからもほぼ妥当な想定と思われる。これにたいし西石室では、奥壁から一・一m付近で、玄室幅が一・七m、高さが二・三mであるからその比は一三五％となり、明らかに東石室の玄室高の比率が高いことが知られる。

つぎに②にあげた玄室の床の幅にたいする天井部の幅の割合については、計測する部位で差異が少なくない。いま玄室高にたいする玄室幅の比を求めたのと同じ部分で計算すると、東石室では床部の二・二mにたいし天井部では〇・六五mで、その比率は二九・五％、西石室では床部の幅一・七mにたいし天井部の幅〇・八mで四七・〇％となる。玄室天井部の幅については計測する部位で差異が大きいことが大塚氏の実測図からも知られるが、全体として東石室の天井幅が西石室に比べて著しく狭くなっていることは明らかである。残念ながら東石室は現在封鎖されて内部を観察することはできないが、このことは一九六六年に刊行された河出書房の『日本の考古学』Ⅳの巻頭図版の両石室の写真からもうかがうことができる。

それでは、こうした木下貝層の貝化石を含んだ砂岩を用いた他の横穴式石室の場合はいかがであろうか。龍角寺古墳群の南方に展開する上福田古墳群中の上福田一三号墳は、一九八八年に発掘調査が実施され、二重の周溝をめぐらした一辺一八mの方墳で、木下貝層の貝化石を含んだ砂岩の切石を用いた単室構造の横穴式石室（図52下）が営まれていた。(12)やはり玄室奥壁は二枚の大きな切石を用い、左右の両壁は基本的には横長の切石を平積みにして、横方向の目地を揃えて構築している。玄室の長さ三・一m、幅一・七五m、高さ一・七五m。その前には幅一・三m、高さ一・四m、長さ一・二m程度の、

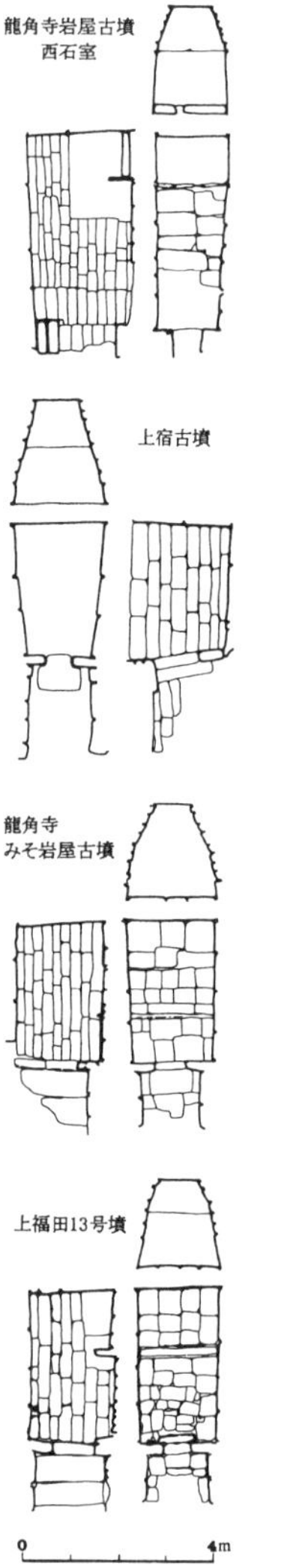

図52　貝化石を含む砂岩利用の横穴式石室

片岩の板石を用いた羨道が付いている。玄室の奥部には玄室床面よりやや高い床をもつ屍床が形成されている。玄室の中央部付近で玄室幅に対する玄室高の割合を求めるとちょうど一〇〇%、玄室の床部分の幅にたいする天井部の幅の割合は四八・六%となり、玄室の高さが龍角寺岩屋古墳に比して著しく低くなり、また天井部の幅も岩屋古墳の東石室はもちろん、西石室に比べても広くなっていることが知られる。

上福田一三号墳では、前庭部の左右から七世紀後半から八世紀前半頃と想定されるという須恵器の甕、杯、蓋などが出土(13)しており、それらが初葬時のものではないとしても、龍角寺岩屋古墳よりは新しい時期の古墳である可能性が大きいことを示唆している。この想定が承認されるとすれば、この種の横穴式石室では、玄室の床部分の幅にたいする高さの比率は時代とともに減少して低くなり、また玄室の床部分の幅にたいする天井部の幅の割合もしだいに増加していることになる。

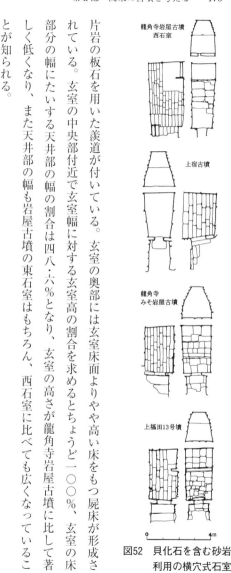

この上福田一三号墳の横穴式石室にきわめて近い形態の石室をもつ古墳に、龍角寺古墳群の岩屋古墳の近くに位置するみそ岩屋古墳がある。一辺三五m程度の方墳と考えられており、木下貝層の貝化石を含んだ砂岩の切石を用いた横穴式石室（図52上から3番目）が開口している(14)。やはり単室構造で、龍角寺岩屋古墳の両石室や上福田一三号墳の石室よりやや短い矩形平面の玄室をもち、板石を立てて構成した羨道を付設する。玄室の長さ二・八m、幅一・八五m、高さ一・八mで、羨道は幅一・二五m、長さ一・二m以上。奥壁に近いところで玄室幅にたいする玄室高の割合を求めると九七・三％、玄室の床部分の幅にたいする天井部の幅の割合は四三・二％となり、少なくとも玄室高の比率は上福田一三号墳の石室にきわめて近いが、玄室の床部分の幅にたいする天井部の幅は、岩屋古墳の西石室や上福田古墳の石室より狭くなっている。

みそ岩屋古墳についても、遺物などがまったく知られておらず、直接その造営年代を検討する資料に欠ける。ただこの古墳が龍角寺岩屋古墳のすぐ北のごく近接したところに位置し、墳丘規模が岩屋古墳の二分の一弱になっていることが注意される。これは山武市板附古墳群の駄ノ塚古墳のすぐ西方に、その二分の一の墳丘規模をもつ駄ノ塚西古墳があり、おそらく駄ノ塚古墳の被葬者である首長の次の世代の首長墓と考えられる(15)のと同様の関係を想定することが可能である。

畿内でも東国でも、前方後円墳の造営が停止されたすぐあとの七世紀前半には比較的大規模な方墳ないし円墳が造営されるが、七世紀中葉から後半になるとその規模は急速に小型化するようである。

例えば奈良県天理市の杣之内古墳群では、七世紀前半には墳丘径が約七〇mにも達する大円墳の塚穴山古墳が造営されるが、中葉すぎの峯塚古墳では、その墳丘規模がほぼ二分の一の径三五mの円墳に縮小している。こうした、七世紀前半から中葉にかけての各地の古墳造営の動向からも、大型方墳の龍角寺岩屋古墳が近接するみそ岩屋古墳に先行して営まれた可能性は大きいとみなしてさしつかえなかろう。

このように、上福田一三号墳やみそ岩屋古墳が龍角寺岩屋古墳より遅れて営まれた可能性が大きいことが知られるが、この理解が正しいとすれば、この種の横穴式石室では玄室の天井高が高いものから低いものへという変化の方向は承認して差し支えないことになろう。また玄室の床の幅にたいする天井部の幅の増加も、大きな傾向としては認めてよいものと思われるが、この点は石室の個体差が大きく、明確な年代基準とすることはやや困難なようである。

この種の石室の分布圏のすぐ西方の手賀沼北岸の我孫子古墳群に所在する日立精機一号墳（墳丘長四五m）と日立精機二号墳（同三〇m）はともに埴輪をもたない最終末段階の前方後円墳である。貝化石を含む砂岩を用いたものではないが、玄室の左右両壁に軟質の砂岩の切石を横目地を揃えて積みあげた、龍角寺岩屋古墳例などと共通の形式の横穴式石室をもつ。(16) いずれも石材が軟質で石室は完存していなかったが、ほぼその原形を知ることができる。その玄室幅にたいする玄室高の比率は、一号墳が一四九％、二号墳が約一四四％となる。(17)

両古墳から出土している須恵器には年代幅があり、すぐに造営年代を求めることは困難である。ただ、ともに比較的大きな規模をもつ前方後円墳であり、こうした中型の前方後円墳の造営停止の年代を大型前方後円墳の場合と基本的には同時期に求めうるとする立場に立つかぎり、その造営の下限は七世紀の第１四半期のうちに求めるべきであろう。[18] この想定が許されるとすれば、この両石室の玄室天井高の比率がともに龍角寺岩屋古墳の東石室に近いことが知られ、天井高の高いものから低いものへという変化の方向を想定したさきの検討結果と矛盾しない。

こうした玄室の天井高の変化を指標にこの種の横穴式石室の型式変化をあとづけると、龍角寺岩屋古墳の東石室→同西石室→みそ岩屋古墳・上福田一三号墳ということになる。印旛沼の北西方の印西市上宿古墳[19]のこの形式の石室（図52上から2番目）は、玄室幅にたいする玄室高の比率が奥壁部では一一四％であり、龍角寺岩屋古墳の西石室とみそ岩屋例や上福田一三号墳例との中間に位置付けることが可能である。なお上福田古墳群中に所在する上福田岩屋古墳[20]もこの種の貝化石を含む砂岩を用いた横穴式石室であるが、玄室の長軸を石室の主軸と直交させた特異な形態のT字形石室であり、この基準で年代的位置付けを行うことはむずかしく、今後の検討課題とするほかない。

以上の検討から明らかなように、この地域の貝化石を含む砂岩を利用した横穴式石室では、玄室の幅にたいする高さの比率の高いものから低いものへという大きな変化の傾向が認められるのであり、それらのなかでもっとも天井高の比率が高い龍角寺岩屋古墳の東石室や西石室が、現在知られるこの種の石室のなかで相対的に最も古い時期に位置付けうることはあやまりないと思われる。その暦年代については、検討のためのデータがあまりにも少なく、この種の横穴式石室の型式の検討だけから結論を導きだすことは困難である。

ただ龍角寺岩屋古墳の築造時のものと想定される東石室が、貝化石を含む砂岩の石室ではないが近接地の我孫子古墳群の砂岩の切石を用いた日立精機一・二号墳の玄室高の比率にきわめて近い点が注目される。この二基の前方後円墳が前方後円墳としては最終末段階のものであることは、両者がすでに埴輪をもたないことからも疑いなく、その造営年代はおそらく七世紀のきわめて早い段階に求められよう。このことからも、龍角寺岩屋古墳の東石室は、この地域における前方後円墳造営停止直後の七世紀の第1四半期、下っても七世紀前半のうちに求めうる公算が大きいことになろう。この点についてさらにひろく、関東地方における終末期大型方・円墳の造営時期の検討のなかで考えてみることにしたい。

3　関東における終末期大型方・円墳の造営年代

山武市板附古墳群には、古墳時代後期の前方後円墳でまだ埴輪をもつ西ノ台古墳（墳丘長九〇ｍ）と、すでに埴輪をもたない不動塚古墳（同六五ｍ）とともに、大方墳の駄ノ塚古墳がある。それらの構築順序は、西ノ台→不動塚→駄ノ塚と想定することが可能である。大型前方後円墳の造営停止直後に営まれたと想定される大型方墳の造営年代を追求することを目的に、一九八五〜八六年に国立歴史民俗博物館が中心になって駄ノ塚古墳の発掘調査を実施した。(21) その結果、駄ノ塚古墳の前庭部前面の周溝内から、打ち割られた状態で一二個体分の須恵器が検出された。これらの須恵器は、駄ノ塚古墳の初葬時の埋葬儀礼に用いられ、儀式終了後に打ち割って遺棄したものと思われる。

それらの生産地は不明であるが、畿内の陶邑編年のＴＫ二〇九型式の中段階に並行する時期のものと判断された。ＴＫ二〇九型式の古段階の須恵器が『延喜式』所載の押坂彦人大兄皇子の成相墓である蓋然性の大きい奈良県広陵町牧野古墳から検出されており、彦人大兄の没年が七世紀初頭と想定されることなどから、それに続くＴＫ二〇九型式の中段階の暦年代は六一〇年代に求めうると考えている。(22) この年代観は、最近の飛鳥地域における山田寺造営のための整地層出土の土器や大化のクーデター時に焼失した蘇我氏の邸宅跡と想定される甘樫丘東麓遺跡の焼土層出土の土器などから想定される飛鳥Ｉの最新段階を七世紀中頃とする考えとも整合するところから、まず妥当なものと考えられる。したがって上総の武社地域では、おそらく六世紀末ないし七世紀はじめの不動塚古墳で前方後円墳の造営は終わり、七世紀の第１四半期の六一〇年代には大型方墳の駄ノ塚古墳が造営されたものと思われるのである。

群馬県前橋市の総社古墳群でも、六世紀後半に大型前方後円墳の総社二子塚古墳が造営されたあと、七世紀になると愛宕山古墳（一辺約六五ｍ）、宝塔山古墳（同約六〇ｍ）、蛇穴山古墳（同約四〇ｍ）の三基の大型方墳が相次いで造営されたと考えられている。それらのうち最もさかのぼると考えられる愛宕山古墳については、宝塔山古墳とともに横穴式石室の内部に刳抜式の家形石棺が遺存する。畿内の刳抜式家形石棺については棺蓋の頂部平坦面が次第にその幅を増していくことが知られているが、総社古墳群では石室の型式から先行することの明らかな愛宕山古墳の石棺より、後出の宝塔山古墳の石棺の方が棺蓋頂部平坦面の幅が広くなり、畿内の変化と逆転している。したがってこの指標を両古墳の石棺の年代想定に適用することはできない。

一方、家形石棺の蓋の縄掛突起の位置や形状も年代的変化を示すが、この方は愛宕山古墳例に宝塔山古墳例より明らかに古い要素が認められ、石室の構造から知られる前後関係と矛盾しない。すなわち愛宕山古墳例の縄掛突起は、蓋の傾斜部分からほぼ水平に突出しており、奈良県桜井市天王山古墳例、同広陵町牧野古墳例など七世紀初頭前後の諸例と共通する。それにたいし宝塔山古墳例では縄掛突起が棺蓋斜面の傾斜に並行して下向きについている。これは奈良県桜井市艸墓古墳例など七世紀中葉すぎの諸例と共通する。こうした両古墳の家形石棺の縄掛突起の形状の変化が畿内での変化とまったく無関係に生じたとは考えがたいから、愛宕山古墳の石棺は七世紀初頭の畿内の石棺の影響を、宝塔山古墳の石棺が七世紀中頃の畿内の石棺の影響をうけたものであることは疑いなかろう。さらに愛宕山古墳の横穴式石室が、六世紀末葉のものと想定される総社二子山古墳前方部の石室より後出のものであることは奥壁の構成などからも明らかであるが、巨視的にはきわめてよく似た型式の石室をもつ両者の間にあまり大きな年代差を考慮することができないから、愛宕山古墳の年代は七世紀の比較的早い時期に求めることができる。こうした根拠から筆者は、愛宕山古墳の造営年代をやはり七世紀の第1四半期に求め、さらに宝塔山古墳の年代も七世紀の中葉頃に求めるのが適当と判断している。(23)

下総の印旛地方、上総の武社地方、上野地域では前方後円墳の造営停止後それに替えて有力支配者層が営む大型古墳は方墳であったが、北武蔵や下野地域では大型円墳が営まれたことが知られている。このうち下野の栃木県壬生町の壬生車塚古墳は、径八二mの三段築成の大円墳で、周囲に空濠と外堤をめぐらせ、大型の切石を用いた複式構造の横穴式石室をもつ。関東の終末期の大型古墳としては、まさに方墳である下総の龍角寺岩屋古墳に対応する最大の円墳である。ただこの古墳の墳丘は厳密には円墳ではなく、石室の前庭部の前面を張り出させた帆立貝式古墳に近い特異な形態の古墳である。

これによく似た形態の墳丘をもつ栃木県下野市の下石橋愛宕塚古墳は、帆立貝式古墳と報告されている。壬生車塚古墳とほぼ同大であるが、突出部がより顕著であり、前方後円墳の造営停止直後に営まれた過渡期の産物で、壬生車塚古墳にわずかに先行するものであろう。下石橋愛宕塚古墳では、最終段階の前方後円墳である群馬県高崎市八幡観音塚古墳や千葉県木更津市金鈴塚古墳の出土品と共通する八花形九曜文など花形の鏡板や杏葉をともなう馬具が出土しており、(24)七世紀初頭ないしその第1四半期にその暦年代を求めることができる。壬生車塚古墳が下石橋愛宕塚古墳に後続しながらも、きわめて近い時期のものであることは、太い沈線で上下に区画された間に粗い波状文を施した口頸部をもつ、同じ特徴の須恵器の甕が両者から出土していることからも疑いない。壬生車塚古墳の造営年代については、さらに検討を要するが、七世紀の前半を下るものでないことは疑いなかろう(25)。

以上、上総の板附古墳群の駄ノ塚古墳、上野の総社古墳群の愛宕山古墳、下野の壬生車塚古墳など、関東各地で前方後円墳の造営停止直後に営まれたと想定される大型方墳や大型円墳の造営年代について瞥見したが、それらがいずれも七世紀の第1四半期を中心に、下っても七世紀前半のものであることが知られるのである。関東地方の最終末段階の大型前方後円墳は、群馬県八幡観音塚古墳や千葉県金鈴塚古墳などいずれも陶邑のＴＫ二〇九型式の古段階並行期の須恵器をともなうところから、その暦年代を七世紀初頭に求めることができるから、その次の世代の首長墓である大型の方・円墳が七世紀の第1四半期ないし前半のうちに営まれるのは至極当然のことであろう(26)。総社古墳群の終末期の方墳のうち愛宕山古墳に次いで営まれた宝塔山古墳の年代は七世紀中葉に位置付けざるをえないが、七世紀中葉以降には古墳の規模が急速に小型化することは、さきにふれた奈良県杣之内古墳群の峯塚古墳や板附古墳群の駄ノ塚西古墳の例からも疑いなかろう。

関東地方各地における終末期の大型方墳や大型円墳のあり方を参考に龍角寺岩屋古墳の造営年代を想定すると、こうした大型の終末期古墳が造営される時期としては、七世紀の前半をおいてほかに考えがたいことは明らかであろう。さらに前節で検討したように、龍角寺岩屋古墳の中心的な埋葬施設である東石室の型式が、この地域の埴輪をもたない最終段階の前方後円墳である我孫子古墳群の日立精機一号墳や同二号墳の石室に近いことは、その造営が前方後円墳の造営停止時にきわめて近いこと、すなわち、龍角寺岩屋古墳の造営が七世紀前半でも古い段階、すなわち七世紀の第1四半期にさかのぼる可能性が少なくないことを示唆するものであろう。(27)

むすび

以上、横穴式石室の型式の検討や、関東地方における終末期大型古墳の造営のあり方などから考えて、龍角寺岩屋古墳の造営年代が七世紀の第1四半期、下っても七世紀中葉以前に求められるであろうことを論じた。ただこの古墳は、副葬品などの遺物がまったく知られていないこと、同古墳にみられる貝化石を含む砂岩を用いた横穴式石室はその類例がきわめて少なく、また暦年代を想定できる例がほとんどないことなどから、さらに今後の検証が必要とされることはいうまでもない。

別の機会に論じたように、筆者は関東地方における前方後円墳の造営停止は、単に古墳の葬制の変革にとどまらず、ヤマト王権による地方支配システムの大きな変革を反映するものととらえている。それは、六世紀代から七世紀初頭に関東各地で数多く営まれた大小さまざまな前方後円墳が、七世紀の早い段階をもって、一斉にその造営が終息を迎えることからも疑いなかろう。また、それに替わる大型の方墳ないし円墳が、ほぼ『国造本紀』そのほかにみられる国造の国を単位にみられるところから、その背景にある地方支配システムの変革は、国造制の成立にほかならないと考えている(28)。

したがって、龍角寺岩屋古墳の中心的な被葬者は、まさに最初の印波国造の地位をヤマト王権から認められたこの地の首長にほかならないと思われるのである。龍角寺古墳群に隣接して営まれた龍角寺については、最近の畿内における飛鳥・白鳳期の瓦研究の進展の結果、その単弁蓮華文軒丸瓦が、ひいては同寺の創建が七世紀の第3四半期、あるいは中葉までもさかのぼる可能性が指摘されている(29)。また山田寺式と呼ばれたこの種の軒丸瓦は、百済大寺の造営とともに創出された新しい様式の瓦にほかならず、その東国への伝播については、百済大寺の造営にも関係した阿部氏の関与が指摘されている(30)。印波国造の系譜を引くのちの印旛郡の郡司が、阿部氏の支配する丈部《はせつかべ》の現地管掌者である丈部《はせつかべの》直《あたい》を名乗る豪族であることが知られているが、この点からも龍角寺岩屋古墳の被葬者が丈部直であった可能性も否定できない。

さらに、龍角寺所用の瓦を焼いた瓦窯である五斗蒔《ごとまき》窯の発掘調査の結果、ヘラ書き文字瓦の資料が増加し、創建時の龍角寺の瓦を負担させられた地域が、のちの埴生郡を中心に一部印旛郡を含む比較的狭い地域であったらしいことも判明してきた(31)。この地域が貝化石を含む砂岩を用いた横穴式石室の分布圏とほぼ重なることもきわめて興味深い。またこの地域では、七〜八世紀前後の集落遺跡の調査も進んでおり、興味深い墨書土器の資料も多数出土している。さらに埴生郡衙と関連すると想定される大畑I遺跡の発掘調査なども実施されている。

このように、古代国家形成期にあたる七世紀前後の龍角寺古墳群と龍角寺をめぐる地域の考古学的研究の成果には目を見張るものがあり、この地域では考古学の研究成果と文献史学の研究成果を総合して、さまざまな問題を総合的・具体的に検討することが可能になってきている。そうしたなかで、最大の終末期方墳である龍角寺岩屋古墳の造営年代を明らかにすることは、どうしても必要である。不備を承知のうえで、あえて試論を提起したのはこのためである。ご批判いただければ幸いである。

［追記］

小論では、従来の多くの研究者と同じように印波国造を後の印旛郡司である丈部直と考えた。ところがその後になって龍角寺岩屋古墳の所在する埴生郡の郡司が大生部直《おおみぶべのあたい》であることが、平城京の木簡の史料から川尻秋生氏によって指摘され、印波国造がこの大生部直である可能性が大きくなった。この問題についてのその後の見解を、本書収録のコラム「下総・龍角寺古墳群と印波国造」で述べているのでご覧いただければ幸いである。また、第Ⅱ部六「下毛野の終末期大型円墳」でもこの問題にふれている。

［註］

（1）関川尚功「大和における大型古墳の変遷」『橿原考古学研究所紀要』第一一冊　一九八五

（2）ここでいう古墳時代終末期とは、前方後円墳の造営が停止されて以降、なお古墳の造営が続く時期をいう。従来の三時期区分法の後期の後半にあたり、ほぼ七世紀代に相当する。

（3）畿内における最終段階の前方後円墳は、奈良県平群町烏土塚古墳、同当麻町平林古墳など、須恵器の型式でいえばいずれもTK四三型式の段階のもので、それにかわる大型方・円墳の出現は、同広陵町牧野古墳などTK二〇九型式の古段階からである。筆者はその転換の暦年代をほぼ六〇〇年頃と考えている。白石太一郎「古代史のなかの藤ノ木古墳」日本の古代遺跡を掘る五『藤ノ木古墳』講談社　一九九五

（4）関東地方における最終段階の大型前方後円墳は、群馬県高崎市八幡観音塚古墳、千葉県木更津市金鈴塚古墳などTK二〇九型式古段階並行期までで、TK二〇九型式中段階並行期には、千葉県山武市駄ノ塚古墳など大型方墳が出現する。その転換の暦年代は、六一〇年代頃と想定される。白石太一郎「東国における前方後円墳の終末—駄ノ塚古墳の調査成果を中心に—」『古墳と古墳群の研究』塙書房　二〇〇〇

（5）千葉県史料研究財団編『印旛郡栄町浅間山古墳発掘調査報告書』千葉県　二〇〇二

（6）大塚初重「千葉県岩屋古墳の再検討」『駿台史学』第三七号　一九七五

（7）房総風土記の丘『龍角寺古墳群測量調査報告書』千葉県教育庁文化課　一九八二

（8）房総風土記の丘『龍角寺古墳群測量調査報告書』の測量図の読図によると墳丘の一辺（東西幅）は七八m程度に読み取れる。なお本稿の図50は、この房総風土記の丘の測量図をもとに永沼律朗氏が作成されたもの（註12の同氏論文所収）を使わせて頂いた。但しスケールは、房総風土記の丘の報告書の図にもとづいて修正している。

（9）山田高塚古墳は東西六三m、南北五六mの長方墳である。墳丘の基底幅については東西と南北の平均値で計算した。

（10）最近の調査例では、奈良県橿原市植山古墳が東西方向に長い長方形平面の墳丘をもち、墳丘東よりに東石室、西よりに西石室の二基の横穴式石室が営まれている。横穴式石室の型式から東石室が古く西石室が新しいことが

想定されていたが、最近の墳丘の断ち割り調査によっても、東石室は地山にのみ掘り方が認められ、墳丘築成時の造営になるものであることが知られたのにたいし、西石室はのちに墳丘に改めて掘り方を設けて新しく構築していることが明らかにされている。墳丘の断ち割り調査の結果については、橿原市教育委員会の武田政敬、濱口和弘両氏のご教示による。

(11) 房総の石材と石室の関係については、田中新史「養老川流域の石棺・石室―総の石材利用古墳のなかで―」白石太一郎「植山古墳の年代と性格」『古墳の語る古代史』岩波現代文庫　二〇〇〇　参照。『土筆』第四号　土筆舎　一九九六　参照。

(12) 千葉県文化財センター「上福田一三号墳」『千葉県文化財センター年報』一三　一九八九、永沼律朗『印旛沼周辺の終末期古墳」『国立歴史民俗博物館研究報告』四四　東国における古墳の終末《本編》一九九二

(13) 永沼律朗「印旛沼周辺の終末期古墳」(前掲)。

(14) 多宇邦雄・永沼律朗「みそ岩屋古墳の検討」『古代』六五　早稲田大学考古学会　一九七九

(15) 白石太一郎「東国における前方後円墳の終末―駄ノ塚古墳の調査成果を中心に―」(前掲)。

(16) 東京大学考古学研究室編『我孫子古墳群』我孫子町教育委員会　一九六九

(17) 日立精機二号墳の玄室高については報告書では二m強と想定されているが、右側壁が六段積みで、その六段目を一～五段目とほぼ同大の切石が用いられたとすると二・三mほどの高さが復元できる。床の幅一・六mで、高さに対する幅の比率を求めると一四四%となる。

(18) 日立精機一・二号墳など下総地域における埴輪をもたない中規模クラスの最終末段階の前方後円墳の造営年代については問題が残る。墳丘長約四五mの前方後円墳で埴輪をもたない酒々井町狐塚古墳から検出されている須恵器の中に、TK二〇九型式の中段階並行と考えられる駄ノ塚古墳出土須恵器よりやや新しい時期に下ると思わ

れる台付長頸壺とその蓋がみられることなどから、七世紀前半でもその中頃まで下る可能性はあろう。今後の重要な検討課題である。
(19)　中野徹『狐塚古墳―酒々井町における一般国道51号改築に伴う埋蔵文化財調査報告書』狐塚古墳調査会　一九七六
(20)　高木博彦「印西町大森上宿古墳」『ふさ』五・合併号　ふさの会　一九七四
(21)　工藤英行「上福田岩屋古墳」『成田市の文化財』第九輯　成田市教育委員会　一九八〇
(22)　白石太一郎・杉山晋作編『千葉県成東町駄ノ塚古墳発掘調査報告』国立歴史民俗博物館研究報告　第六五集　一九九六
(23)　白石太一郎「東国における前方後円墳の終末―駄ノ塚古墳の調査成果を中心に―」（前掲）。
(24)　白石太一郎「関東の終末期大型方・円墳について」『関東地方における終末期古墳の研究』平成元年度科学研究費補助金研究成果報告書　国立歴史民俗博物館　一九九〇
(25)　常川秀夫「下石橋愛宕塚」『東北新幹線埋蔵文化財調査報告書』栃木県埋蔵文化財報告書　第一二集　栃木県教育委員会　一九七四
(26)　白石太一郎「関東の終末期大型方・円墳について」（前掲）。
(27)　金鈴塚古墳の年代についての私の考えは、拙稿「金鈴塚古墳が語るもの」企画展「甦る金鈴塚」記念講演会記録、木更津市金鈴塚遺物保存館　一九九三（本書第Ⅱ部三に収録）に論じておいた。
(28)　なお日高慎氏は、日立精機一・二号墳を、龍角寺古墳群の浅間山古墳、茨城県霞ヶ浦町折越十日塚古墳（前方後円墳、墳丘長七〇m）とともに、須恵器のTK二一七型式時まで下がる新しい時期のものとしておられる。しかし日立精機一・二号墳の、たまたま遺存したわずか四片ずつの、しかも年代にバラツキの大きい須恵器片からどうして古墳の造営年代を決定できるのであろうか。これらの須恵器は古墳の造営年代をＴＫ二一七型式時まで降下させる根拠とはなりえないと思われる。また浅間山古墳や折越十日塚古墳についても、雲母片岩（筑波岩）使用の横穴式石室の型式から茨城県霞ヶ浦町風返し稲荷山古墳の石室よりはるかに後出のものとされるが、やはり氏の示される根拠だけでそれらの古墳の年代をＴＫ二一七型式時にまで降下させることは到底無理であろう。日高慎ほか『風返し稲荷山古墳』霞ヶ浦町教育委員会・日本大学考古学会　二〇〇〇

(28)　白石太一郎「関東の終末期大型方・円墳について」（前掲）、白石太一郎「常陸の後期・終末期古墳と風土記建評記事」『古墳と古墳群の研究』塙書房　二〇〇〇

(29)　岡本東三「山田寺式軒瓦と東国の寺院」『東国の古代寺院と瓦』吉川弘文館　一九九六、山路直充「東日本の飛鳥・白鳳の瓦について―下総龍角寺と尾張元興寺―」『飛鳥・白鳳の瓦と土器―年代論―』帝塚山大学考古学研究所・古代の土器研究会共催シンポジウムレジュメ　一九九九

(30)　菱田哲郎「瓦当文様の創出と七世紀の仏教政策」『ヤマト王権と交流の諸相』名著出版　一九九四

(31)　石戸啓夫・小牧美智枝『龍角寺五斗蒔瓦窯跡』印旛郡市文化財センター　一九九七、小牧美智枝「龍角寺五斗蒔瓦窯と文字瓦」『官営工房研究会会報』六　奈良国立文化財研究所　一九九九

六　下毛野の終末期大型円墳

一九八九年に壬生町壬生車塚古墳の測量調査をさせていただいて以来、下毛野の古墳時代終末期の大型円墳については大きな関心をもっている。この地域には、壬生車塚古墳（径八二m、図53）、下野市下石橋愛宕塚古墳（八二m、図54）、小山市千駄塚古墳（七二m）、壬生町桃花原古墳（六二m）、下野市丸塚古墳（六〇m）など墳丘径が六〇m以上のものに限っても六基もの終末期の大型円墳が遺っている。

栃木県以外で終末期の大型円墳で径六〇m以上のものとしては、埼玉県行田市八幡山古墳（約七〇m）、奈良県天理市の塚穴山古墳（約七〇m）、千葉県松尾町大塚姫塚古墳（六五m）の三基が知られているにすぎず、他地域では径八〇mもの終末期の大円墳はまったく知られていない。これは、同時期の畿内の大王墓を凌駕する一辺八〇mもの大方墳である龍角寺岩屋古墳が、同じく関東の下総の千葉県栄町龍角寺古墳群に存在することと共通する。

ここでは、古墳時代終末期の下毛野を中心に、関東地方における大型円墳や大型方墳造営の意味やその被葬者像を探ってみることにしたい。

三世紀後半以来三〇〇年以上も造られ続けた前方後円墳の造営が停止されるのは、西日本と東日本では若干のずれがあるものの、巨視的には六世紀末葉から七世紀初頭の推古朝前半期の出来事であった。それ以降、かつて前方後円墳を造営していた各地の支配者層がそれに替えて造営したのが大型の円墳であり方墳である。ただしその数と造営地域は限られており、七世紀になってこうした大型の方・円墳を造営したのはごく限られた一部の首長層であった。

図53　栃木県壬生町壬生車塚古墳

いまこうした終末期の大型の円・方墳が造営された地域をみてみると、千葉県では下総にあたる印旛郡栄町の龍角寺古墳群に方墳の龍角寺岩屋古墳が、上総にあたる富津市の内裏塚古墳群には方墳の割見塚古墳などが、同じく上総の山武郡域には山武市板附古墳群の方墳駄ノ塚古墳や松尾町大塚古墳群の円墳姫塚

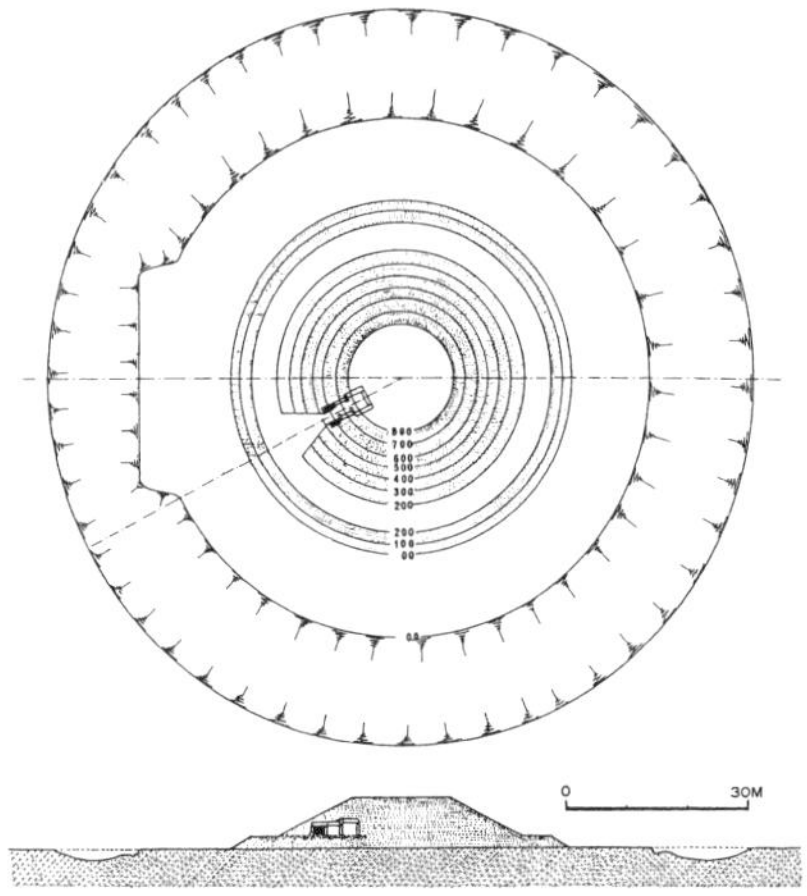

図54　栃木県下野市下石橋愛宕塚古墳の復元図

古墳などがある。このうち龍角寺古墳群は印波国造の、内裏塚古墳群は須恵国造の、山武郡域は武射国造の支配領域に所在する。

一方群馬県（上毛野）で終末期の大型方墳がみられるのは前橋市の総社古墳群一ヶ所だけである。また栃木県（下毛野）でも大型円墳は、群馬県の場合のように集中するわけではないが、壬生町、国分寺町など旧都賀郡域に限られるようである。これら律令時代の国を単位に一ヶ所しか大型方・円墳の造営地がみられない地域は、まさに上毛野国造、下毛野国造など、大国造が設置された地域に対応する。

こうした状況から私は、こうした終末期の大型円墳や方墳の出現は、国造制の成立と対応するものと考えている。もちろん国造制については、これを六世紀に求める研究者が多い。ただ六世紀の上毛野をみてみると、この地域での各所に六〇～一〇〇mクラスの大規模な前方後円墳を造営する勢力が割拠していて、その中から上毛野の国造となった勢力を指摘するのは困難というほかない。ところが七世紀になると上毛野では総社古墳群の大方墳のみが突出していて、この勢力が上毛野国造であった可能性はきわめて大きいと思われる。

下毛野の場合は、すでに六世紀段階から大型前方後円墳の造営地域が都賀郡域に集中してくるが、基本的には上毛野と同様この地域の大型円墳の被葬者層を下毛野国造とその一族に求めて何ら問題はなかろう。

このように、少なくとも関東地方における前方後円墳の造営停止とそれに替わる大型方・円墳の造営は、国造制というヤマト王権の新しい地方支配システムの成立に対応することは疑いなかろう。この時期を境にヤマト政権と呼ばれる首長連合は大きく変質し、ヤマト王権の中央集権的な支配、すなわち古代国家への動きが大きく進むのである。

ところで、下毛野の終末期大型円墳とともに日本列島最大の終末期の大型古墳が営まれた龍角寺古墳群は、律令時代には下総国埴生郡に含まれる。最近になって平城京出土の木簡からその郡司は大生《おおみぶ》部直《べあたい》であることが知られた。こうした古代の郡司は、いずれもそれ以前の国造が任じられるケースが多いから、印波国造が大生部直であった可能性はきわめて大きい。大生部あるいは生部《みぶべ》は、今知られる文献史料によるかぎり、いずれも上宮王家と関係するが、それは必ずしも上宮王家だけでなく、それ以外の有力な皇族も所有していたものと考えるべきであろう。

いずれにしても、龍角寺岩屋古墳の被葬者は、ヤマト王権の中枢と直結した勢力で、おそらく最初の印波国造に任ぜられた大生部直氏であった可能性がきわめて大きい。龍角寺岩屋古墳とともに最大の終末期大型円墳である壬生車塚古墳が、まさに「壬生」の地に営まれていることはきわめて興味深い。下毛野国造となったこの地の勢力もまた、ヤマト王権の中枢と直結していたことは確かであろう。

下毛野の場合は、都賀郡の比較的広い範囲に多くの大型円墳が造営されていることが大きな特徴である。それらの中で古い段階の大型円墳は下石橋愛宕塚古墳と壬生車塚古墳であろう。この二基は墳丘に短い突出部を付設するという共通点をもつ。

下石橋愛宕塚からは、花形文の鏡板や同文様の杏葉をともなう馬具が出土しているが、これは上毛野の最後の前方後円墳である高崎市八幡観音塚古墳の馬具と近似しており、七世紀の第1四半期に位置づけることができる。壬生車塚古墳からは下石橋愛宕塚古墳出土の須恵器とよく似た須恵器が採集されていて、近い時期のものであることが知られる。桃花原古墳についてはさらに今後の調査を待ちたいが、七世紀の前半のものであることは疑いなかろう。比較的近い時期の大型円墳が都賀郡域の各所に営まれるこうした下毛野の終末期の大型円墳のあり方からは、擬制的な同族関係で結ばれていた都賀郡域内のいくつかの政治勢力が、相次いで下毛野国造の地位につくというような状況が想定できるのではなかろうか。

下毛野の終末期大型円墳のあり方は、国造制から評制へという七世紀におけるヤマト王権の地方支配システムの変遷過程を考古学の立場から明らかにするうえにきわめて重要な材料となるものである。今後もこの地域の終末期の大型円墳の調査研究に注目していきたい。

第Ⅲ部　古代東国の牧と馬の文化

一　東国における牧の出現

1　最近の「騎馬民族征服王朝説」批判について

『古事記』や『日本書紀』では、天皇家の祖先神であるアマテラスの孫、ニニギノミコトが日向の高千穂の峰に天降り、そしてその子孫のイワレヒコが瀬戸内を東へ進み、熊野を回ってヤマトへ攻め込んで、橿原で第一代の天皇の位に就いたことになっています。そうした文献史料、すなわち『古事記』や『日本書紀』の神話がそのまま歴史的事実でないことは、多くの人が戦前から正しく認識していました。

一方考古学の世界でも、考古学的な調査・研究の結果から、海外の勢力が日本列島へ侵入・侵略してきて国家を打ち立てるようなことは、基本的になかっただろうという考え方が戦前からずっと主流でした。戦後になっても、朝鮮半島から新しい水稲稲作技術をもった人たちが渡来し、そうした一部の渡来人が倭人と混血したことは認めるにしても、基本的には縄文時代以来の人々が水稲稲作技術を受け入れることによって弥生文化を生みだし、そのまま弥生人になった。そして、やがて古墳時代になって、ヤマトの勢力を中心に列島各地の政治勢力の間に広域の政治連合が形成されるようになり、七世紀の終わりごろに中央集権的な律令国家が成立するというのが多くの研究者の理解であったのです。こうした戦後まもなくまでの古代史家や考古学者の一般的な国家形成史観に対するアンチテーゼが「騎馬民族征服王朝説」にほかなりません。

江上波夫先生の騎馬民族征服王朝説は、一九四九年、『民族学研究』という雑誌に発表されました。これは江上先生個人の論文としてではなく、文化人類学の石田英一郎さん、考古学の八幡一郎さん、民族学の岡正雄さん、それから江上先生という四人の研究者による座談会の記録という形で掲載されています。

日本の弥生時代は、ほぼ中国の漢代にあたりますが、漢は二世紀の後半には衰え、その後三世紀に入ると、魏・蜀・呉のいわゆる三国分立時代になります。『魏志』倭人伝の邪馬台国の時代にあたるこの三国時代を経て、魏の王室に仕えていた権臣の司馬氏が魏の王朝を乗っ取ってというか、禅譲を受けて新しく晋（西晋）を立てます。

晋王朝まではいずれも漢人の王朝でしたが、四世紀の初めごろから、中国の北部に五胡と呼ばれる北方の遊牧騎馬民族が侵入してきます。そして小さな国を立てては滅ぼし、建てては滅ぼした。いわゆる五胡十六国の時代です。晋の王室は南に逃がれて、現在の南京、建康に都を定めます。三一七年のことで、以後東晋になるのですが、それ以降、隋によって再び中国全土が統一されるまでの間、中国はいわゆる南北分裂時代を迎えます。中国の北半分は、基本的には北方の遊牧騎馬民族系の王朝が支配することになります。

このように四世紀に入って中国の北半部が騎馬民族の支配下に入るのですが、江上先生の説は、中国を含む東アジアにおける大きな民族移動の大きな波は、当然、朝鮮半島や日本列島にまで影響をおよぼしていたはずだという構想です。

二～三世紀、朝鮮半島の北、中国の東北地方には、夫餘、高句麗といった種族がいたのですが、基本的には夫餘、高句麗などと同系の、ツングース系の遊牧騎馬民族が朝鮮半島に侵入し、一時は朝鮮半島の南端に根拠地を定め、それがさらに日本列島に進出する。まずは九州を征圧し、しばらくして畿内をも征服した。これが大和朝廷、すなわち今日の天皇家の祖先であろうという、非常に雄大な仮説です。

江上説は、東アジア世界で四世紀ごろから始まった大きな民族移動の波で、日本列島の歴史を考えようということなのですが、そうした世界史的な視野とともに、日本列島における考古学的な調査・研究の成果をも踏まえています。

『魏志』倭人伝には、日本には牛馬がいなかったと書いてあります。縄文・弥生時代の遺跡から馬や牛の骨が出土した例が報告されていますが、これについては疑問視する説もあり、その実態については今後の研究を待つほかありません。ただ野生の馬がいたとしても少なかったことは確かなようです。ましてそれを乗馬に利用することなど、倭人はまったく知らなかったのです。

それは古墳時代に入っても同じで、古墳時代前期の遺跡や古墳からは馬具はまったく出てきません。中期に入るとともに古墳の副葬品の中に馬具が加わり、これを副葬する古墳が急に多くなってきます。そういったことから、日本の古墳時代を大きく前期と後期とに分けた場合、前期の古墳文化はまったく馬とは関係がない。ところが後期になりますと、多くの古墳に馬具が副葬されるようになるし、倭人たちが乗馬の風習を身につけるようになっていたことは疑いないのです。馬具のあるなしだけでなく、古墳の副葬品の性格自体も、宗教的・呪術的な性格の強いものから、遊牧騎馬民族的、あるいは王侯貴族的といったようなものになり、金銅製の装身具などが加わるようになってきます。

このように日本の古墳文化には、その前半期と後半期とで大きな違いがみられるということを前提として、江上先生の騎馬民族征服王朝説は成り立っています。そして、平和的な農耕民族が統一国家を作ることはないという、先生の世界史的な理解を前提にして、遊牧騎馬民族征服王朝説が構想されているのです。

江上説は世に出た直後から、日本古代史、東洋史、考古学などの研究者から非常に厳しい批判をつぎつぎと受けました。あげていけばきりがないのですが、たとえば考古学の分野では、明治大学におられた後藤守一さんは、弥生時代から古墳時代前期、さらに古墳時代後期への日本の文化の変遷には、もちろん発展的な変化はあったが、革命的な変化があったとは考えにくいとして江上説を否定されました。

やはり考古学者で京都大学におられた小林行雄さんは、江上説批判のために当時知られていた古墳時代の馬具の資料を細かく検討され、日本の初期の馬具の実態を明らかにされました。そして、日本の初期の馬具については、支配者層のもつきわめて優れた技術の高級品がまず入ってきて、その後に実用的な馬具が普及していく、といった馬具の受容のあり方などから、騎馬民族征服王朝説が成立しがたいということを論じておられます。この小林さんの馬具に関する研究は、まさに江上説を受けて提起されたものですが、日本の馬具の実証的な研究を本格的に進める出発点になりました（小林行雄「上代日本における乗馬の風習」『史林』三四―四、一九五一年）。

それ以外にも各分野から、江上説にたいする反論があいついで出され、江上説を支持される少数の研究者もおられましたが、大多数の研究者は批判的で、江上説がそのままの形で成り立つと考えた人はあまりいませんでした。

ただ、学史的に考えますと、江上先生の説は必ずしもそう突飛なものではありません。私事で恐縮ですが、私の父は明治生まれで、大阪で燃料卸商をしていた商人です。古代史や考古学とは無縁の人間でしたが、私が子供のときに、何を読んだのか、天皇家の祖先は大陸からやって来たんだということをよく聞かされました。明治にはなかったでしょうが、大正期には、大正デモクラシーの勃興とともに『古事記』『日本書紀』などを批判的に読むという考え方が非常に強く出てきます。最初に申しましたように、『古事記』『日本書紀』では天皇家の祖先は日向の高千穂の峰に天降ってくることになっていますが、このような天孫降臨説話、王朝の始祖が天上から高い山の上に降りてくるという神話は、古朝鮮の檀君神話や『駕洛国記』が伝える六伽耶国の建国神話など朝鮮半島にもいくつかあります。こうしたことから、天皇家の祖先が東アジア大陸から渡来した渡来系の人たちであるという考え方が、大正期ぐらいから比較的広く知識人の間に広がります。

歴史研究者のなかではそのような考え方をする人は比較的少なかったようです。喜田貞吉さんが有名な「日鮮両民族同源論」（『民族と歴史』六―一、一九二一年）という論文を書いていますが、歴史学者のなかでは例外的です。むしろ歴史学以外の知識人の間で、山路愛山、佐野学など、天皇家の祖先がツングース系の渡来民族であるという考え方が、広く存在したわけです。ですから私は、江上説の系譜は、そうした大正期ぐらいから思想家や知識人の間に広がる、天皇家渡来説ともいうべき考え方の流れをくむものと考えていいのではないかと思っています。

戦後の動きとしては、韓国や北朝鮮でも江上説に近い考え方がひろく提起されます。有名なのは朝鮮民主主義人民共和国の金錫亨さんの「朝鮮三国日本国内分国論」、すなわち、百済・任那・新羅からの移住者が西日本各地でその分国をつくり、九州の百済系の勢力が東遷して造りあげたのが大和朝廷にほかならないという説（『古代朝日関係史―大和政権と任那』、一九六九年）です。これも基本的には江上説と共通する考え方です。韓国でもそういう考え方をする学者は少なくありませんでした。最近は大きく変わってきていますが、少なくとも戦後二〇～三〇年間は江上説に近い考え方がひろくみられました。

以上のようなことから、江上説は非常に雄大な仮説ですが、定説化することはありませんでした。現在では、少なくとも日本の学界では少数意見として位置づけられています。

ところで、ここ一〇年ほど前から、なぜかまた江上説批判が非常に強くなってきています。

一つは、私どもの国立歴史民俗博物館の館長の佐原真さんの批判です。古代あるいはそれ以降の日本文化のなかには、遊牧騎馬民族的な要素がきわめて希薄である。たとえば家畜を飼ってその肉を食べたり、乳製品を利用するといったこと、あるいは家畜の去勢をする、動物の犠牲、生贄を捧げて祭りを行うなど、本来、遊牧騎馬民族の間に広く広がっている風習が日本ではいかに希薄であったかということを追究して、そうした文化史的な立場から江上説が成立しえないことを、論じられました。また江上先生とも対談して、『騎馬民族は来た⁉　来ない⁉』（小学館、一九八九年）という本も出しておられます。

さらに、ここ二、三年の間には、従来とは少し違った批判が出てきました。戦前、ドイツにコッシナという考古学者がいて、ゲルマン民族の歴史を考古学的に明らかにしようということで、特定の遺物の広がりから民族の広がりを認識しうるとする、居住地考古学的方法を提唱しました。このコッシナの考え方はナチズムと結びついて、ナチスの東ヨーロッパ侵略を正当づける理論的な根拠として利用されました。

江上先生の考え方も、要するに馬具が日本の古墳のなかに入ってくる、それを即民族の移動ととらえる考え方であって、これはコッシナ流の侵略史観にほかならない。また、天孫降臨説話をもちろんそのまま史実ととらえておられるわけではありませんが、『古事記』『日本書紀』の神話がある程度史実を反映している可能性を指摘されるわけで、それはまさに皇国史観にほかならないというわけです。そういう批判が少なくない研究者から強く出されてきています。

私自身は、江上先生の騎馬民族征服王朝説がそのまま成り立つとは考えておりませんし、そういうことはなかっただろうと思っております。しかし最近の江上説を侵略史観、あるいは皇国史観とみる考え方には、少なからず違和感を覚えます。むしろ江上先生の考え方は、先ほど申し上げたように、大正期ぐらいから出てきた、古代日本の支配者、すなわち天皇家の祖先を大陸からの渡来人と考える説の流れの上にあるわけです。一部の人が批判するような侵略史観でもないし、皇国史観でもない。細かく検討しても、コッシナ学説の影響を江上説が受けているなどとは、言えないと思います。

ただし、騎馬民族が国家を形成し、経営しうる能力をもつのにたいし、農耕民族がそうした面で劣ったものと決めつけ、人間集団を類型化してラベルを貼るような、江上説のもつ危険な側面を的確に指摘した田中琢さんの批判（『倭人争乱』集英社、一九九一年）は、聞くべき重要な指摘だと思っています。

このように最近また江上説が取り上げられることが非常に多くなってきているのですが、本日は江上先生の遊牧騎馬民族征服王朝説そのものを検討するのではなく、関東を始めとする東日本における牧《まき》、馬匹を生産するための牧がいつ頃成立したのかという問題を手掛かりに、日本における馬文化の始まりの問題を考えてみたい。その上で、最近の江上説批判についての私の思いを最後に述べたいと思います。

2　近世下総の牧

すでにお話ししたように弥生時代や古墳時代の前半期には、馬文化の片鱗さえもみられなかった。それが、四世紀末ないし五世紀初頭になると、急に古墳の副葬品のなかに馬具が加わり、その他騎馬文化の存在を裏付けるような材料がいろいろと出てくる。これが江上説の一つの出発点でした。江上説を批判した人々もそれぞれにその理由を説明しておられます。たとえば小林行雄さんは、五世紀になって倭人たちが朝鮮半島で高句麗の騎馬軍団と争うようになり、その必要性から乗馬の風習を取り入れたのだろうと考えられました。それにしても、この乗馬の風習の受容という出来事は非常に大きな変化です。それまで馬匹文化の片鱗さえもみられなかった日本列島に、五世紀に入ると広く馬匹文化が広がる。この事態をどのように説明するかというのは、たいへん大きな課題であると思います。

私は学生時代以来ずっと関西で考古学の勉強をしていたのですが、今からちょうど二〇年ほど前に、佐倉に国立歴史民俗博物館を創るので手伝わないかというお話があって、関東にやって来ました。今は佐倉市に引っ越しましたが、佐倉と成田の間の酒々井《しすい》町というところに一〇年あまり住みました。じつはこの酒々井町を含め、下総台地の上には「佐倉牧」と呼ばれる江戸幕府の大きな牧場がありました。

図55は、江戸時代の下総における幕府の牧の分布を示したものです。江戸幕府は、主として軍馬の生産・調達のため、大きな牧を下総に設置していました。

江戸幕府は房総半島に三つの牧を置いていましたが、その内の一つが下総の佐倉牧です（一部上総にもおよぶ）。今日の佐原市から大栄町（現、成田市）、成田市、富里町（現、富里市）、酒々井町、八街市、佐倉市などにかけての地域に置かれました。北東から油田《あぶらだ》牧、矢作《やはぎ》牧、取香《とっこう》牧、内野《うちの》牧、高野《こうや》牧、柳沢牧、小間子《おまご》牧と全部で七つの牧がありますが、それらを総称して「佐倉牧」と呼んでいます。それからいま一つ、やはり下総の八千代市から船橋市、鎌ケ谷市、松戸市、流山市、野田市にかけての地域には「小金牧《こがねまき》」が置かれていました。これも実際には五つの牧によって構成されています。下総にはこの二つの大きな牧が、さらに南の安房の国には「嶺岡牧《みねおかまき》」というやや小さい牧が設置されて

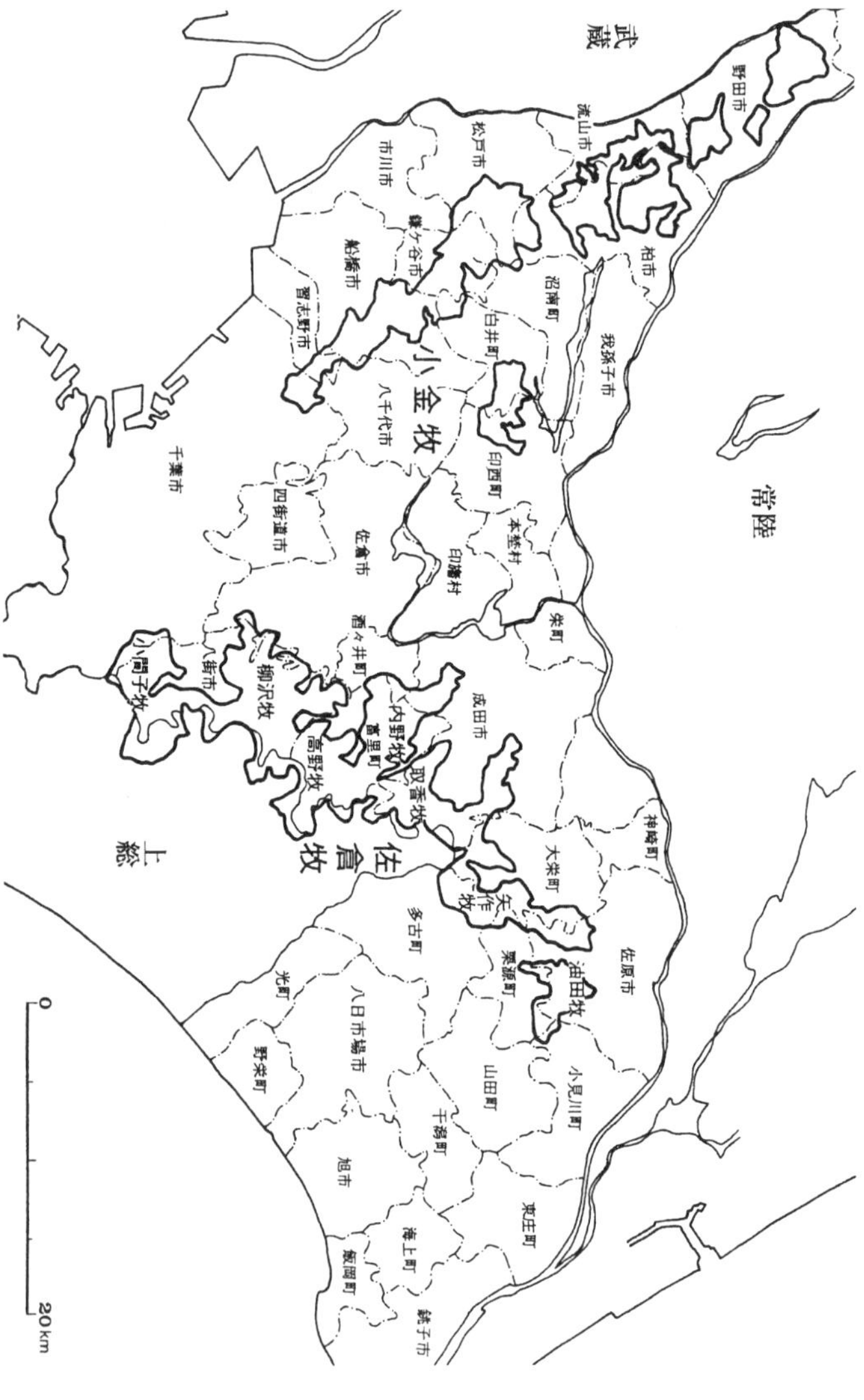

図55　下総における佐倉牧と小金牧

いました。

私が住んでおりました酒々井町には、このうち佐倉牧で生産され、捕獲された馬を引いてきて、幕府へ送ったり、払い下げたりする会所が置かれていました。馬の生産で実際に牧の管理の仕事をしていた人を牧士《もくし》といいます。上層農民なのですが、幕府に取り立てられ、苗字帯刀を許されて武士並みの扱いを受けていました。佐倉・小金両牧にその牧士の家が何軒かずつあったわけです。酒々井町には佐倉牧のうち四牧の牧士頭を勤めた島田さんという家があって、その島田家に近世の佐倉牧に関する膨大な史料が残っており、『酒々井町史』の史料編に何冊かに分けて収録されています。近世の牧における馬匹生産の実態を物語る興味深い史料です。

弘化二（一八四五）年の『下総国旧事考』によると、佐倉牧のうち柳沢牧と小間子牧という南の二つの牧はきわめて大きくてそれぞれ馬が一〇〇〇頭ずつ、さらに高野牧には六〇〇頭、矢作牧には五〇〇頭、取香牧と内野牧には各々三〇〇頭、油田牧には二〇〇頭、合わせて三九〇〇頭もの馬が生息していたと記録されています。

これらの馬はいずれも野馬《のんま》と呼ばれ、ほとんど人の手が加わらない野生に近い馬でした。要するに、飼い放ちにしていたわけです。繁殖も自然繁殖で、草が枯れてしまった冬も、とくに飼料を補給するようなことは基本的にはしなかった。雪が降ったりした場合には飼料をやることがあったけれども、それ以外はそのまま放ってあった。飲み水についても、夏の日照りで水が涸れたような場合には補給したようですが、大雪が降るとか、日照りが続いて水飲み池の水がなくなったといった場合を除いては、自然のまま放置していました。そして、現地でこの牧の管理にあたっていたのが牧士と呼ばれる人たちです。

これらの牧は下総丘陵の上に設置されていましたが、当然、冬場は草が枯れますから食べ物がなくなるわけで、馬が畑に出てきて、麦を食べたり、野菜を食べたりする。そのため農民との間に、まさに人と馬との知恵比べが行われた。これらの牧は周りに野馬土手《のんまどて》とよばれる大きな土手が巡らされ、ところによっては柵が設けられて、馬が外へ出ないようになっているのですが、それでも冬場には馬が外に出てきて、畑を荒らすということで、だんだん土手が高く立派になっていきます。今でも、野馬土手が部分的に残っていますが、基底の幅が数m、高さが三mもある非常に立派な堤です。

これらの馬は年に一度、佐倉牧の場合はだいたい田植えと麦刈りが終わった後、今でいえば六月の終わりごろに、野馬狩り《のんまがり》が行われます。周辺の村々から農民をたくさん動員して、牧士の指導の下に行われます。野馬狩りでは、馬を追い込むための、数十m四方を土手で囲んだ「込め《こ》」と呼ばれる施設がそれぞれの牧場に設けられていて、そこへ野馬を追い込みます。「込め」の中には大きな仕切り、中くらいの仕切り、小さな仕切りがあります。大きな仕切りは必ずあって、小さな仕切りが二つぐらいというのが多いのですが、それが三つあったり四つあったりする複雑な「込め」もあります。今でも残っているかどうかわかりませんが、今から十数年前までは、成田市の取香牧の跡にそれが実にみごとな形で残っておりました。

捕まえるのは三歳ぐらいの馬です。原則的には、二歳馬はもう一度野に放ちます。三歳馬でも非常に勢いのいい馬は、繁殖用ということでまた野（牧）に返します。捕獲した馬は、尻に焼印が押され、いい馬は幕府の軍馬用に調教されて江戸の厩へ送られます。残りの馬は、競《せ》りにかけて農民その他に払い下げることになっていました。

佐倉牧だけでも弘化年間、一九世紀の中ごろには四〇〇〇頭ほど野馬が飼い放ちにされていたわけですが、では、どれぐらい馬がとれたのでしょうか。小金牧の史料によれば、馬の数は二〇〇〇頭ほどで、慶長一九（一六一四）年には、九六頭の馬が捕まえられています。元和元（一六一五）年、寛永一六（一六四〇）年の記録もありますが、いずれも一〇〇頭ずつぐらいです。二〇〇〇頭ほど飼い放ちにされていて、だいたい一〇〇頭ぐらい捕まえています。佐倉牧は七牧、小金牧は五牧ですから、佐倉牧の場合はそれよりだいぶ大きく、三〇〇〇〜四〇〇〇頭ほどいたわけですから、毎年一五〇〜二〇〇頭ぐらい馬が生産されたということになります。

このように、近世の馬生産は非常に原始的な方法です。自然に繁殖させて三歳ぐらいになったものを捕まえるという、きわめて素朴な馬匹生産が江戸時代の終わり頃まで行われていたわけです。

江戸時代には幕府の大きな牧が下総に設置されましたので、下総は重要な馬匹生産地になりましたが、この佐倉牧や小金牧がいったいいつ頃成立したかということは、文献史料からはよくわからないようです。佐倉牧の場合は、かつては千葉氏が支配していました。千葉氏は戦国末に小田原の北条氏の支配下に入り、北条氏の命を受けて佐倉の牧の整備を行ったという記録が残っています。私は中世史のことはよく知りませんが、佐倉牧など下総の牧がいつ頃どういう形で成立したかという研究は、ほとんどないようです。ただ、下総が中世においても優秀な馬をたくさん出した地域であることは、いろいろな文献史料からも知られていますし、あるいは、佐倉牧の北東の香取神宮の近くには、香取牧という牧が置かれていたことなども知られています。

3　文献からみた古代の牧

こうしたきわめて原始的な馬匹生産は、基本的には古代においても同じであったと思われます。古代の牧に関する記録としては、律令の令のなかに「厩牧令《きゅうもくりょう》」というものがあります。「厩牧令」には、古代における厩や牧に関する決まりが細かく書かれているのですが、それによると、牧には必ず牧ごとに長と帳がそれぞれ一人ずつ置かれる。帳とは今でいえば、書記に当たるようなものでしょう。

さらに群れごとに牧子《ぼくし》二人を置けと書かれています。近世では牧の馬の生産に携わっている人を牧《もく》士《し》と言うのですが、同じ呼び方ですね。ひょっとしたらそのまま続いているのかもしれません。群れというのは一〇〇頭で一つです。放牧されている馬一〇〇頭ごとに牧子二人。ですから、江戸時代に比べると非常にていねいに管理していることがわかります。

さらに『延喜式』には、当時政府が管理していた牧の一覧表が載っています。古代において律令国家が直接管理していた牧は、大きく二つに分けられます。史料1は『延喜式』にみられる左右馬寮が管理している牧ですが、これは御牧《みまき》あるいは勅旨牧といって、天皇家、皇室に必要な馬を生産する牧です。史料2は兵部省が管理している諸国牛馬牧で、軍馬を生産する牧です。諸国にたくさん置かれています。ですから、古代の少なくとも『延喜式』の段階で直接政府が管理している牧には、御牧と諸国牛馬牧があったということになります。

史料1　『延喜式』巻四十八　左右馬寮

御牧《ミマキ》

甲斐國　柏前牧。眞衣野牧。穂坂牧。

武藏國　石川牧。小川牧。由比牧。立野牧。

信濃國　山鹿牧。鹽原牧。岡屋牧。平井手牧。笠原牧。高位牧。宮處牧。埴原牧。大野牧。大室牧。猪鹿牧。萩倉牧。新治牧。長倉牧。鹽野牧。望月牧。

上野國　利刈牧。有馬島牧。沼尾牧。拜志牧。久野牧。市代牧。大藍牧。鹽山牧。新屋牧。

御牧は甲斐国、武蔵国、信濃国、上野国にあって、それぞれ国ごとの牧の名前が書いてありますが、そのすぐ後に次のような規定が書いてあります。

「右もろもろの牧の駒（馬）は、毎年九月十日、国司・牧監《ぼくげん》若しくは別当の人等と、（中略）牧に臨んで検印し、共に其の帳に署《つ》け、歯《よわい》四歳已上の用うるに堪

史料2 『延喜式』巻二十八 兵部省

諸國馬牛牧
駿河國 岡野《ヲカノ》馬牧。蘇弥奈馬牧。
相模國 高野《タカノ》馬牛牧。
武藏國 檜前《ヒクマ》馬牧。神埼《カムサキ》牛牧。
安房國 白濱《シラハマ》馬牧。鈖師馬牧。
上總國 大野馬牧。負野牛牧。
下總國 高津《タカツ》馬牧。大結《オホユヒ》馬牧。木嶋《コシマ》馬牧。長洲《ナカス》馬牧。浮嶋牛牧。
常陸國 信太《シタ》馬牧。
下野國 朱門馬牧。
伯耆國 古布馬牧。
備前國 長嶋馬牛牧。
周防國 竈合《カマヒ》馬牧。垣嶋牛牧。
長門國 宇養《ウカヒ》馬牧。角嶋《ツノシマ》牛牧。
土佐國 沼山村馬牧。
伊豫國 忽那《クツナ》嶋馬牛牧。
肥前國 鹿嶋馬牧。庇羅馬牧。生属馬牧。柏嶋牛牧。櫏野牧。早埼牛牧。
筑前國 能臣嶋牛牧。
日向國 野《ノ》波野《ナミノ》馬牧。堤野《ツツマノ》馬牧。都濃野《ツノノ》馬牧。野波野牛牧。長野《ナカノ》牛牧。三野原《ミハラノ》牛牧。
肥後國 二重馬牧。波良馬牧。

うべきものを簡《えら》び、繋ぎて調良し、明年八月、牧監らに附して貢上せよ。若し貢するに中《あた》らざるものは便に駅伝馬に充てよ。（中略）若し売却する有らば正税に混合せよ。（下略）」

御牧ですから、朝廷へ貢進しなさい。『延喜式』のリストの後にそう書かれています。ここでも野馬狩りをやっているわけです。牧を監理する人を牧監あるいは武蔵の場合は別当と言うのですが、国の役人である国司が牧の長であるところの牧監あるいは別当の人たちと実際に牧に臨んで検印している。要するに、馬に焼印を押し、帳簿につける。わざわざ国司も出てくるわけです。

『延喜式』の記載では馬の年齢は四歳になっています。江戸時代は三歳ですが、四歳以上で用うるに堪うべきものを捕まえて、調教して、翌年八月に皇室へ貢上せよ。そして、「若し貢するに中《あた》らざるもの」、つまり貢進するほどのいい馬でないものは、「駅伝馬に充てよ」。さらに、「若し売却する有らば」、この時代でも馬の払い下げが行われていたのですが、その場合売り上げは「正税に混合せよ」と書かれています。

このように、基本的には、江戸時代の幕府の牧の管理と古代国家の牧の管理はほとんど同じです。ただ、江戸時代は三歳馬を捕まえていたけれども、古代の牧では四歳馬を捕まえることになっていた。そして、いい馬は、御牧の場合は天皇家に貢進される。それほどよくないものは駅伝の馬に使う。さらに一般に売却してもいいということになっている。まさに江戸幕府の牧の管理と同じようなことが、古代律令国家でも行われていたことがわかります。

問題は、こうした『延喜式』に書かれている古代の牧と、先ほど申し上げたような近世の牧、たとえば下総には佐倉牧、小金牧という非常に大きな牧がありますが、これらがどういう関係にあるかということです。

下総国の牧は全部諸国牧になっており、兵部省の管理下にあるわけですが、全部で五つの牧が置かれています。御牧、諸国牧合わせていちばん多いのは信濃国で、一六の牧が置かれています。これに次いで多いのが上野国で、九つの牧が置かれています。次いで多いのが九州の肥前国と日向国で、それぞれに六つずつ。その次に多いのが下総で五つの牧が置かれています。ですから、東日本では、信

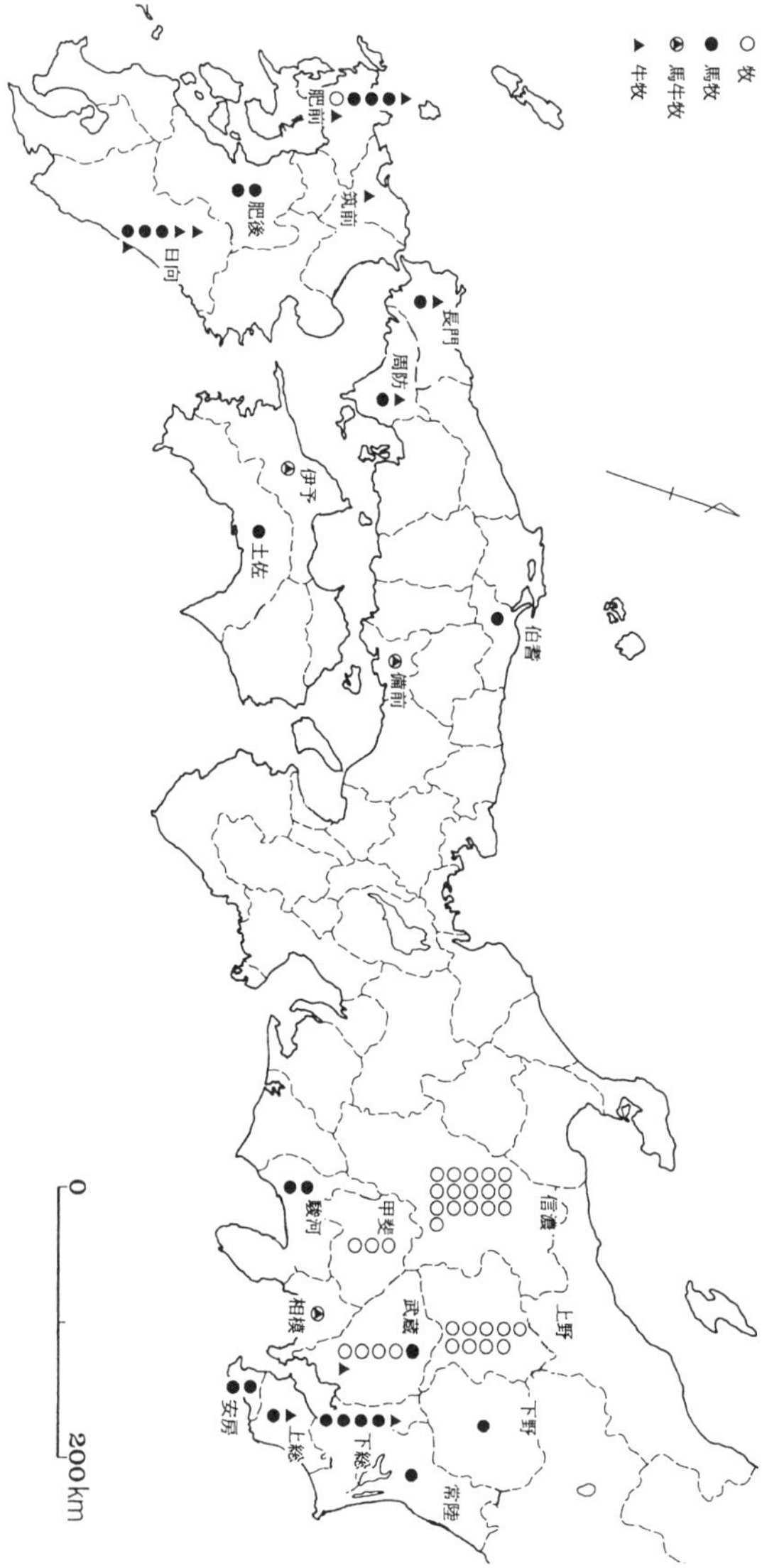

図56 『延喜式』にみられる牧の分布

濃、上野、下総に牧が特にたくさん置かれていたのです。これらの諸国が大規模な馬匹生産地であったことがわかります（図56）。

下総には五つの牧名が書かれていますが、そのうち、いちばん最後の浮嶋牧というのは牛牧です。それ以外に高津馬牧、大結馬牧、木嶋馬牧、長洲馬牧という四つの馬牧が置かれていましたが、それぞれどこにあったかということは、いろいろ考証が行われているのですが、じつはよくわかりません。

高津牧については、現在の八千代市に高津というところがあって、小金牧に非常に近いところですから、あるいは、高津牧の一部が小金牧にずっとつながっているという可能性は考えられます。もう一つの説は、佐倉牧の一つに矢作牧がありますが、矢作牧の半分くらいが現多古町に入っています。多古町にも高津原というところがあるので、高津牧はまさに後の佐倉牧の矢作牧あたりにあったのではないかというものです。いずれも可能性は十分あります。

大結牧については、現在、船橋市に意富比神社という式内社がありますが、そこに当てる説が一般的です。これが正しければ、明らかに後の小金牧につながることがわかります。

木嶋牧はいろいろな書物でも不明とされていて、どこにあったかよくわかりません。長洲牧も、現在、千葉市の海に近く低いところに長洲というところがあるのですが、その長洲という地名がいつまで上がるのかよくわかりませんので、これまたどこにあったのか確定できないわけです。

残念ながら、古代律令国家が下総に置いていたこれらの馬牧については、正確な場所がわかる、ある程度間違いないだろうというのは大結牧だけです。ただ、それも可能性が大きいというだけであって、佐倉牧や小金牧など近世の大きな牧が古代からずっと続けて利用されていたかどうかということ

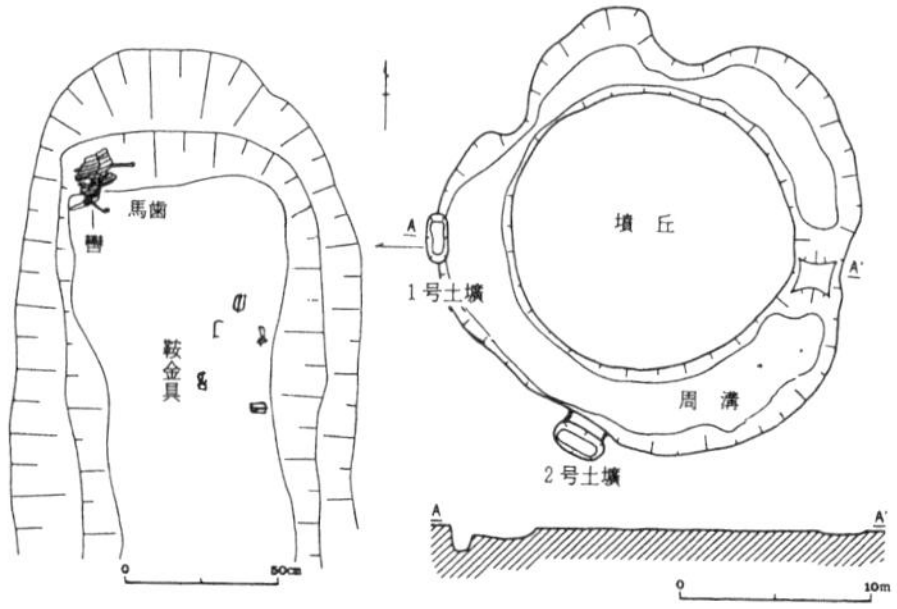

図57　千葉県佐倉市大作31号墳にみられる馬の犠牲土壙

は、実はよくわからなかったわけです。

ところが、最近、といっても一〇年近く前ですが、佐倉牧の起原を考えるうえできわめて重要な考古学的な材料が見つかりました。図57に示す馬の犠牲土壙です。

4　馬の犠牲土壙

佐倉市の南のほうに、現在、佐倉第三工業団地ができていますが、その造成に先立って千葉県の文化財センターが発掘調査を行ったところ大きな群集墳が見つかりました。大作《おおさく》古墳群といいますが、その大作古墳群のうちに大作三一号墳という、直径一五mぐらいの円墳で、土器などからみてだいたい五世紀の終わりくらいの古墳がありました。

この古墳はすでに墳丘が削られていて、古墳そのものの埋葬施設などは何も残っていませんでした。周りの周溝の跡が見つかったわけですが、直径一五mの円墳の外を取り巻く溝のさらに外側に接して、二つの大きな土壙が掘られていました。そのうちの一つの土壙、一号土壙から馬の顎と歯の部分が見つかって、これが馬の墓であることがわかりました。

とくにおもしろいのは、図57の左にあるように歯や顎の骨と一緒に鉄製の轡が一緒に出たことです。このことによって、この馬の頭部は北の端に埋められていたことがわかります。

さらに土壙の真ん中のやや東の壁に近いところから、鞍金具が出てきています。鞍はご承知のように前輪《まえわ》と後輪《しずわ》があって、その間を居木《いぎ》でつないで、その上に乗るわけですが、前輪と後輪にはそれぞれ鞍を馬につなぐためのベルトを接続させる、鞖《しおで》というバックルがついています。この土壙からは鞖が二つ出ていますが、数が二つだけの場合は後輪につく場合が多く、その出た位置を検討すると、この鞍は下向きで南のほうが前であった可能性が非常に強くなります。

図58　大作31号墳における馬の犠牲の想定復元図（イラストは岩永省三氏による）

頭は北にある。ところが、真ん中から出ている鞍は、頭のほうが前ではなくて、反対側が前になり、しかも下向きに出ている。奈良国立文化財研究所（現、奈良文化財研究所）の岩永省三さんが想定復元図（図58）をお描きになっておられますが、どうも馬の頭を切り落として、尻のほうに放り込んでいたと考えざるをえない。異論もあり私も気になるので検討しましたけれども、やはりそう考えていいと思います。

この馬は、その歯からだいたい三歳前後の、いよいよこれから使いものになるという若馬のものだそうです。老衰した馬を古墳の横に一緒に葬ったというようなものではない。

じつは、こうした馬の犠牲土壙は、ここ一〇年ほど前から日本列島の各地でたくさん見つかってきています。特にたくさん見つかっているのは長野県の伊那谷です。一九九九年二月五日の「朝日新聞」にも、飯田市で馬の殉葬（犠牲）土壙が見つかったという記事が載っていて、全部で二九例目だと書いてあります。この最新のデータの二九例目というのは飯田市内だけでしょうか。飯田市内だけで二九例、下伊那地方ではもっと多いと思います。

人間も同じですが、馬の歯はエナメル質ですからよく残ります。残っている歯はいずれもだいたい三歳馬です。ですから、これらは老衰して死んだ馬を埋めているのではなく、いよいよこれから使いものになるという、牧で捕獲したばかりの元気のいい馬を惜しげもなく殺しているということになります。こうした犠牲土壙は、あまり大きな古墳にはありません。直径一五m～二〇m程度が多いようですが、そういう古墳の被葬者の葬送に際し犠牲として殺されたものと理解せざるをえないわけです。

長野県の南、天龍川流域の下伊那地方、現在の飯田市を中心とする地域では馬の犠牲土壙がたくさん見つかっています。早い時期に見つかって有名になったのは、図59の座光寺新井原一二号墳です。これは小さな帆立貝式の古墳で、北側に小さく馬の墓と書いてあるところで馬の墓が見つかっています。古墳の周溝からは少し離れていますが、やはり新井原一二号墳にともなうものとみてよいでしょう。

図60に馬の墓の図がありますが、ここでは一部、足の骨なども残っていました。もちろん歯も残っ

ていたわけですが、それとともに馬具、鏡板のついた轡や下げ飾りの杏葉《ぎょうよう》も一緒に出てきています。これらの型式はいずれも、五世紀でもそれほど新しいものではなく、中葉あるいはそれ以前、おそらく五世紀の中頃の馬具で、古墳の年代とほぼ合うわけです。この馬の墓もまた古墳にともなう馬の犠牲土壙と考えていいでしょう。この場合は馬の頭の位置はそのまま足の骨などと矛盾なく出ていますので、頭を落としてはいないようです。

さらに、数年前ですが、やはり飯田市の松尾茶柄山古墳群で、いくつかの古墳の周溝の内側やその周辺からたくさん馬の土壙が見つかっています（図61）。とくに多いのは、茶柄山九号墳という直径二〇ｍほどの円墳で、その溝のなかに馬の墓が七基発見されています。北のほうは掘られていません

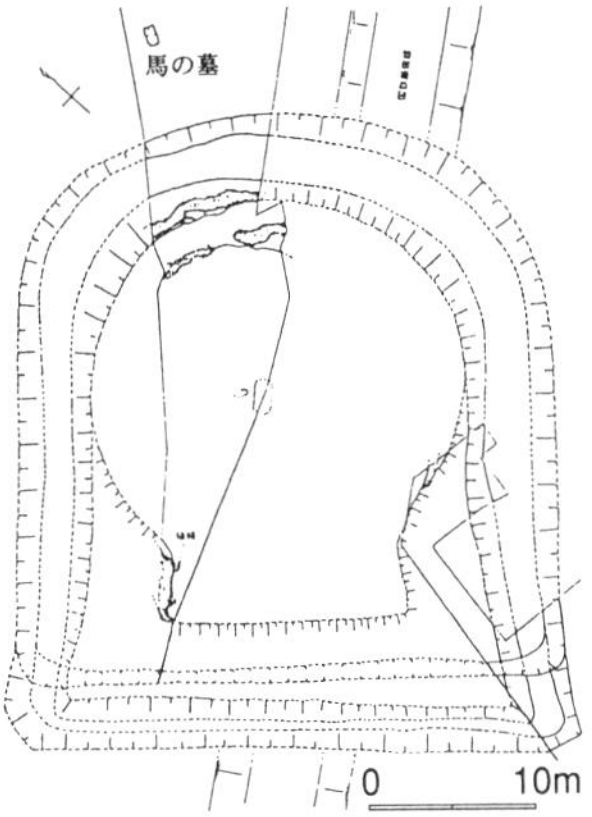

図59　長野県飯田市新井原12号墳

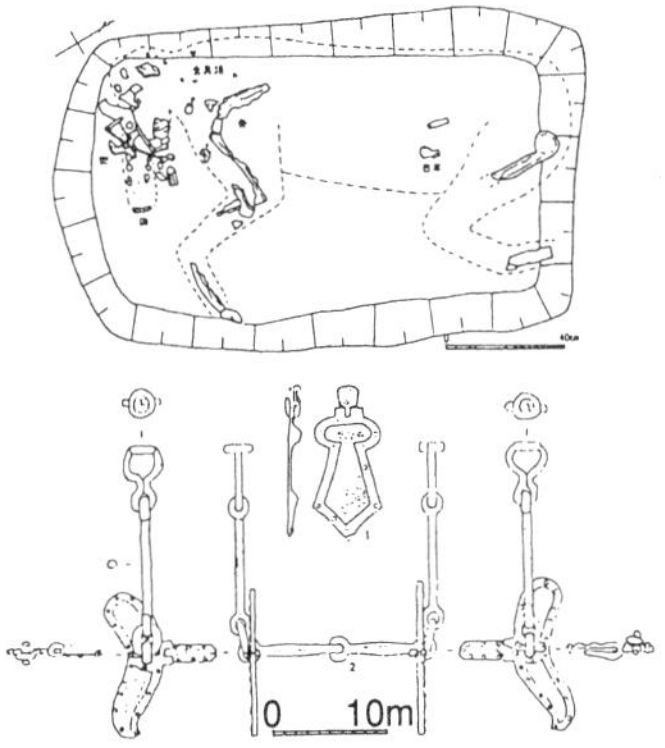

図60　新井原12号墳に隣接して営まれた馬の犠牲土壙と出土の馬具

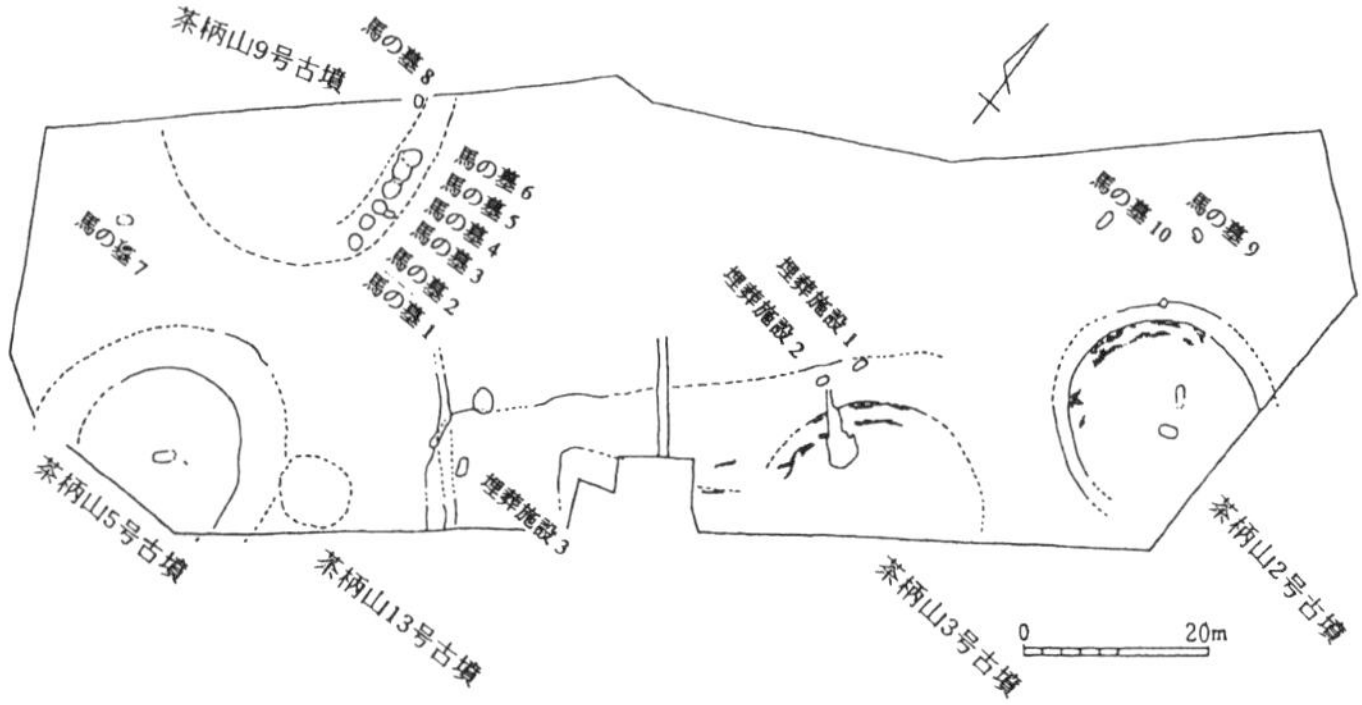

図61　長野県飯田市茶柄山古墳群にみられる馬の犠牲土壙

から、さらにあったかもしれません。馬の墓7は、本当にこの九号墳にともなうものかどうか少し問題がありますが、他の六つは溝のなかに並べて掘られており、いずれも九号墳にともなう犠牲土壙と考えられます。また、接近して営まれたほかの古墳の近くにも、馬の墓がたくさん営まれている状況が明らかにされています。これらの古墳は、いずれも五世紀中葉前後のものと考えられています。

このような馬の犠牲土壙はその他の各地、たとえば九州の宮崎県や関東の群馬県でも見つかっています。最近、神奈川県でも、東名自動車道を拡幅する際の事前発掘調査が行われ、そこでも五世紀後半の非常に古い時期の横穴式石室をもった小円墳が見つかりました。その堀の底をさらに掘り込んで、そこに馬を埋葬した例が知られています。

興味深いことは、今のところ東日本でこうしたものが見つかっているのは、信濃、甲斐、上野、下総、相模などで、いずれも古代の牧が置かれた国々です。

『延喜式』に書かれているような牧については、天武朝ぐらいに整備されたように考えていた人が多いようですが、以上のような馬の犠牲土壙との関連性を考えると、そんなに新しいものではなくて、ほとんどが五世紀ぐらいまでさかのぼるのではないでしょうか。もちろんもう少し新しい時期に設置されたものもあるかもしれません。しかしこうした古代国家が管理していた馬匹生産のための牧は、その多くが五世紀にさかのぼる可能性がきわめて大きいことが、各地の小古墳にともなう馬の犠牲土壙のあり方からわかると思います。

このように五世紀は、東日本にも大規模な牧を数多く設置して馬を生産しなければならないというような状況の時代であったようです。そのために東日本に定着させられたのか、自分の意思でやって来たのかわかりませんが、私の考えではおそらくヤマト王権による国家的な馬匹生産のために定着させられた渡来系の人たちが数多くいたのだと思います。佐原真さんの指摘を待つまでもなく、馬を犠牲にするという風習が倭人たちの間にあったと考えることは困難ですから、当然、そのような習俗を持った渡来系の人々が五世紀に東日本各地に定着させられたことは疑いないと思います。

二　馬匹文化受容の背景

1　朝鮮半島系の横穴式石室と牧

前章で述べましたように、私は馬の犠牲土壙の広がり、すなわち五世紀頃の馬の犠牲土壙をもつ小古墳が『延喜式』にみられる古代の牧の置かれていた地域に特にたくさん見つかっているという事実から、『延喜式』に記載されている牧の多くは、五世紀にさかのぼる可能性がきわめて大きいのではないかと考えています。馬の犠牲土壙は、日本列島の各地に定着させられた渡来系の人たちの古墳にともなう可能性が強いと思われますが、それでは、そういう渡来人たちはいったいどこからやってきたのでしょうか。

それを考える一つの材料として、牧の設置された場所の近くにある特殊な古墳群があげられます。『延喜式』の御牧に関するリストの信濃国のところに一六の牧の名が書いてありますが、そのなかに「大室牧」という牧があります。大室牧という牧が信濃国に置かれていたことがわかりますが、現在の長野市に大室というところがあって、ここに置かれていた牧であろうと考えられています。じつはこの大室の地には、大室古墳群という特殊な古墳群があります。

特殊と申しますのは、大室古墳群を構成する古墳がすべて積石塚で構成されているのです。積石塚は信濃と甲斐にたくさんあります。非常に古い時期では四国の香川県や徳島県などにもありますが、これは古墳時代前期のものが中心です。大室古墳群は、古墳時代の中期から後期にかけて、つまり五世紀から六、七世紀にかけて造られた群集墳で、しかも小さな古墳がすべて積石で構築されている。

大室古墳群のなかのいくつかの古墳は、合掌形石室と呼ばれる石室をもっています。この石室は文字通り石室の天井が合掌形になっており、いずれも横穴系の石室です（図62）。

こういう特殊な、合掌形石室と呼ばれるものが分布している点からも、大室古墳群は非常に興味深い古墳群です。ここ一〇年ほど前から、明治大学の大塚初重さんを中心にこの大室古墳群の発掘をともなう調査が意欲的に進められてきました。合掌形石室を持つ古墳は大室古墳群の中でもその一部ですが、それらは大室古墳群のなかでもいちばん古い段階の古墳で、それはおそらく五世紀の後半、一部中葉に上ると思いますが、そのころから営まれていたことが明らかにされています。従来はもう少し新しいものだろうと考えられていたのですが、古い時期の須恵器が出てきたこともあって、決して新しいものではないということがわかってきたわけです。

このような合掌形石室は、朝鮮半島にも例があります。図63は、韓国の公州の校村里六号墳で、ほ

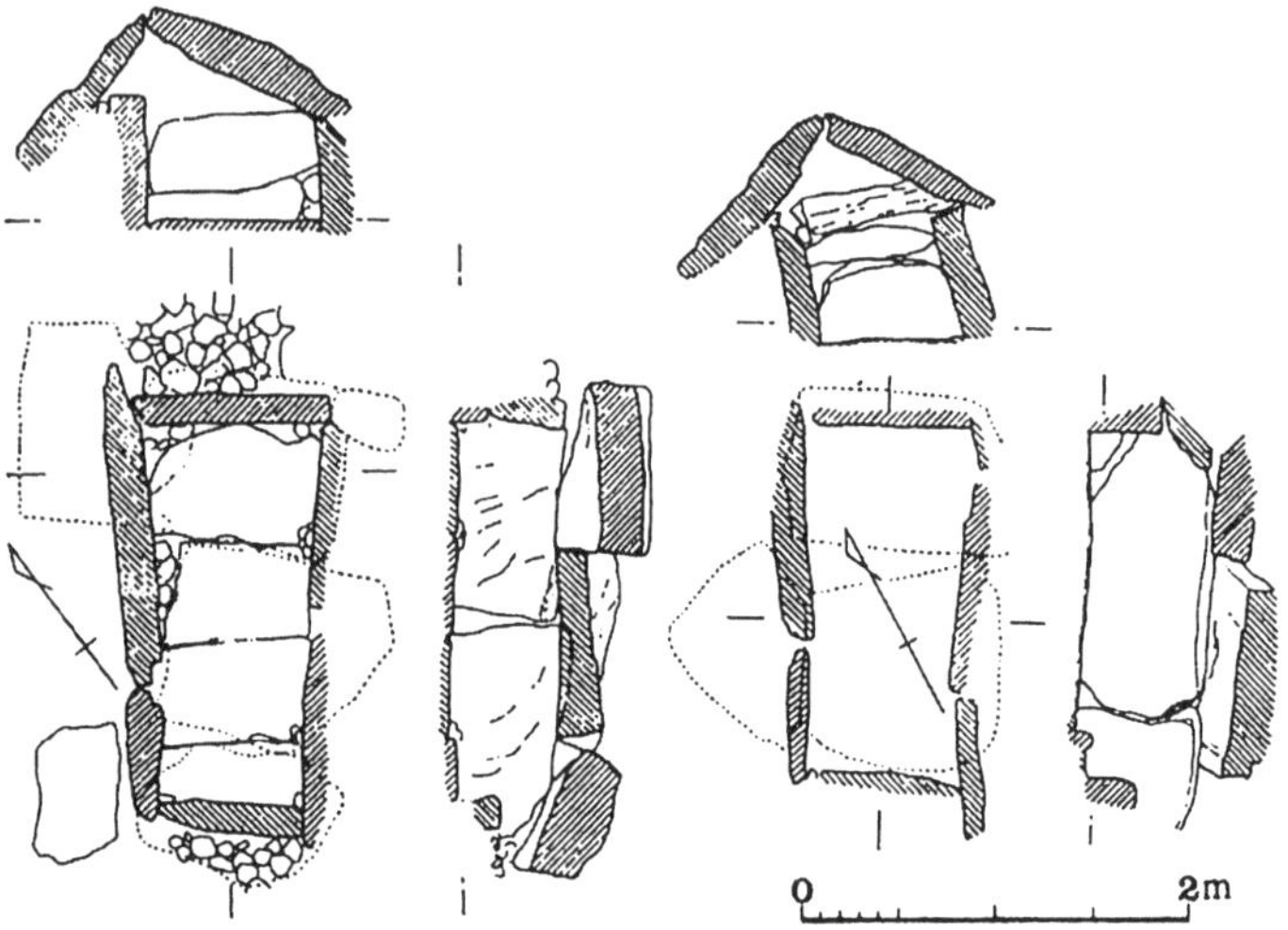

図62　長野市大室古墳群の合掌形石室（左：大室356号墳，右：大室357号墳）

かにはやはり公州の柿木洞二号墳などでも知られています。ただ、それらはいずれも切石加工を施した石材を組み合わせていて、年代的には大室古墳群よりかなり新しいもので、おそらく七世紀のものでしょう。天井を合掌形に組み合わせたものは、今のところ、公州を中心とするかつての百済の地域で見つかっています。

まだ調査が進んでいないからわからないのであって、おそらく百済の地域ではもっと古い段階からこういうものがあって、その影響を受けて大室古墳群の合掌形の石室が造られたのではないかと考えられます。この大室古墳群の積石塚が、大室牧と関係するであろうということは、すでに多くの方が早くから指摘しておられましたが、こうした情況からもおそらく間違いないと思います。

五世紀の中葉～後半という古い時期に、それまで日本列島に見られなかった横穴系の特殊な埋葬施設を持った積石塚が突然現れた。これはやはり大室牧の設置に伴って、この地に定着させられた渡来系の人たちが営んだものに相違ないと思われます。残念ながら朝鮮半島では五世紀代のこうした石室は今のところ見つかっておりませんが、現在の材料から考える限り、その人たちは百済の地域からやって来た可能性が強いと考えられます。

このような合掌形石室は大室古墳群だけでなく、長野県北部にいくつか知られています。また最近、出羽国、現在の山形県南陽市松沢一号墳、同二号墳がこの類型に含まれるものであることが明らかになりました。まだ本格的な調査は行われておりませんが、明らかに天井石を合掌形に組んでいて、しかも、横口式の石室ですから、大室と同じものであることは間違いないと思います。南陽市は米沢市と山形市のちょうど中間にある市ですが、合掌形石室がこの地まで及んでいるわけです。

この合掌形石室は、横穴系の石室です。先ほどから申し上げているように、横穴系の石室です。呼び方は人によっていろいろと異なり、横口式石室、あるいは竪穴系横口式石室などと呼ばれます。日本列島ではご承知のように古墳時代前期の埋葬施設は、いずれも竪穴式石室ないしは竪

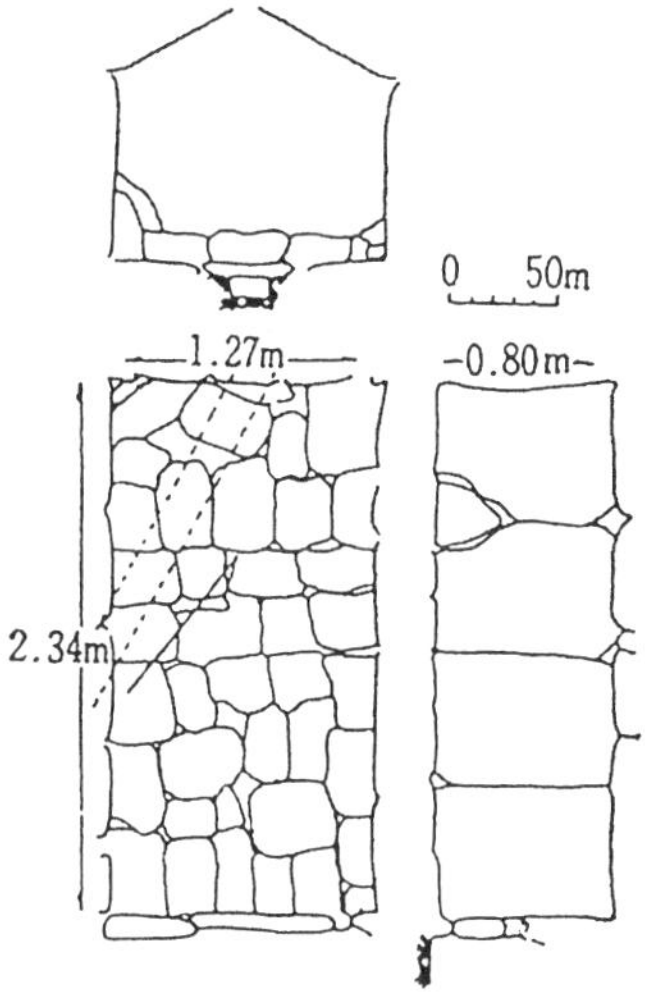

図63　韓国公州校村里6号墳の合掌形石室

穴式石室を簡略化した粘土槨など竪穴系のものですが、古墳時代の後半期になると横に入口を持った横穴式の埋葬施設が古墳の中心的な埋葬施設として取り入れられるようになります。

日本列島の横穴式石室の中でいちばん古いものは、やはり北部九州にあります。佐賀県の唐津市谷口古墳、福岡市の老司古墳、同じく福岡市の鋤崎古墳などいずれも玄界灘沿岸で見つかっていますが、これらはいずれも墳丘長一〇〇m前後の比較的大きな前方後円墳です。それらは四世紀の終わりから五世紀初めのころのものですが、それらと共通する形式の石室は、朝鮮半島ではどこを探しても見当たりません。

これは、古墳時代前期の終わりぐらいに北部九州でつくられていた竪穴式石室に、横に入口を設けて通路を付ければ追葬に便利だということで、玄界灘沿岸で生み出されたものです。おそらく四世紀末頃、玄界灘沿岸地域の首長たちが朝鮮半島へ出かけていって、向こうで横穴式の埋葬施設を見てきて、自分たちの伝統的な竪穴式石室にそのアイデアを取り入れて、一方に出入口と通路を設けた。これが日本の初期の横穴式石室です。ですから、これと同じものを朝鮮半島にさがしても、見つからないわけです。

五世紀の初めには、朝鮮半島でもまだ新羅や伽耶には横穴式石室はありません。朝鮮半島の南部では、ようやくそのころから百済が横穴式石室をつくり始めます。ですから、北部九州の玄界灘沿岸の首長たちが影響を受けた地域は、おそらく百済。もしかしたら高句麗かもしれませんが、状況から判断するとやはり百済の横穴系の埋葬施設のアイデアを取り入れた可能性が強いと思います。そして、九州ではこれが急速に各地へ広がって、五世紀中葉以降には基本的に古墳の埋葬施設は横穴式石室、あるいは横穴系のものになっていきます。

近畿地方では、五世紀の中ごろに九州系の横穴式石室が一部入ってきています。堺市の塔塚古墳などをその例としてあげることができます。ただし、まだ五世紀代の近畿地方では、大仙陵古墳をはじめとする巨大な前方後円墳の埋葬施設は、立派な長持形石棺を竪穴式石室に納めたもので、竪穴系の埋葬施設が一般的でした。

五世紀の後半になって、これまた当時の百済の影響を受けて、ようやく近畿地方でも畿内型の横穴式石室と呼ばれているものがつくられるようになりますが、それが五世紀の終わりごろから東日本にもおよんでくるわけです。

従来、関東地方でいちばん古い横穴式石室と考えられていたのは、群馬県の安中市にある梁瀬二子塚古墳という前方後円墳の石室です。須恵器で申しますと、稲荷山古墳の造り出しから出ているようなＴＫ四七といっている型式の須恵器に近いもので、五世紀の終わりごろにならないと東日本には横穴式石室は入ってこないと考えられていました。

ところが、それより前の五世紀中葉から後半に、大室古墳群では横穴系の石室である合掌形石室がいくつもつくられていることが明らかにされ、最近では、そうしたものが出羽にまで及んでいたこと

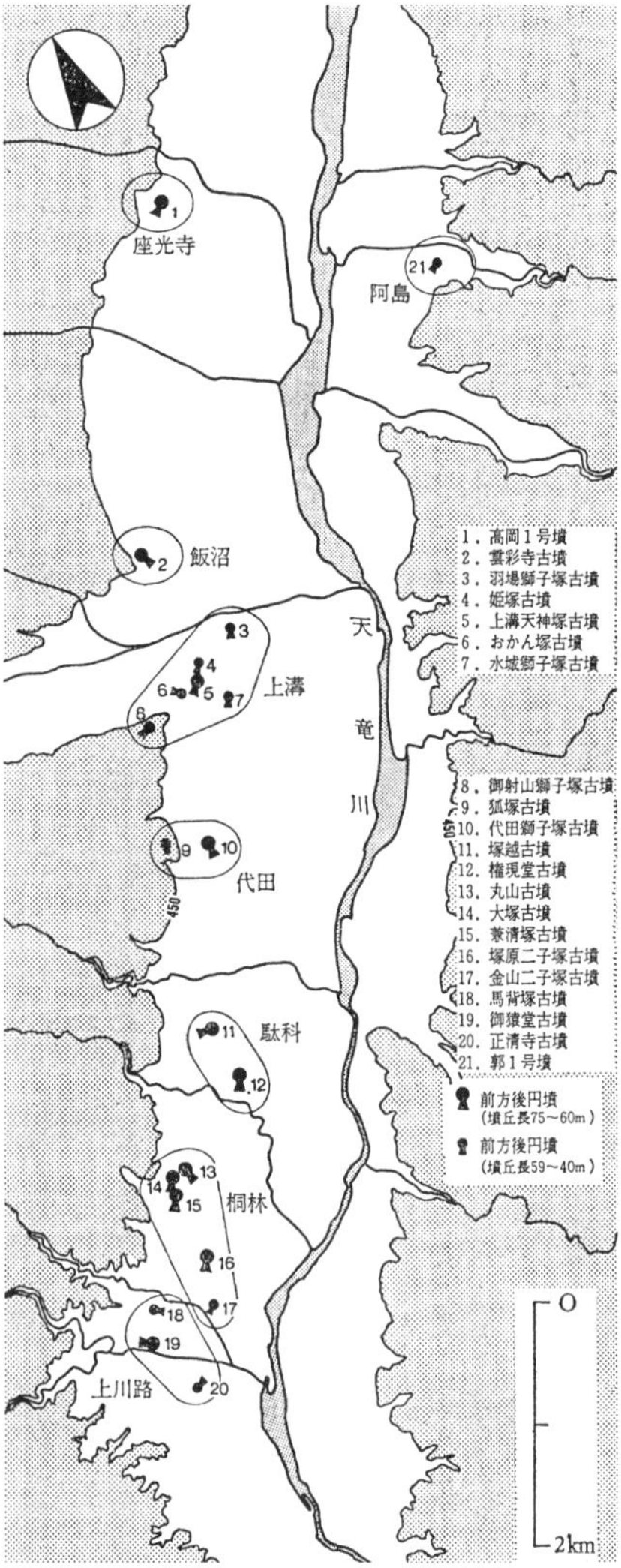

図64　下伊那地方における前方後円（方）墳の分布

がわかってきました。このように、東日本への初期の横穴系埋葬施設の伝播についても、牧の設置が契機になっていたと考えられるわけです。

馬の殉葬土壙が数多く見つかっている伊那谷も、古い横穴式石室が多い地域であります。図64にありますように伊那谷では、下伊那地方の飯田市を中心とする地域には、中期末から後期の前方後円墳がたくさんあります。あまり大きなものはなく、いちばん大きいものでもせいぜい長さ七〇mで、四〇m前後の前方後円墳がたくさんあります。そして、それらの多くは横穴式石室をもっています。しかも、これらの横穴式石室の中には、五世紀末ないし六世紀初頭までさかのぼる、東日本としては古い時期のものが見られます。

この時期の伊那谷の横穴式石室にはいろいろな類型のものがありますが、まず一つは飯田市の御猿堂古墳にみられるもの（図65）です。この古墳は前方後円墳で、その後円部に横穴式石室があるのですが、羨道と玄室の区別のない羽子板形の平面形をした無袖式です。しかも、区別がないのは平面だけでなく、立面的にも天井石に段差がないわけです。

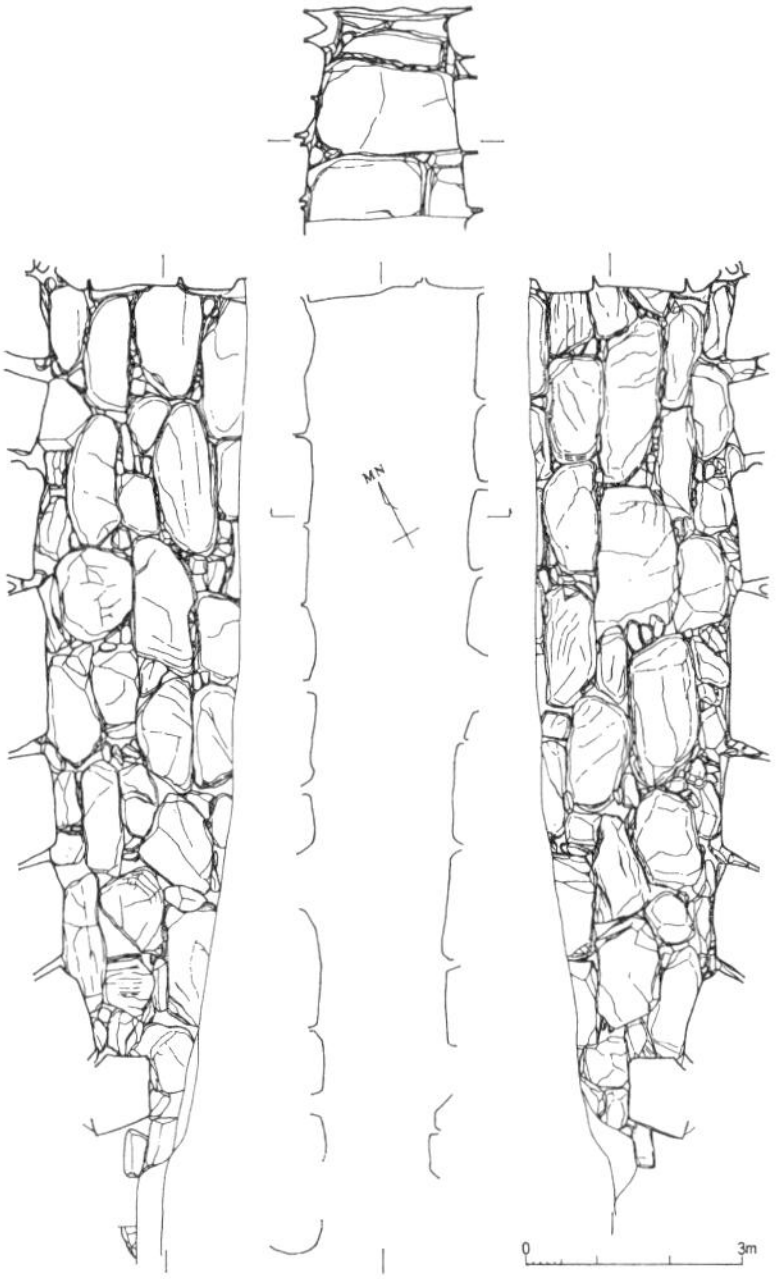

図65　飯田市御猿堂古墳の横穴式石室

横穴式石室といえば、羨道があり、奥に玄室があって、玄室に入ると平面的には幅が広くなり、立面的にも天井の高さがぐっと高くなるのが普通ですが、御猿堂古墳の石室はそうではなくて、平面的にも立面的にも玄室と羨道の区別がないものです。用いている石材は比較的大きいものです。この類型はいちばん多く、下伊那地方に特徴的な石室です。

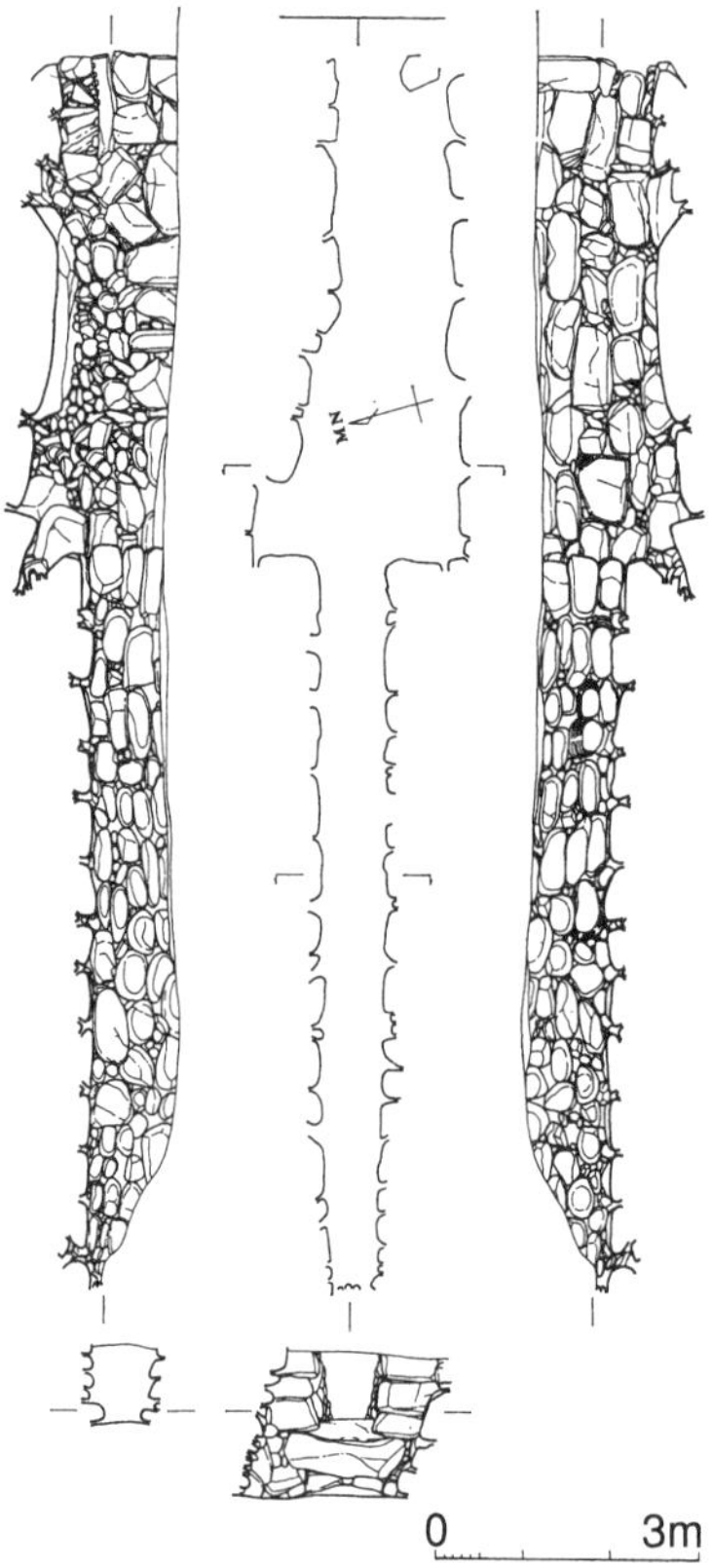

図66　飯田市雲彩寺古墳の横穴式石室

これに近いものは、神坂峠を西に越えた美濃地方にも見られ、御猿堂古墳はおそらく西方の美濃の影響を受けて造られたものではないかと私は思っています。

つぎにあげられるのは、飯田市雲彩寺古墳の横穴式石室（図66）です。この古墳も前方後円墳で、墳丘の長さが七〇mもある伊那谷では最大級のものです。石室の奥壁側の部分は失われていますが、比較的小さな河原石を積み上げ、そして非常に細く長い羨道を持っており、壁面は真っ赤に顔料が塗られています。ここから出た馬具などの遺物は雲彩寺が保管しておられ、石室から見ればもう少し古くてもいいように思うのですが、遺物は六世紀の初頭ぐらいのものです。

飯田市の姫嫁古墳という小さな前方後円墳の横穴式石室（図67）は、小さい石材を用いてつくられたもので、平面的には玄室と羨道が明確に区分された片袖式の石室ですが、立面的には羨道の天井と玄室の天井は同じ高さになっています。これもまた、一つの類型としてとらえることができるでしょう。

飯田市の高岡一号墳という長さ七〇ｍぐらいの大きな前方後円墳の後円部にある石室（図68）もまた別の類型の横穴式石室です。玄門や羨道部が破壊されていて、本来の形態がわかりません。一方同市畦地一号墳という直径三〇ｍぐらいの円墳は、玄室の奥が逆L字形に伸びたきわめて特異な横穴式石室（図69右）をもっています。この畦地一号墳は、五世紀の終わりぐらいまで遡ると思われ、垂飾

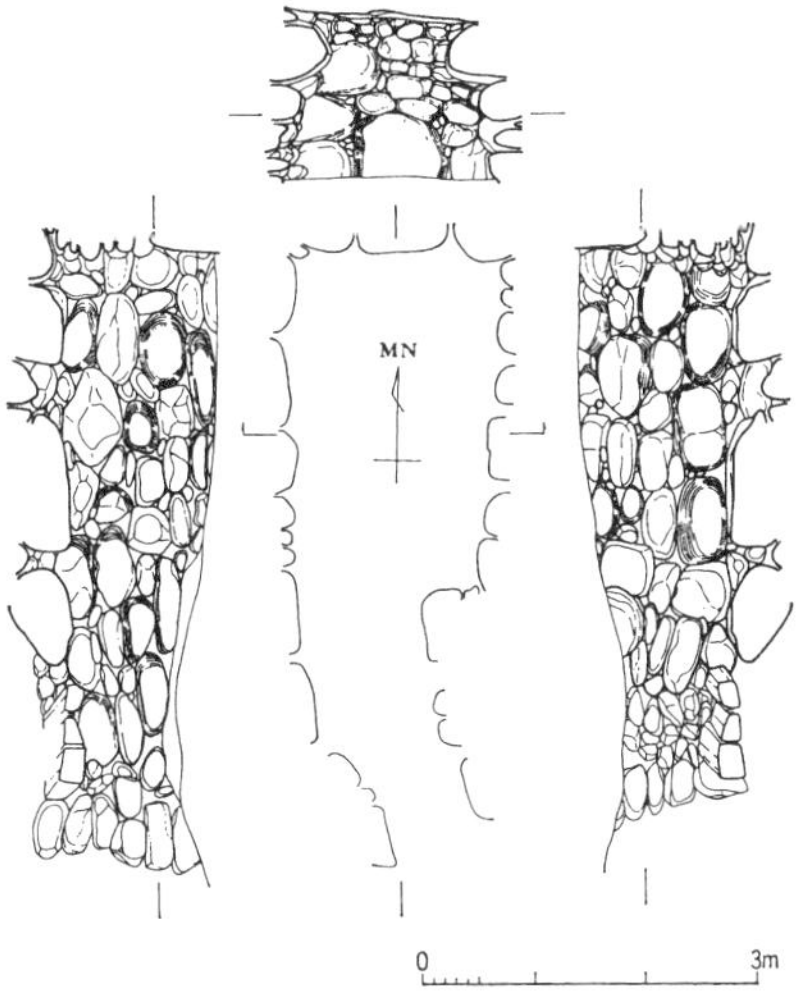

図67　飯田市姫塚古墳の横穴式石室

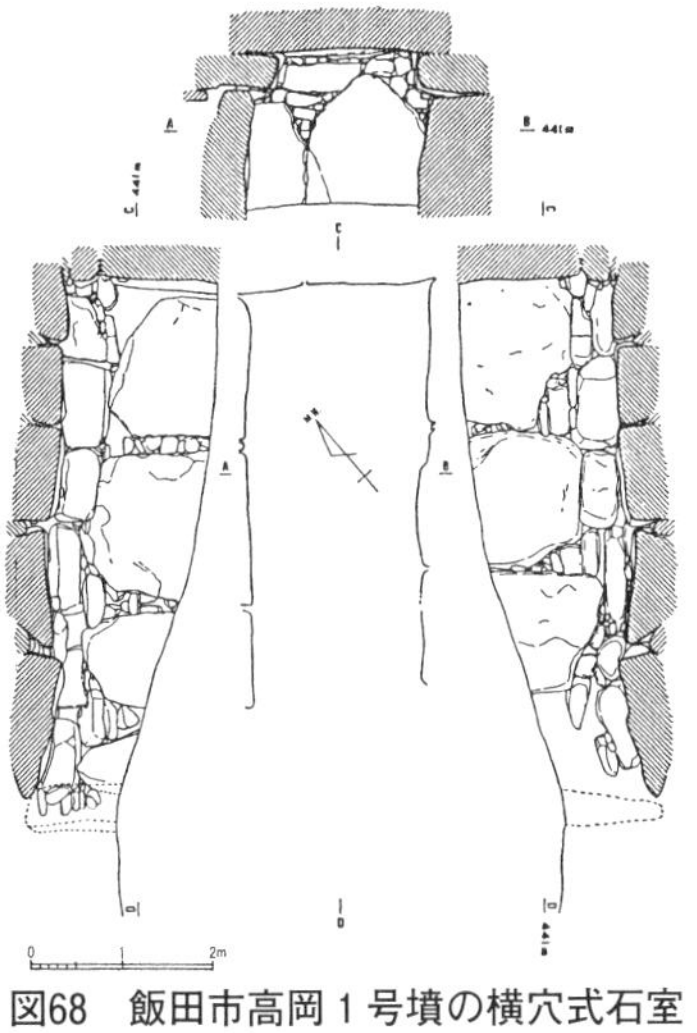

図68　飯田市高岡１号墳の横穴式石室

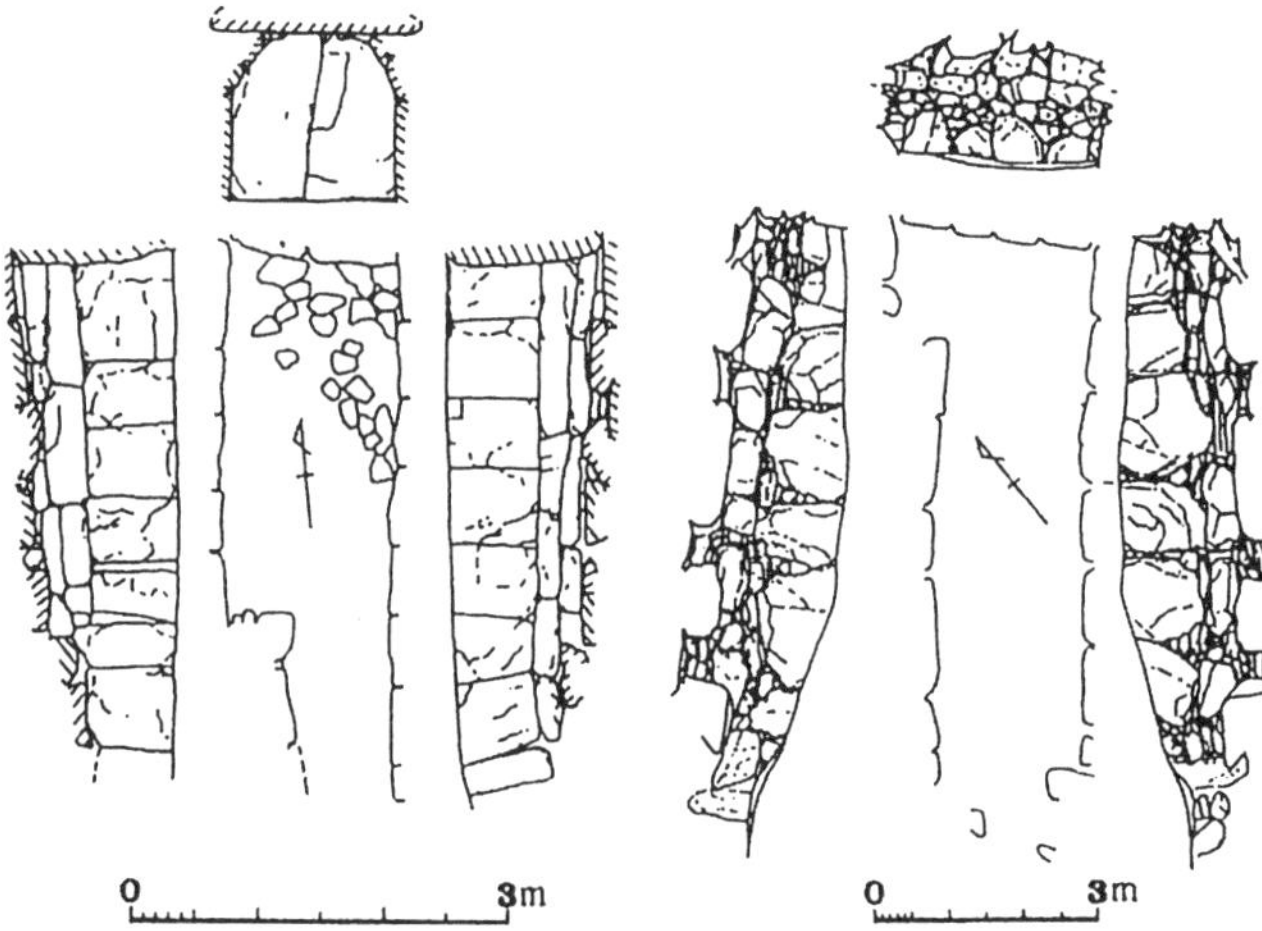

図69　百済の横穴式石室と伊那谷の横穴式石室
（右：韓国全羅北道軍屯１号墳，左：飯田市畦地１号墳）

付耳飾なども出ています。

畦地一号墳と高岡一号墳は石室の平面形態はまったく違うのですが、壁の積み方がきわめてよく似ています。下方の一段目には大きな石を並べて立てているのですが、その上に一段ないし二段の石を平積みにしている。そういう共通の石の積み方をした壁面をもっています。壁面の構成法を共通にしているという意味で一つの類型としてとらえることができます。

こうした壁面構成の石室は、近くの北本城古墳でも見つかっています（図70）。この石室は入口部から墓室の床が一段下がる竪穴系横口式石室の範疇に含まれるもので、畦地一号墳より古いものと思われます。

このように伊那谷の五世紀末から六世紀初頭頃の横穴式石室には、さまざまな類型がみられるというのが、大きな特徴です。下伊那は、東山道を美濃から、険しい神坂峠を越えて信濃に入ったばかりのところで、交通の要衝の地です。下伊那における前方後円墳のあり方をみると、図64に線で囲ってありますが、この時期には小さいながらも前方後円墳をつくるような勢力が、下伊那には八つぐらいあったことが判っています。またそれぞれが特徴をもった横穴式石室をつくっているわけです。ここは東国への交通路の要衝として重要なところですから、おそらく畿内の複数の勢力がそれぞれ下伊那地域の在地の勢力と結びつき、この地に拠点をえようとした。そういう政治的な状況から下伊那地方にさまざまな類型の横穴式石室が持ち込まれたのではないかと、私もかつては考えていました。それほど広くないこの地域に小さいとはいえ前方後円墳を含む古墳群が八ヶ所も認められるのは、そうした理由によるのかも知れません。ただそれだけではこの地の横穴式石室の多様性は説明できない。どうもそういうことではなく、その後知られた数多くの馬の犠牲土壙の発見などからみて、これは牧の設置と無関係ではないと最近で

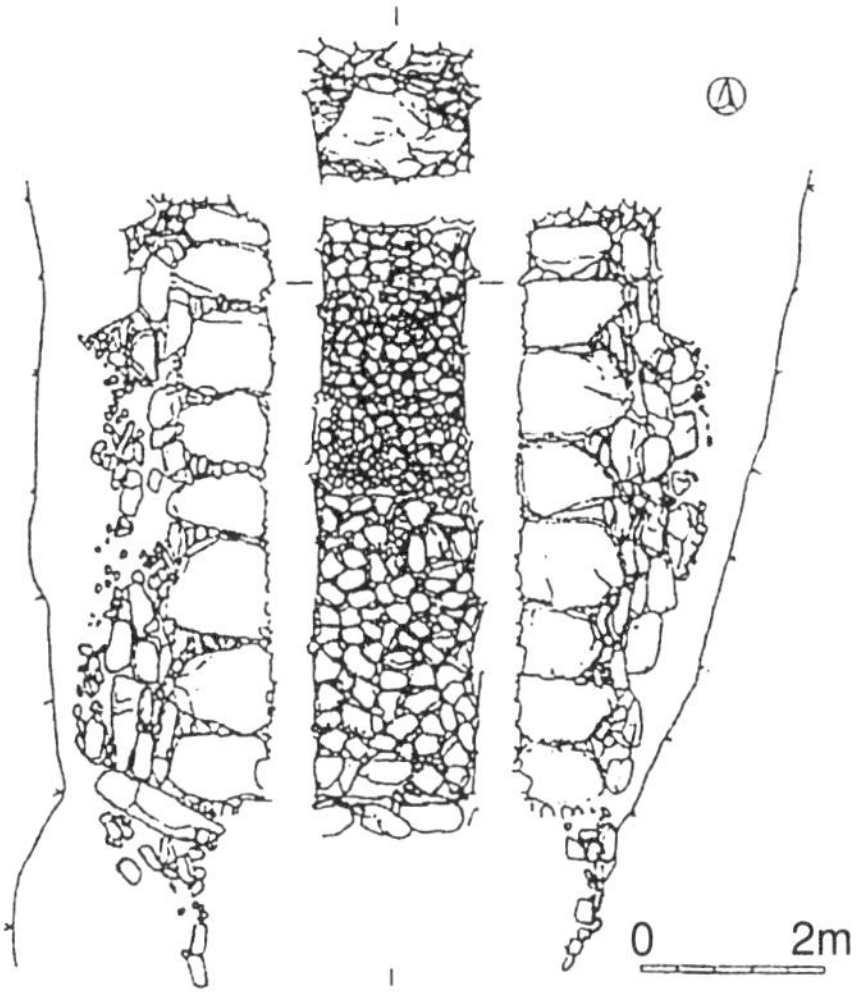

図70　飯田市北本城古墳の横穴式石室

は考えています。

畦地一号墳の石室や高岡一号墳によく似た石積みの石室が韓国の全羅北道にもあります。図69左の軍屯一号墳例などです。

もちろんこのような石の積み方はほかにもないわけではありませんから、すぐに伊那谷の横穴式石室が全羅北道の横穴式石室の影響を受けたとはいえないと思います。また、この全羅北道の例はそれほど古いものではなくて、六世紀代でも新しいものです。

伊那谷のものは五世紀末までさかのぼるわけですから、現在見つかっている限りでは日本のもののほうが古い。しかし、おそらく全羅北道にはもっと古い時期のこういう壁面構成の石室があるのだろうと思います。

そうすると、飯田市付近のいくつかの類型の横穴式石室のうち、畦地一号墳に代表されるような特殊な壁面構成をした横穴式石室は、全羅北道ですからやはり百済の影響を受けている可能性が考えられる。また、御猿堂のものは特に朝鮮半島との関係を考えなくても、美濃の石室の影響を受けたということで説明がつくと思います。しかし、雲彩寺古墳の特異な横穴式石室などは、やはりその系譜を日本列島内に求めることは今のところ困難なようです。

伊那谷の多様な初期の横穴式石室は、すべてではありませんが、そのいくつかはそれぞれ系譜を異にする朝鮮半島の横穴式石室の影響を受けている可能性があるのではないかと私は考えています。これも下伊那における牧の設置に際して、朝鮮半島の複数の地域から渡来人がやって来たことを示すものでしょう。

このように、伊那谷なり、あるいは信濃北部の大室牧の設置に際しては、百済などから牧における馬匹生産の経験を持った人がやって来たことは疑いないと思われます。いずれにしても、牧の近くに営まれた古墳の横穴式石室の系譜から考えると、とくに百済の影響を受けて、東日本に大きな牧が設置された可能性が大きいように思われます。

2　倭国と朝鮮半島の交流

四世紀という時代は、中国の史料にも日本のことがまったく書かれていない、史料的には空白の時代です。また、四世紀の日本の古墳には、鏡以外には朝鮮半島や中国から舶載されたと考えられる遺物は、一部の鉄製武器などを除ききわめて少ない。なかには奈良県広陵町の新山古墳の帯金具などないわけではありませんが、五世紀以降の古墳に比べると舶載遺物はあまりみられません。

そういうことから、古墳時代の前期の中葉から後葉の四世紀という時代は、日本と朝鮮半島との間に交渉がほとんどなかったのではないかと考える人もいたようです。しかし、決してそうでなかったことは、最近の韓国金海市大成洞古墳群の発掘調査の結果などからも明らかです。この大成洞古墳群は、おそらく四世紀段階では伽耶諸国の中で最も強大であった金官伽耶国の王墓だろうと考えられていますが、ここでは、四世紀の日本の古墳から出てくるのと同じような巴形銅器や筒形銅器、さらに鏃形石製品などが出ています。

弥生時代以来の伝統的な盾の飾り金具である巴形銅器と同じように、筒形銅器も日本で作られたものと考えられていました。しかし筒形銅器は逆に伽耶などで作られたものを倭国が取り入れたのかもしれません。日本の古墳から出てくる筒形銅器と共通の筒形銅器が大成洞古墳群などの伽耶の四世紀の古墳から大量に見つかってきています。

また鏃形の石製品などは、日本の前期の古墳に数多く見られるもので、それと同じものがこの大成洞古墳群から見つかっています。このように大成洞古墳群の調査などから、四世紀にも倭国と伽耶の間には頻繁な交渉があったということが、わかってきています。

『三国志』の「魏書」弁辰伝には、「国、鉄を出す。韓、濊《わい》、倭みなしたがってこれを取る。諸市買うにみな鉄を用い、中国の銭を用いるが如し。またもって二郡に供給す。」と書かれています。ここでいっている「国」は弁辰、すなわち弁韓のことです。朝鮮半島の東南部、後に伽耶と呼ばれる地域とほとんど重なると思います。

日本では、弥生時代からからすでに鉄器時代に入っていますが、弥生時代中期まではまだ石器が大量に用いられています。鉄器は知られていたけれども、まだ石器も盛んに使われていました。ところ

図71　朝鮮半島と日本列島における鉄鋌出土遺跡の分布
（・は1遺跡，●は10遺跡を示す，東潮氏原図）

が、弥生時代も後期、すなわち一〜二世紀になると、一部の地域は別にして、大部分の地域では石器が姿を消してしまいます。つまり、弥生時代の後期から、日本列島は本格的な鉄器の時代に入ったわけです。

ところが、弥生時代の後期になっても、さらに古墳時代の前半期になっても、鉄鉱石や砂鉄を製錬して鉄をつくる製鉄遺跡が日本列島では一つも見つかっておりません。最近いくつか、弥生時代に遡るのではないかといわれている遺跡がありますが、それらについては不確実で、反対する意見が強いようです。

これは非常に不思議なことです。弥

生時代後期以降は本格的な鉄器の時代になるにもかかわらず日本では鉄の製錬が行われていなかったということになる。仮りにこの時期、日本列島で鉄生産が行われていたとしても、それはきわめてレベルの低い技術水準の、しかも小規模なものであったと考えざるをえません。これだけ日本各地を掘っても出てこないわけですから。

おそらくこの時期、日本列島で消費される鉄資源の多くは、弁辰の鉄、すなわち伽耶の鉄に頼っていたと思われます。事実、五世紀には、図71にみられるように日本の古墳からは鉄鋌という鉄の延べ板がたくさん出てきます。これは日本の古墳だけでなく、同じ時期の朝鮮半島の古墳からも同じような鉄鋌が大量に出てきています。

朝鮮半島において鉄鋌が大量に出てきているのは、いずれも伽耶の地域と新羅の都の慶州付近です。その地域に圧倒的に多く、半島北部では今のところまったく見つかっていません。こうした朝鮮半島における分布状況からみて、鉄鋌は弁辰の鉄、すなわち伽耶の鉄であると考えるほかないわけです。鉄鋌の形で伽耶の鉄が日本に運ばれたのでしょう。

ただ最近では自然科学的な分析を踏まえた研究から、鉄鋌は鉄の素材とは考えにくい、これを加工して鉄器を作ることは不可能ではないが、あまり実用的な鉄製品にならないのではないかという説が提起されています。むしろこれは『魏志』弁辰伝に書いてあるように、貨幣的な役割を果たしていた可能性が非常に強いのではないかという考えです。

現に奈良市のウワナベ古墳の陪塚である大和六号墳から大量の鉄鋌が出ていますが、その鉄鋌には大型、中型、小型のものがあります。小さな鉄鋌を何枚かつなぎ合わせて中ぐらいの鉄鋌を作り、中型の鉄鋌を何枚か合わせて大型の鉄鋌ができ上がっています。小型、中型、大型と分かれているのは意味がある。貨幣といってしまうと間違いかもしれませんが、やはり貨幣的な性格を持ったものであることも疑いないと思われます。

実際に実用の鉄素材、すなわちインゴットとして持ってきたのか、あるいは貨幣的なものとして日本にもたらされたのかは、さらに研究が進まないと何ともいえない。しかしながら、弁辰の鉄、すなわち伽耶の鉄が五世紀の日本列島にもたらされていたことは間違いないわけですから、弥生時代においても同じように鉄資源は弁辰、すなわち朝鮮半島の東南部に頼っていたことは間違いないでしょう。

私が申上げたいことは、四世紀において倭国と朝鮮半島の間の交渉が途絶えていたなどということは決して考えられないということです。この段階では非常に重要な鉄資源を朝鮮半島東南部に頼っているわけですから、弥生時代以来、弁辰、すなわち朝鮮半島東南部と倭国との間には密接な交渉が続いていた。

そしておそらく、その交渉・交易ルートの支配権をめぐって北部九州の玄界灘沿岸地域とそれ以東の地域の間に争いがあった。その争い自体が、倭国連合という広域の政治連合を形成する契機になったのだと私は考えています。

ただし、三～四世紀の段階においては、倭国と直接的な交渉をもっていた朝鮮半島の地域は、ほぼ後の伽耶の地域に、基本的には限られていたのだと思います。ところが、四世紀の中葉以降になりますと、朝鮮半島では高句麗が南下し、新羅、百済を攻めます。当時の高句麗は強大でしたから、百済や新羅、あるいは伽耶諸国は、まさに国家存亡の危機を迎えることになります。

その危機に対して、新羅と百済では対応の仕方が違っていて、新羅はむしろ高句麗に接近する策をとります。それに対して百済は、おそらくそれまでほとんど交渉のなかった倭国と誼《よしみ》を結んで味方につけ、高句麗とあくまでも戦おうとするわけです。

百済が初めて倭国と誼を結ぼうとした際に交渉の仲介をしたのは、伽耶諸国の一国である卓淳国であったことが、百済関係史料にもとづいたと思われる『日本書紀』の記事の中にもはっきりと書かれています。伽耶が仲介をして、百済と倭国の交渉が始まるわけです。そのときに百済から倭国にもたらされたのが石上神宮の七枝刀（七支刀）にほかなりません。

強力な高句麗に対抗するために百済は、それまで伽耶と交渉をもっていた倭国を味方に引き入れようとして伽耶を通じて倭国と国交を開始し、提携する。倭国もきわめて重要な鉄資源を朝鮮半島南部に頼っていたわけですから、朝鮮半島の情勢には無関心ではいられません。そういう意味で利害が一致し、倭国も百済や伽耶諸国とともに高句麗と戦うことになります。

そのことは集安の「広開土王碑」の碑文にはっきり書かれているとおりであって、四世紀末に、倭が海を渡って朝鮮半島に軍隊を送り、高句麗と戦ったことは疑いのない事実です。しかし、海を渡って高句麗軍と戦うといっても、向こうは騎馬軍団ですから、歩兵だけではとうてい勝ち目はありません。そこで、おそらく百済と伽耶の援助を受けて、倭国は乗馬の風習を学び、馬具を作り、さらに馬を生産するために、列島の各地に大規模な牧を設置しました。急ごしらえではありますが、これは非常に大規模なプロジェクトであったと考えざるをえません。先ほど来の私の考えが大きく間違っていないとすれば、畿内の河内以外にも九州の日向、あるいは肥前、それから東日本の各地に大規模な牧をたくさん設置して、馬匹生産の技術を持った人びとをそこに定着させたのでしょう。そして、それはおそらく『延喜式』に書かれている牧の範囲を超えて、出羽の国にまで及んでいたのではないでしょうか。

四・五世紀に本格的な古墳が造られた地域は、太平洋沿岸では現在の宮城県中部の古川市（現、大崎市）ぐらいまで、出羽の地域では南陽市ぐらいまでです。すぐ北の山形市付近には前方後円墳はありませんが、南陽市には大きな前方後円墳である稲荷森古墳があります。ちょうどこの付近が、本格的な前方後円墳の分布地域の北限の地に当たっているわけです。

ですから、四世紀後半の段階の出羽では、南陽市付近までがヤマトの王権と密接な関係を持っていたことは、古墳のあり方から明らかだと思います。当時のヤマト王権、もちろんこの時期のヤマト王権が中央集権的な体制を作りあげていたなどとは考えられませんが、とにかくヤマトを中心とした首長連合の範囲がその地域まで及んでいたことは疑いありません。ということは、まさにヤマト政権は、その版図の北限の地付近にまで牧を設置していたことになります。おそらくそれは五世紀初頭から中葉にかけて行われた、しかも百済や伽耶諸国とも連携した国際的なプロジェクトであったのではないかと思います。

おわりに

日本の古墳から出てくる馬具のなかでいちばん古い段階の馬具の鐙は、図72の3の滋賀県の新開一号墳の木芯鉄板張の輪鐙のようなものです。これは木製で、要所々々に鉄板を張ったものです。それときわめてよく似た鐙が、釜山市の東萊福泉洞古墳群や金海の大成洞古墳群など伽耶地域からたくさん出てきています（図72）。この時期、初期の日本の馬具は伽耶製のものか、あるいは伽耶の援助を受け、日本で作られたものが多かったと考えられます。

馬具については、百済の影響も受けていると考えられないわけではありませんが、百済地域のこの時期の馬具の実態が明らかでなく、これは今後の課題です。いずれにしても伽耶、百済の強力な援助を受けて、倭国は騎馬文化を受容した。その一環として、百済の馬匹生産の技術を持った人たちが倭国に送り込まれ、南九州や東日本にも定着させられ、本格的な馬匹生産を行ったものと考えられます。

馬の犠牲土壙の分布状況から考えましても、五世紀段階における日本列島の馬匹生産は相当大規模なものであって、『延喜式』に記載されている牧の大部分は五世紀に遡る可能性が大きいと思います。馬の犠牲土壙がみつかっているわけではありませんが、現に合掌形石室が出羽の国にまで及んでいることからも、あるいは『延喜式』に記載されていない牧が日本列島の各地にさらに多く設置されていた可能性も考えられるのではないかと思います。

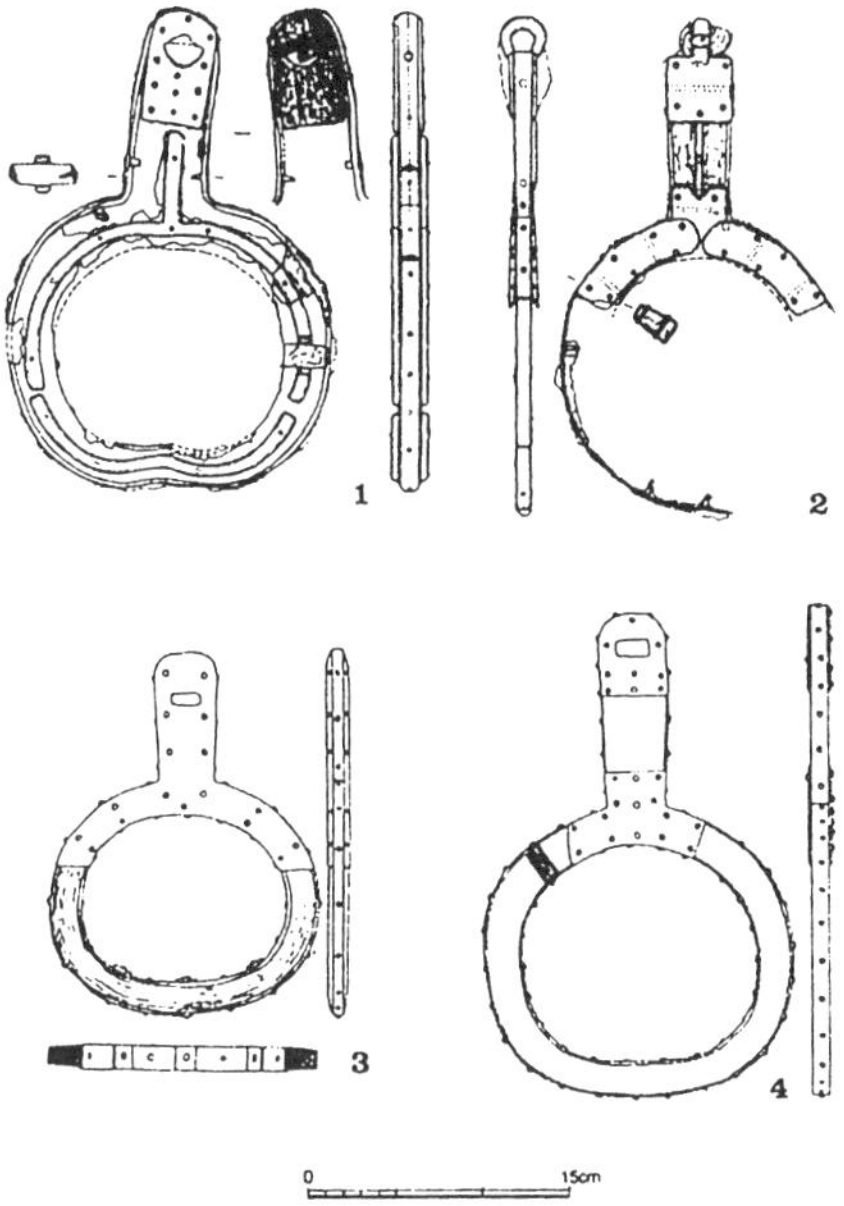

図72　日本列島の初期の鐙と伽耶の鐙
（1・2：伽耶福泉洞22号墳，3：滋賀県新開1号墳，4：大阪府七観古墳）

以上の話からお分かりいただけるように、私は江上先生の騎馬民族征服王朝説そのものは成立しないと思っております。しかし五世紀以降、馬を殺して犠牲にするといった騎馬文化にともなう習俗をもった人々が相当広範に日本列島の各地、特に東日本にまでやって来ていたことは確実だと考えています。日本古代には遊牧騎馬文化の要素はほとんどみられず、「騎馬民族はやって来なかった」という先入観をもって、日本列島における馬の文化の成立を考えるのはどうでしょうか。こうした先入観を排除して考えないと非常に大切なことを見落とし、また初期の騎馬文化受容の実態や日本列島の古代文化の多様性を見誤る恐れがあるのではないかと思っています。

〔追記〕

本稿（第Ⅲ部）は、一九九九年二月一四日、東京で開催された東アジアの古代文化を考える会の講演会での講演録に加筆したものである。

この講演は、親しくして頂いていた東アジアの古代文化を考える会幹事の弘中芳男さんからのご依頼によりお引き受けしたものである。一九九八年の八月はじめ、弘中さんからお手紙を頂戴したが、そこには歴史民俗博物館振興会から刊行した拙著『古墳の語る古代史』をご覧になり、特にその中の「それでも騎馬民族はやってきた」と題する小文に大いに関心をもたれたこと、早速江上波夫先生を訪ねて読んでお聞かせしたこと、是非とも東アジアの古代文化を考える会で話してほしい旨の希望などが書かれていた。ほかならない弘中さんからのご依頼であるので、喜んでお引き受けすることを電話し、その数日後、演題と講演の要旨をファックスでお送りした。ところが、その後何のご連絡もなく不思議に思っていたところ、九月三〇日にお亡くなりになっていたことを、後になって古代文化を考える会の『ニュース』で知った。その後あらためて、別の幹事の方からご連絡があり、翌年になって講演会が実現したものである。

弘中さんは、『古地図と邪馬台国―地理像論を考える―』（大和書房、一九八八年刊）の著書でも知られるように、東アジア史的な広い視野をもつ、すぐれた古代史家であった。「混一疆理歴代国都之図」に関する研究は永く研究史に残るものであろう。別にお仕事をもっておられたため、在野の研究者ということになるが、その研究は専門研究者としても充分通用するものであり、わたくしも多くを学ばせていただいた。

弘中さんとのお付き合いはここ一〇年ほどの短い間であったが、大人の風格をもつ、在野のすぐれた古代史研究者を失ったことは惜しんでも余りあるものというほかない。この小論をささげ、心からご冥福をお祈りしたい。

コラム

稲荷山鉄剣と江田船山大刀

埼玉県行田市埼玉《さきたま》古墳群の稲荷山《いなりやま》古墳から出土した稲荷山鉄剣（図73）には、その剣身部の両面に一一五文字の銘文が金象嵌で記されている。また熊本県和水町の江田船山《えたふなやま》古墳出土の江田船山大刀（図74）には、その棟《むね》の部分に七五文字の銘文が銀で象嵌されている。ともに五世紀後半に倭国で作られたもので、日本列島における文字の本格的な使用の始まりを示すものとしても、また同時期の文献史料がまだみられない五世紀の日本列島の歴史を考える上からもきわめて貴重な資料である。

それぞれの銘文　稲荷山鉄剣の銘文（二五二頁史料）は、それが辛亥年《しんがい》（四七一）に記されたことをしるすとともに、この剣を作らせたヲワケの祖先であるオホヒコからヲワケに至る八代の系譜を示し、さらにヲワケの一族が代々杖刀人の首として大王に仕えてきたこと、ワカタケル大王がシキの宮におられた時、天下をお治めになるのを自分がお助けしたこと、この練りに練ったすぐれた刀を作って自らとその一族が大王にお仕えしてきた由来を記すとしている。

一方、江田船山大刀の銘文（二五四頁史料）は、天下をお治めになったワカタケル大王の世に典曹《てんそう》人《じん》としてお仕えしたムリテが、八月中に大きい鉄釜を用いて四尺のこの刀を作ったこと、練りに練り、打ちに打ったすぐれた刀であり、この刀を佩く者は、長寿で、子孫が繁栄し、多くの恩を得ることができ、またその支配する土地と民を失わない。この刀を作ったのはイタワであり、銘文を書いたのは張安《ちょうあん》である、というものである。

両方の銘文にみられるワカタケル大王が、『古事記』『日本書紀』にみられるワカタケル大王、すなわち雄略天皇であり、『宋書』にみられる倭王武であることは疑いない。それは名前の一致からも、また辛亥年（四七一）が倭王武が宋に遣使した四七八年に近いことなどからも明らかである。

ヲワケ・ムリテは地方豪族か　研究者の間で大きく意見が分かれるのは、この銘をもつ鉄剣・鉄刀を作らせたヲワケやムリテを稲荷山古墳や江田船山古墳の被葬者、すなわち関東や九州の豪族とみるか、大王に近侍する畿内豪族とみるかという点である。地方豪族説を採ると、ヲワケやムリテは若き日に杖刀人、あるいは典曹人としてヤマトに上番して大王に仕えたことを記念してこの剣・刀を作っ

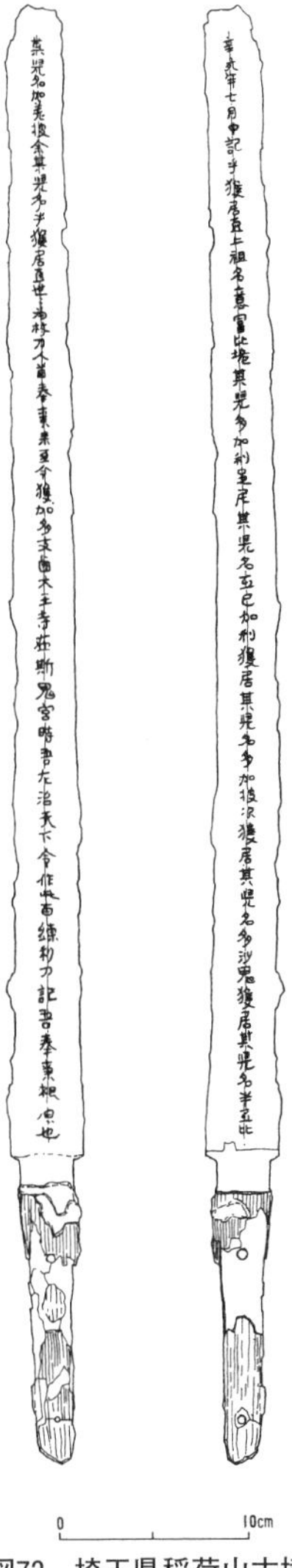

図73　埼玉県稲荷山古墳出土の稲荷山鉄剣

史料　稲荷山鉄剣銘文（岸俊男・田中稔・狩野久氏による）

〔釈　文〕

（表）

辛亥年七月中記乎獲居臣上祖名意富比垝其児（名脱カ）多加利足尼其児名弖已加利獲居其児名多加披次獲居其児名多沙鬼獲居其児名半弖比

（裏）

其児名加差披余其児名乎獲居臣世々為杖刀人首奉事来至今獲加多支鹵大王寺在斯鬼宮時吾左治天下令作此百練利刀記吾奉事根原也

〔読み下し文〕

辛亥の年七月中、記す。ヲワケの臣。上祖、名はオホヒコ。其の児、（名は）タカリのスクネ。其の児、名はテヨカリワケ。其の児、名はタカヒ（ハ）シワケ。其の児、名はタサキワケ。其の児、名はハテヒ。

其の児、名はカサヒ（ハ）ヨ。其の児、名はヲワケの臣。世々、杖刀人の首と為り、奉事し来り今に至る。ワカタケ（キ）ル（ロ）の大王の寺、シキの宮に在る時、吾、天下を左治し、此の百練の利刀を作らしめ、吾が奉事の根原を記す也。

たことになる。稲荷山鉄剣の銘文の語るところはそれが発見される以前に、舎人《とねり》の制度の前身を東国豪族の子弟がヤマトに上番して大王の宮を警護したものとしておられた故井上光貞氏の説と見事に整合する。一方中央豪族説を採ると、これら地方から上番する地方豪族やその子弟を中央で束ねた豪族が、その職掌上協力を求めなければならない地方の有力豪族ないしその一族に与えたものということになろう。

これらの有銘刀剣は、一義的には考古資料である。まず出土した古墳やその出土状況の考古学的検討が欠かせない。その点で興味深いのは、まず、稲荷山鉄剣が出土した礫槨が墳頂中央ではなくその縁辺にあり、稲荷山古墳の中心的埋葬施設ではなく、礫槨の遺物からも古墳の造営、すなわち墓主の埋葬から二〇～三〇年遅れて追葬された人物のための埋葬施設と想定されることである。またもう一

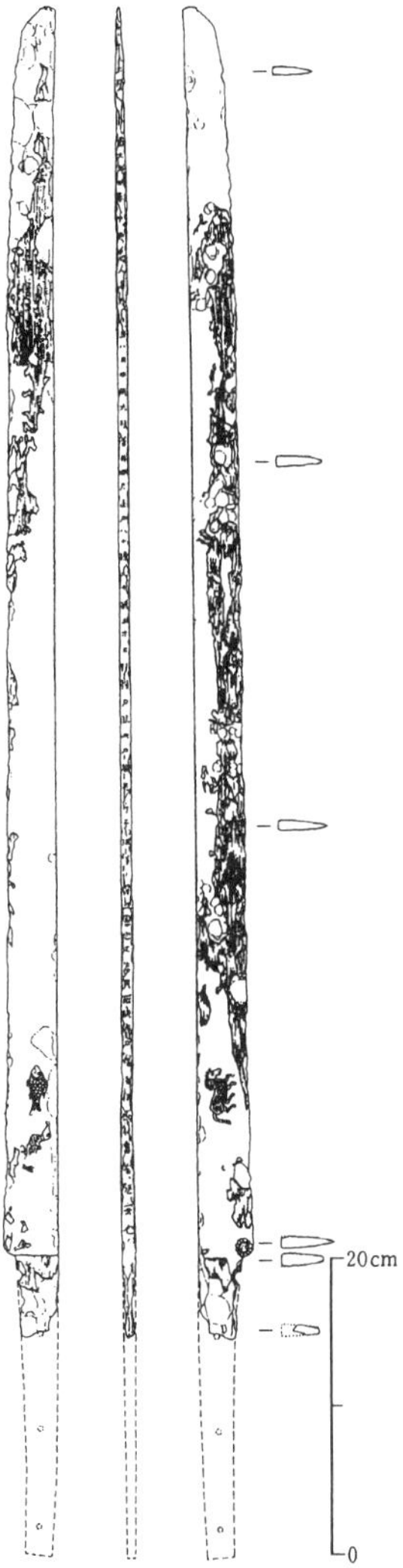

図74　熊本県和水町江田船山古墳出土江田船山大刀

史料　江田船山大刀銘文（東野治之氏による）

〔釈　文〕

台（治）天下獲□□□鹵大王世、奉事典曹人名无□（利カ）弖、八月中、用大鉄釜、并四尺廷刀、八十練、□（九カ）十振、三寸上好□（刊カ）刀、服此刀者、長寿、子孫洋々、得□恩也、不失其所統、作刀者名伊太□（和カ）、書者張安也

〔読み下し文〕

天の下治らしめしし獲□□□鹵大王の世、典曹に奉事せし人、名は无利弖、八月中、大鉄釜を用い、四尺の廷刀を并わす。八十たび練り、九十たび振《う》つ。三寸上好の刊刀なり。此の刀を服する者は、長寿にして子孫洋々、□恩を得る也。其の統ぶる所を失わず。刀を作る者、名は伊太和、書する者は張安也。

方の江田船山大刀もその大刀の様式がやや新しいところから、複数の人物の合葬が考えられる江田船山古墳の横口式石棺の最初の被葬者ではなく、二〇〜三〇年遅れて追葬された二人目の被葬者の持ち物と想定されることである。このことは、稲荷山鉄剣と江田船山大刀のいずれもが武蔵や肥後の有力豪族の族長その人の持ち物ではなく、その子弟の持ち物であったことを示唆する。これは、ヲワケ・ムリテ地方豪族説に不利な材料であろう。

江田船山古墳からは、百済系の見事な金銅製竜文透彫冠帽などが出土しており、その被葬者は百済をはじめ朝鮮半島諸国との外交に活躍した肥後の豪族であったことが知られる。一方、江田船山大刀を作らせたムリテは、典曹人、すなわち曹（役所）を統べる人、大王の宮を統轄する大物豪族であったことが想定できる。例えば大伴氏のような有力豪族の族長が、その氏の仕事である外交を進める上でどうしても協力を得なければならなかった、朝鮮半島との外交に長けた九州の地方豪族に、こうした刀を与えることは十分考えられよう。

畿内豪族と地方豪族

五世紀後半から六世紀にかけて、有明海沿岸各地の豪族たちが日本列島各地との海運や朝鮮半島との交易・外交に活躍した。このことは、この地域の石棺や横穴式石室などが日本列島各地にもたらされていること、横穴式石室の発達や装飾古墳の創出など、この地域の古墳がきわめて先進的であることなどから疑いない。中央で外交を担当する豪族も、彼らの協力なしには、その氏の仕事をまっとうすることはできなかったのである。

これは中央で軍事を担当していた、例えば阿倍氏のような豪族の場合も同様であろう。北武蔵には、阿倍氏の支配する部民である丈部《はせつかべ》を管理する丈部直《はせつかべのあたい》氏がみられるが、阿倍氏のような中央の軍事的雄族も、その仕事を人的・経済的にささえる関東の大豪族の協力が不可欠であったことはいうまでもなかろう。私は、ヲワケは例えば阿倍氏のような中央で軍事を担当した畿内豪族の族長であり、ムリテは例えば大伴氏のような中央で外交を担当した豪族の族長であろうと考えている。

彼ら畿内の有力豪族がその氏の仕事をまっとうするためには、職掌関係を通じて強く結ばれている地方の豪族との関係を安定的に保つことがどうしても必要であった。そのためにこれらの有銘刀剣を作り、与えたのであろう。またこうした特定の職掌関係で結ばれた中央と地方の豪族の間には、祖先を同じくするという擬制的な同族関係が設定されていた可能性も大きく、オホヒコに始まる系譜をうたいあげた稲荷山鉄剣の銘文は、武蔵の豪族にとっても大切なものであったのであろう。

ヲワケ・ムリテ地方豪族説を採ったとしても、これらの有銘刀剣が、五世紀後半の畿内と東国や九州との関係を具体的に物語る貴重な資料であることに変わりはない。

下総・龍角寺古墳群と印波国造

千葉県栄町の龍角寺古墳群には、岩屋古墳と呼ばれる一辺が八〇ｍもある、古墳時代終末期の七世紀のものとしては畿内の大王墓をも凌駕する巨大な方墳がある。また古墳群の北に接して関東地方ではきわめて古い時期に造営されたことの明らかな白鳳寺院である龍角寺が営まれている（図75）。このため岩屋古墳の被葬者や龍角寺の造営氏族については、多くの人びとが大きな関心を寄せてきた。またこの地が印波国造《いんばのくにのみやつこ》の支配領域に含まれると想定されることから、龍角寺古墳群と印波国造の関係は、国造制と地域の古墳群のあり方を考古資料と文献史料の両面からとらえることのできる貴重なフィールドとして、数多くの研究者がこれをとり上げている。

関東地方各地の終末期の大型方墳や大型円墳の分布のあり方は、『国造本紀』などにみられる国造の、想定される支配領域にほぼ対応する。このことからわたくしは、七世紀初頭の関東地方における前方後円墳の造営停止とそれに替わる大型方墳や大型円墳の出現が、東国における国造制の成立に対応する可能性が大きいことを指摘したことがある。したがってこの地域で群を抜く大型方墳である龍角寺岩屋古墳もまた、印波国造に任じられた在地首長の墓であることは疑いないと考えてきた。

この印波国造の後裔と考えられる印波の郡領氏族については、天平一〇（七三八）年の『駿河国正税帳』にみえる「印波郡采女丈部直広成」や『続日本紀』天応元（七八一）年正月条にみえる「印旛郡大領外正六位上丈部直牛養」の名前などから、丈部直《はせつかべのあたい》氏《し》であることが知られている。したがってその前身である印波国造もまたこの丈部直であろうと考えられてきた。ただ龍角寺古墳群自体は印波郡内ではなくその北方の埴生郡《はにゆうぐん》に所在すること、また印波郡が一一郷からなる大きな郡であったのにたいし、埴生郡はわずか四郷からなる小郡にすぎないことが問題を残していた。この点については、埴生郡の龍角寺古墳群を残した勢力と、印波郡に属する千葉県成田市公津原《こうづはら》古墳群を残した勢力が交互に印波国造の地位についたとする説や、龍角寺古墳群は印波国造とは別個の、例えば中央の蘇我氏と密接な関係をもつ勢力によって営まれたとする解釈などが提起されていた。

ところが、一九八九年に平城京左京の二条大路の北側側溝から出土した大量の木簡のなかに「左兵衛下総国埴生郡大生直野上養布十段」と書かれた付札木簡があることが明らかになった。兵衛《ひょうえ》は郡司の子弟が任じられるものであることからも、下総の埴生郡司が大生直《おおみぶのあたい》であることが知られるのである。この木簡を手がかりに埴生郡の郡領氏族や印波国造の問題を詳細に検討された川尻秋生氏は、この埴生郡司の大生直、すなわち大生部直《おおみぶべのあたい》こそが大化前代の印波国造にほかならないことを論じておられる。さらにこの国造が隣接する郡名の印波国造を名乗るのは、本来の印波国造は公津原古墳群を残した印波の地の氏族であったが、のちに急速に勢力を拡大した埴生の豪族大生部直がこれに取って替わったためではないかとしておられる（「大生部直と印波国造―古代東国史研究の一試論―」『千葉県立中央博物館研究報告―人文科学―』第七巻第一号、二〇〇一年）。

考古学的にみても、龍角寺古墳群に大型古墳が営まれるようになるのは古墳群最後の前方後円墳で、七世紀初めの浅間山古墳からであり、六世紀の段階では公津原古墳群の方が優勢であったのが七世紀に入ってその関係が逆転することは確かである。この点からも川尻氏の主張は基本的には認められよう。ただわたくしは、先にもふれたように関東地方での前方後円墳の造営停止とそれに替わる大型方墳や大型円墳の出現

図75　千葉県栄町龍角寺古墳群と龍角寺

こそが、東国における国造制の成立に対応するものと考えている。七世紀でも早い段階に位置付けられる龍角寺岩屋古墳の被葬者こそ、記憶されるべき最初の印波国造であったと考えるのである。

龍角寺岩屋古墳が日本列島最大の終末期の方墳であるのにたいし、この時期最大の円墳は栃木県壬生町壬生車塚古墳（径八〇ｍ）である。この大円墳は、おそらく下毛野国造の墓と思われるが、それがまさに壬生の地に所在することもきわめて示唆的である。龍角寺岩屋古墳、さらに壬生車塚古墳のような東国の巨大な終末期古墳を造営する勢力には、ミブ部の背後にあるヤマトの王権が何らかの関わりをもっていたであろうことは、川尻氏の指摘されるとおりであろう。

「大生直」木簡の出現と川尻氏のすぐれた考察によって、印波国造と龍角寺古墳群に関する研究が、新しい段階に進んだことは確かである。ただ、東国における国造制の成立時期の問題とも絡んで、残された問題もまた少なくない。わたくしも、考古学の立場からさらに検討を深めたいと考えている。

武蔵の上円下方墳

二〇〇三年末、東京都府中市にある熊野神社古墳が上円下方墳であることが発掘調査によって確認された。この調査は府中市教育委員会が実施していたもので、私も調査を見学することができた。二段からなる方形の基壇の上に円形の墳丘を載せたみごとな上円下方墳であることが、よく残った葺石などから一目瞭然で、大いに興奮した。方形の基底部の一辺は三二m、円形の第三段は直径が一八mで全体の高さが約五mある。埋葬施設の横穴式石室は未調査であるが、その羨道の前方から前庭部分が以前から露呈していて、墳丘南側の一辺の中央に開口する比較的大規模な石室であることが知られる（図76）。

私がこの古墳の調査を見学していささか興奮したのには理由がある。それはこの上円下方墳という古墳の墳形がきわめてめずらしいものであるからである。ご承知の方も多いと思うが、近代の明治・大正・昭和三代の天皇の御陵は上円下方形に造られている。それは明治陵の造営に際してモデルとしたと思われる京都市山科にある天智天皇の御陵、すなわち御廟野《ごびょうの》古墳が、その段階では上円下方墳と認識されていたからである。ところが戦後の研究の進展による再検討の結果、この御廟野古墳は舒明天皇陵となっている奈良県桜井市の段ノ塚古墳などとともに、じつは上円下方墳などではなく、方形壇の上に八角形の墳丘を載せた八角墳にほかならないことが知られるようになった。

現在、明らかに上円下方墳と考えられる古墳は、この熊野神社古墳以外では奈良市石のカラト古墳（下段一辺約一四m）、静岡県沼津市清水柳北1号墳（同一二m）、埼玉県川越市山王塚古墳（同六三m）、同熊谷市宮塚古墳（同二〇m）の四例にすぎない。このうち石のカラト古墳は高松塚古墳と同形式の横口式石槨をもつ古墳で八世紀初頭、清水柳北1号墳も火葬墓である可能性が大きくやはり八世紀に下る時期のものと想定されている。埼玉県の二例については、調査が行われていないのでその実態は不明であるが、やはり古墳時代でも新しい時期の古墳と考えられている。

熊野神社古墳が上円下方墳であることが確実となったので、このきわめて特異な形態の古墳が、わずか三基とはいえ武蔵に集中することが注目されることになった。熊野神社古墳例は石室が未調査で、まだその正確な造営時期は明らかにされていない。ただ比較的大きな横穴式石室をもつところから、七世紀でも末葉まで下るものではなかろう。他の二基もこれに近い時期と考えてよければ、七世紀の武蔵では比較的大規模な上円下方墳がいくつ

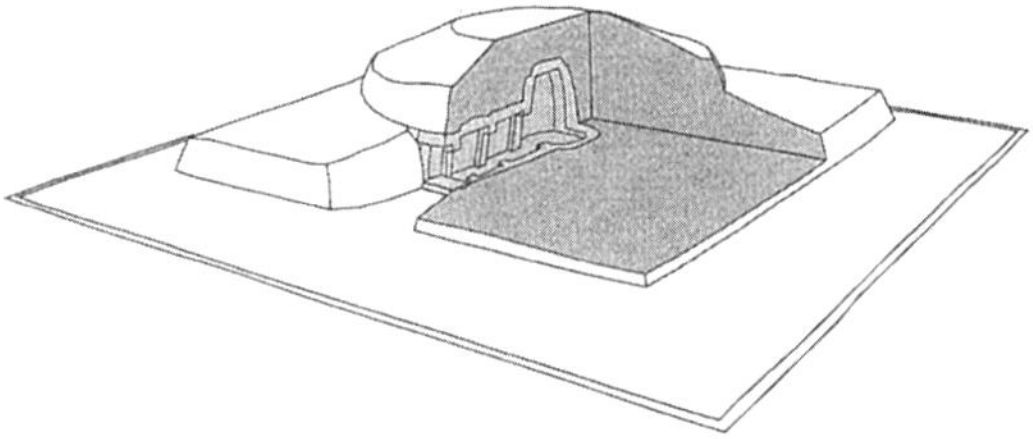

図76　東京都府中市熊野神社古墳

か営まれていたことになる。

六世紀前後の武蔵では、埼玉県行田市埼玉《さきたま》古墳群など大型古墳は武蔵北部に集中し、この地に有力な在地勢力が存在したことが知られている。ところが七世紀末ないし八世紀初頭に設置された武蔵の国府は、北武蔵ではなく南武蔵の多摩川中流域の府中の地にある。国府設置の少し前に営まれたと想定される府中の熊野神社古墳は、なぜこの地に国府が置かれるようになったのかを考える上にも一つの示唆を与えてくれよう。

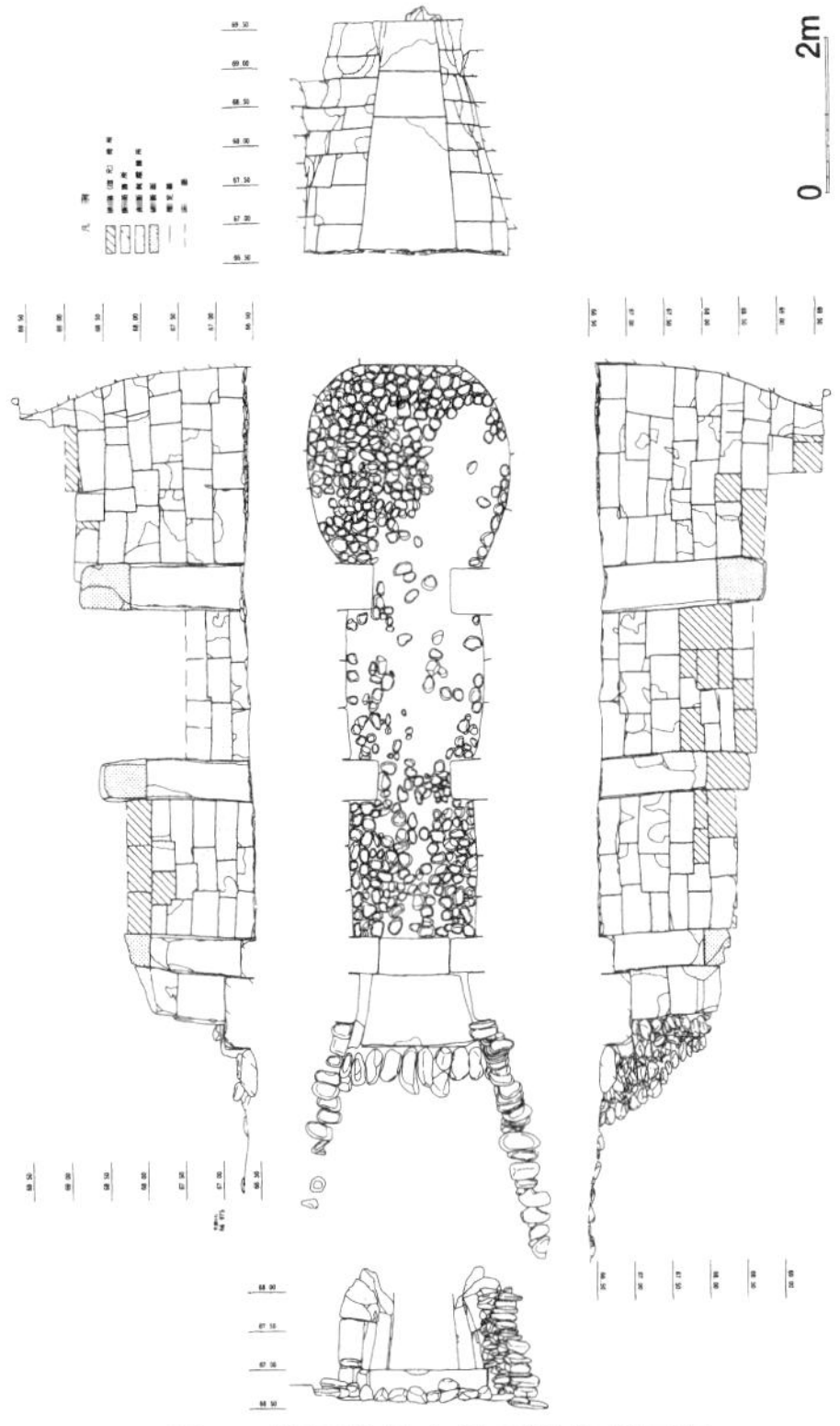

図77　熊野神社古墳の横穴式石室

大規模な上円下方墳である山王塚古墳のある川越と府中は、南北二十数㎞しか離れていない。また川越のすぐ西の日高市付近は、霊亀二（七一六）年に高句麗系の渡来人たちを各地から集めて高麗《こま》郡が置かれたところである。すでに指摘されているように、この地に高句麗系の渡来人が集められたのは、すでにそれ以前からこの付近に渡来人たちが定着していたためであろう。また八世紀後半には、この地の豪族高麗福信《こまのふくしん》が都で従三位という高い地位にのぼり、九世紀には前男衾郡大領《おぶすまぐんたいりょう》でやはり渡来系の壬生吉志《みぶのきし》福正が武蔵国分寺の七重塔を寄進したことはよく知られている。

武蔵の上円下方墳が、武蔵でも西よりの丘陵地帯で大きな力を蓄えていた渡来系の人びとと結びつく可能性は少なくないと思われる。武蔵国府の設置にも、こうした渡来系の勢力が一定の役割を果したのではなかろうか。熊野神社古墳の今後の調査が楽しみである。

〔追記〕

熊野神社古墳については、その後二〇〇四年に内部の石室の発掘調査が実施され、砂岩の切石を用いた三室構造の横穴式石室が確認された（図77）。三室のうち最も奥の玄室は、胴張り形を呈する武蔵地方に特徴的な形態のものである。石室内からは鉄地に銀象嵌で七曜文などを施した唐様式の鞘尻金具などが出土している。鞘尻金具は形態的には新しい様式のものであるが、銀象嵌で文様を表現する六世紀以来の手法を用いた特異なものである。まさに古墳時代と奈良時代の過渡期の様相を示しており、本文中で想定した古墳の年代観と矛盾しない。調査の結果については、府中市教育委員会・府中市遺跡調査会編『上円下方墳　武蔵府中熊野神社古墳調査概報』学生社、二〇〇五年を参照されたい。

あとがき

関東地方をはじめとする東日本の古墳は、近畿など西日本の古墳と共通する要素をもつ一方で、強い独自色と特有のあり方を示している。古墳時代前期前半に営まれる大型の古墳が基本的にはすべて前方後方墳であったこと、後期になると各地で前方後円墳の規模と数が縮小するなかで、関東ではこの時期に数多くの大規模な前方後円墳が営まれること、さらに終末期には畿内の大王墓をも凌駕する巨大な方墳や円墳が造営されることなど、その一例である。これら東国の古墳のあり方が、古代日本における東国の特質、ないし畿内の王権と東国の特異な関係を反映していることは疑いなかろう。

本書は、前著『近畿の古墳と古代史』に続いて、関東や東海地方など東日本の古墳や古墳時代について論じた拙稿を集めたものである。関東の古墳を取り上げた第Ⅱ部や東国の牧について論じた第Ⅲ部は、すべて筆者が千葉県佐倉市にある国立歴史民俗博物館（歴博）に勤務していた間に書いたものである。一方、東海の古墳を取り上げた第Ⅰ部については、歴博の定年退職後関西に戻ってから執筆したものも含まれている。ただし、その骨格となる基本的な考え方はすべて歴博時代に形成されたものであるから、いずれの論考も筆者の関東での研究成果を示すものといって差し支えなかろう。

序章にも書いたが、学生時代以来関西で古墳の勉強をしてきた筆者にとって、関東の古墳のあり方には驚かされるところが少なくなかった。関西の古墳だけをみていたのでは分からない多くの事実を教えられ、日本の古墳そのものを考える上に貴重なヒントをえることができた。筆者の現在の古墳観ないし古墳時代観は、若き日に関西の古墳から学んだものと、その後関東の古墳から学んだもの、さらに両者の比較によって初めて気付くことができたものの集積にほかならない。

思えば三〇年前歴博に移った際には、はたして関東の地で研究が続けられるかどうか、少なくない不安を覚えたのも事実である。この時、大塚初重先生、岩崎卓也先生をはじめ、多くの関東在住の古墳・古墳時代研究者の皆さんが、関西からきた私を暖かく迎え入れて下さった。また井上光貞先生、吉田孝さん、吉村武彦さん、鈴木靖民さんをはじめ文献による古代史の研究者の方々からも多くを教えられた。東アジア古代史がご専門で日本の古墳にも大きな関心をもっておられた西嶋定生先生から教えられたものも少なくない。さらに歴博の同僚諸氏から受けた厚情も忘れがたい。これら数多くの方々のお陰で何とか研究を続けることができたことを、心から感謝している。

関東の地で古墳やその時代を学ぶ機会を与えられたことは、本当に幸いであった。ただこの折角与えられたチャンスを十分に生かすことができたかどうかは、はなはだ心もとない。今あらためて本書の校正刷りを読み返してみても、考察の不十分なところや、相矛盾するところも少なくなく、忸怩《じくじ》たるものがある。これについては自らの非才を恥じるほかないが、ただそれぞれ執筆の時点では、自分なりに努力したものである。小著が、古代の東国、さらに広く日本の古墳や古代史に関心をもたれる方々に、何らかのかたちでお役に立てば望外の幸せである。

前著に引き続き、今回も学生社のお世話になった。社長鶴岡一郎さん、編集部の児玉有平さんに心から感謝申し上げる。

二〇〇七年八月

白石太一郎

〔初出一覧〕

序　東国の古墳に学ぶ　新稿

第Ⅰ部　東海の古墳を考える

一　東日本における政治的世界の形成と濃尾平野―『愛知県史のしおり』資料編三　愛知県史編さん室　二〇〇〇年三月

二　尾張・東之宮古墳と東国古代史―『史跡東之宮古墳調査報告書』犬山市教育委員会　二〇〇五年三月

三　美濃・昼飯大塚古墳の語るもの―『昼飯大塚古墳の登場とその背景を探る』第二回大垣歴史フォーラム　大垣市教育委員会　二〇〇一年一二月

四　伊勢・宝塚一号墳出現の意味するもの―『宝塚古墳の発掘調査成果と展望』第五回松阪はにわシンポジウム　松阪市教育委員会　二〇〇五年二月

第Ⅱ部　関東の古墳を考える

一　古墳からみた上毛野とヤマト王権―（財）群馬県埋蔵文化財調査事業団創立二〇周年記念公開考古学講座レジュメ　一九九九年二月

二　相模・長柄・桜山一・二号墳―『かながわの出現期古墳を探る』公開セミナー発表要旨　（財）かながわ考古学財団　二〇〇〇年一〇月

三　上総・金鈴塚古墳が語るもの―『企画展「甦る金鈴塚」記念講演会記録』木更津市金鈴塚遺物保存館　一九九三年三月

四　上総・駄ノ塚古墳―『季刊考古学』第六八号　雄山閣出版　一九九九年八月

五　下総・龍角寺岩屋古墳の造営年代―『千葉県史研究』第九号　二〇〇一年三月

六　下毛野の終末期大型円墳―『栃木県考古学会誌』第二四集　二〇〇三年六月

第Ⅲ部　古代東国の牧と馬の文化

一　東国における牧の出現―『東アジアの古代文化』一〇三号　大和書房　二〇〇〇年五月

二　馬匹文化受容の背景―『東アジアの古代文化』一〇四号　大和書房　二〇〇〇年八月

コラム

稲荷山鉄剣と江田船山大刀―『倭国誕生と大王の時代』週刊朝日百科「日本の歴史」三八　朝日新聞社　二〇〇三年二月

下総・龍角寺古墳群と印波国造―『千葉史学』第四〇号　千葉歴史学会　二〇〇二年五月

武蔵の上円下方墳―『ちくま』第三九六号　筑摩書房　二〇〇四年三月

『東国の古墳と古代史』を読む

若狭　徹

本書の著者である白石太一郎氏は、一九六〇年代以降、日本の古墳時代研究を牽引してきた考古学者である。筆者はかねてより特段のご指導をいただいており、ここでは以下、先生と呼ばせていただきたい。

同志社大学大学院で考古学を修めた先生は、二〇歳代後半で群集墳や横穴式石室に関する論文を矢継ぎ早に発表するとともに、同志社大学に依頼された福井県若狭地方の後期古墳と製塩遺跡の調査の成果を堅実な報告書としてまとめている（『若狭大飯』石部正志らと共著）。

こうした刮目すべき業績を背景として、先生は一九七〇年に奈良県立橿原考古学研究所（橿考研）の所員に採用された。橿考研は言うまでもなく、わが国の考古学研究を牽引する代表的機関の一つであるが、同年に初めて専任職員を配置している。

先生は、『馬見丘陵における古墳の調査』『葛城・石光山古墳群』等の発掘調査報告書を相次いで編纂し、橿考研専任所員の第一世代として、組織のステイタスの確立に尽力された。また、この時期には「畿内における大型古墳群の消長」「大型古墳と群集墳」「ことどわたし考」などの記念碑的な論文を執筆している。大王墓を中心とした畿内大型前方後円墳の時間的変遷と画期を明確にすることで、わが国の古墳時代研究の基盤を整備するとともに、記紀などを用いた文献史学と考古学的成果の融合的研究を実践されたのである。

四〇歳を迎えた一九七八年には、そうした研究の奥行と先進性とが評価され、日本古代史の井上光貞氏の求めに応じて文化庁に移籍し、千葉県佐倉市に開設される国立歴史民俗博物館（歴博）の準備室に着任された（一九八四年に教授に就任）。

一九八三年に開館した歴博は、文献史学・考古学・民俗学・分析科学の協働を実現した最新の研究・展示・教育機関であった。先生が担当した古墳時代のコーナーでは、奈良県箸墓古墳の巨大模型がひときわ印象的であった。古墳を中軸線で二分割し、半分を築造当時の葺石張りの姿に、半分を現在の樹林とした模型が圧倒的な存在感で迫り、古墳の本来的な姿を印象づけるディスプレーとして見学者を魅了した。思い切った大型模型と、多数のレプリカを配した展示は、列品・陳列とは異なる「歴史叙述」を目指した展示スタイルであり、ここに白石先生の古墳時代観がいかんなく具現化されたのである。

それから三〇年を経て、歴博第1室（原始古代）のリニューアルが計画され、筆者も外部委員としてこれに参画した（二〇一九年に開室）。一新した第1室は近年の動向を踏まえ、東アジアとの関係を重視した展示を実現した。しかし筆者が担当した部分に限っては、白石先生の展示を越えられたと胸を張ることは到底できない。それほど当初の展示は、古びることのない普遍的内容を有していたと言うことができよう。

さて関東に転じた際、古墳研究の本場である畿内を離れ、東日本に拠点を置いた先生の心情の不安は想像に余りある。しかし、この東国の地で展開された研究が、先生のその後の幅広い古墳時代観を形成したことは言うまでもない。当時の古墳研究は畿内主導で進められ、筆者が大学で学んだ頃（一九八〇年代）には「東日本の古墳文化は後進的だ」という認識が明らかに存在したように思う。そうしたなかで、白石先生は東国古墳文化のオリジナリティとアイデンティティを見出す研究を推進された。

この頃、先生が書かれた関東の古墳文化に関する論文で特に重要だと私が思うのは、①「群馬県お富士山古墳所在の長持形石棺」（一九八四年、杉山晋作・車崎正彦と共著）、②「常陸の後期・終末期古墳と風土記建評記事」（一九九一年）、③「関東の後期大型前方後円墳」（一九九二年）、④「千葉県成東町駄ノ塚古墳発掘調査報告」（一九九六年）である。いずれも歴博の研究報告に発表されたものである。

①では、上毛野（群馬県地域）の中期古墳に採用された長持形石棺が、畿内のものと遜色なく、工人の派遣すら推定させるものであると考察した。そのうえで、同石棺の採用が大王や畿内最有力勢力

にほぼ限定されることから、上毛野の豪族は倭王権の同盟者の一員であったと評価している。王権の服属対象とみられてきた東国社会が、倭の政治同盟の一翼であったとする評価はじつに画期的なものであった。②は『常陸国風土記』の記載と茨城県地域の後期有力古墳の分布を比較し、考古学と古代史料の対照を試みた論考である。常陸は国造が複数併存した「小国造国」であったが、孝徳朝の政治改革で「評」を立てる際に、国造国を分割して立評したことが風土記の記事から見て取れる。新設された評と、前代の後期大型前方後円墳の分布が類似することから、立評は在地勢力の実態に即して行われたとの解釈を提示された。大化の改新の主要施策であった国造制から評制への転換を、考古学から鮮やかに照射した論考といえる。

王権との連合の証であった前方後円墳は、六世紀になると西日本では築造数が減少し、大王墓を除いて小型化を辿る。その中で、ひとり関東のみが大型前方後円墳を多数造営し、同時期の列島における大型墳の大多数を占める実態を提示したのが③の論文である。関東の独自性を描き出すとともに、その被葬者の多くを「名代・子代の部の管掌者」と性格づけた。王権の軍事・経済的基盤として重視され、大王家や中央氏族と複雑に結びついた関東の豪族の実像を前方後円墳多出現象から見事に解釈した論考であり、筆者はこれを読んで強い感銘を受けたことを記憶している。④は上総の駄ノ塚古墳の発掘調査を通じて、関東の前方後円墳の終焉を七世紀初頭に位置づけるとともに、その時期に関東各地の多数の前方後円墳系列が、ごく限られた大型方墳・大型円墳の系列に整理されることを示した。

そしてこの時こそ、王権による一元的支配システムとしての「国造制」が成立したと論じられた。

このように歴博時代の白石先生は、東国豪族が王権の重要メンバーであり、また王権の経済的・人的基盤として重視された側面を明らかにするとともに、畿内とは必ずしも同一歩調をとらない東国の独自性を描き出した。加えて文献史料との結合を図ることで、等閑視されてきた東国古墳時代社会の政治性を、日本史の中に位置づける営みを展開されたのである。

二〇〇四年、先生は歴博を定年退官し、関西に戻られた。奈良大学教授、大阪府立近つ飛鳥博物館館長を歴任されながら驚くべき質と量の論述を重ねられ、今日に至るまで日本古墳文化研究の総合化に寄与されている。

先生の学術論文集は、これまで塙書房や青木書店などから発刊され、上記した論文はこれらに再録されている。しかしながら、論文集という性格上、難易度や価格面から一般読者が手に取りやすいものとは言えなかった。そんななか、二〇〇七年に学生社から『東国の古墳と古代史』が発刊された。こちらには市民向け講演会要旨、フォーラムの原稿、啓発書に書かれたエッセイなどが多く収録され、オムニバス形式の分かりやすい内容から、古代史ファンに好評を博した。ところが版元の事情により、その後絶版となってしまったのである。その良書が、このたび吉川弘文館の「読みなおす日本史」シリーズの一冊として再刊されることは実に意義深く、また、その巻末にこの一文を献呈できることはこのうえない喜びである。

本書の第Ⅰ部は、「東海の古墳を考える」として、尾張・美濃・伊勢の主要な前・中期古墳を取り上げる。古墳時代初頭、ヤマト地域を中核とし、前方後円墳をシンボルとした政治連合が成立したが、これに対峙して、東方には前方後方墳の世界が広がっていた。それが『魏志倭人伝』に書かれた邪馬台国と狗奴国の対立に関係していること、前方後方墳を共有した狗奴国連合の核が、濃尾平野に存在したことなどが主張される。さらには尾張の東之宮古墳の検討を通じて、最終的にその二ブロックの統合によって倭王権が確固となったことが構想されている。

また、美濃の昼飯大塚古墳、伊勢の宝塚一号墳の考察を通じて、古墳前期後半に東アジア世界との交流や緊張関係が高まり、倭王権内部の政治変動ならびに外交力の強化にともなって、東海地方とそれ以東の国々を結ぶ水陸のみち（東海道・東山道）が確立したことを論じている。

第Ⅱ部の「関東の古墳を考える」では、上毛野の太田天神山古墳、相模の長柄・桜山古墳群、上総の金鈴塚古墳・駄ノ塚古墳、下総の龍角寺岩屋古墳、下毛野の壬生車塚古墳などを媒介にして、上述した「関東古墳文化の特質」が余すことなく、縦横に語られる。一九九九年に三浦半島で、相模最大の前方後円墳である長柄・桜山一・二号墳が発見されたが、この古墳の地理的位置を踏まえて、畿内・東海を結び、東京湾対岸の上総へとつながる海上ルートを想定し、倭王権による東国との関係形成の強化を指摘したことも重要である。

第Ⅲ部「古代東国の牧と馬の文化」は、古墳時代の馬文化を重視し、その生産開始にあたり東国が果たした役割を多角的に論じる。歴博が所在する下総は、近世に大規模な牧が置かれていた地域であった。そこで、近世牧の自由放牧を主軸とした生産システムを整理するとともに、古代の『延喜式』厩牧令を検討しながら古墳時代の馬生産に踏み込んでいく。犠牲馬の埋葬土壙・各種渡来文物の分布から、渡来人技術者を招致した生産体制の構築が指摘され、なかでも古代馬の産地として知られた信濃伊那谷に存在する横穴式石室を持つ多数の前方後円墳の出現を、馬生産技術の扶植とそれに伴う在地勢力の成長に求めた。今日、古墳時代の馬文化の研究が盛んであるが、ここにみる先生の一連の考察は、そのムーブメントの嚆矢であると評価できる。

先生の論調は、専門論文では禁欲的であった。しかし、歴史ファンを前にした講演会や啓発書においては、実証的でありながらも大胆に、かつ雄弁に語られている。それが本書の最大の魅力である。本書を通じて、古墳時代東国の生き生きとした実像、そして日本史上における意義を、皆さんとともに存分に堪能したい。

（明治大学文学部教授）

本書の原本は、二〇〇七年に学生社より刊行されました。

著者略歴
一九三八年　大阪府に生まれる
一九六八年　同志社大学大学院博士課程単位取得退学
国立歴史民俗博物館教授、総合研究大学院大学教授、奈良大学教授、大阪府立近つ飛鳥博物館館長などを歴任
現　在　国立歴史民俗博物館・総合研究大学院大学名誉教授

〔主要著書〕
『古墳と古墳群の研究』（塙書房、二〇〇〇年）、『倭国誕生』（日本の時代史1、編著、吉川弘文館、二〇〇二年）、『考古学からみた倭国』（青木書店、二〇〇九年）、『古墳からみた倭国の形成と展開』（敬文舎、二〇一三年）

読みなおす日本史

東国の古墳と古代史

二〇二二年（令和四）十月一日　第一刷発行

著　者　白《しら》石《いし》太《た》一《いち》郎《ろう》
発行者　吉川道郎
発行所　株式会社 吉川弘文館
郵便番号一一三—〇〇三三
東京都文京区本郷七丁目二番八号
電話〇三—三八一三—九一五一〈代表〉
振替口座〇〇一〇〇—五—二四四
http://www.yoshikawa-k.co.jp/
組版＝株式会社キャップス
印刷＝藤原印刷株式会社
製本＝ナショナル製本協同組合
装幀＝渡邊雄哉

ISBN978-4-642-07515-2

刊行のことば

現代社会では、膨大な数の新刊図書が日々書店に並んでいます。昨今の電子書籍を含めますと、一人の読者が書名すら目にすることができないほどとなっています。ましてや、数年以前に刊行された本は書店の店頭に並ぶことも少なく、良書でありながらめぐり会うことのできない例は、日常的なことになっています。

人文書、とりわけ小社が専門とする歴史書におきましても、広く学界共通の財産として参照されるべきものとなっているにもかかわらず、その多くが現在では市場に出回らず入手、講読に時間と手間がかかるようになってしまっています。歴史の面白さを伝える図書を、読者の手元に届けることができないことは、歴史書出版の一翼を担う小社としても遺憾とするところです。

そこで、良書の発掘を通して、読者と図書をめぐる豊かな関係に寄与すべく、シリーズ「読みなおす日本史」を刊行いたします。本シリーズは、既刊の日本史関係書のなかから、研究の進展に今も寄与し続けているとともに、現在も広く読者に訴える力を有している良書を精選し順次定期的に刊行するものです。これらの知の文化遺産が、ゆるぎない視点からことの本質を説き続ける、確かな水先案内として迎えられることを切に願ってやみません。

二〇一二年四月

吉川弘文館

読みなおす日本史

読みなおす
日本史

時計の社会史 角山 榮著 二二〇〇円
漢 方 中国医学の精華 石原 明著 二二〇〇円
墓と葬送の社会史 森 謙二著 二四〇〇円
悪 党 小泉宜右著 二二〇〇円
戦国武将と茶の湯 米原正義著 二二〇〇円
大佛勧進ものがたり 平岡定海著 二二〇〇円
大地震 古記録に学ぶ 宇佐美龍夫著 二二〇〇円
姓氏・家紋・花押 荻野三七彦著 二四〇〇円
安芸毛利一族 河合正治著 二四〇〇円
三くだり半と縁切寺 江戸の離婚を読みなおす 高木 侃著 二四〇〇円
太平記の世界 列島の内乱史 佐藤和彦著 二二〇〇円

白 隠 禅とその芸術 古田紹欽著 二二〇〇円
蒲生氏郷 今村義孝著 二二〇〇円
近世大坂の町と人 脇田 修著 二五〇〇円
キリシタン大名 岡田章雄著 二二〇〇円
ハンコの文化史 古代ギリシャから現代日本まで 新関欽哉著 二二〇〇円
内乱のなかの貴族 南北朝と「園太暦」の世界 林屋辰三郎著 二二〇〇円
出雲尼子一族 米原正義著 二二〇〇円
富士山宝永大爆発 永原慶二著 二二〇〇円
比叡山と高野山 景山春樹著 二二〇〇円
日 蓮 殉教の如来使 田村芳朗著 二二〇〇円
伊達騒動と原田甲斐 小林清治著 二二〇〇円

読みなおす
日本史

読みなおす
日本史

日本の奇僧・快僧　今井雅晴著　二二〇〇円
平家物語の女たち　大力・尼・白拍子　細川涼一著　二二〇〇円
戦争と放送　竹山昭子著　二四〇〇円
「通商国家」日本の情報戦略　領事報告を読む　角山　榮著　二二〇〇円
日本の参謀本部　大江志乃夫著　二二〇〇円
宝塚戦略　小林一三の生活文化論　津金澤聰廣著　二二〇〇円
観音・地蔵・不動　速水　侑著　二二〇〇円
飢餓と戦争の戦国を行く　藤木久志著　二二〇〇円
陸奥伊達一族　高橋富雄著　二二〇〇円
日本人の名前の歴史　奥富敬之著　二四〇〇円
お家相続　大名家の苦闘　大森映子著　二二〇〇円

はんこと日本人　門田誠一著　二二〇〇円
城と城下　近江戦国誌　小島道裕著　二四〇〇円
江戸城御庭番　徳川将軍の耳と目　深井雅海著　二二〇〇円
戦国時代の終焉　「北条の夢」と秀吉の天下統一　齋藤慎一著　二二〇〇円
中世の東海道をゆく　京から鎌倉へ、旅路の風景　榎原雅治著　二二〇〇円
日本人のひるめし　酒井伸雄著　二二〇〇円
隼人の古代史　中村明蔵著　二二〇〇円
飢えと食の日本史　菊池勇夫著　二二〇〇円
蝦夷の古代史　工藤雅樹著　二二〇〇円
天皇の政治史　睦仁・嘉仁・裕仁の時代　安田　浩著　二五〇〇円
日本における書籍蒐蔵の歴史　川瀬一馬著　二四〇〇円

吉川弘文館
（価格は税別）

読みなおす
日本史

鎌倉幕府の転換点 『吾妻鏡』を読みなおす 永井 晋著 二二〇〇円

奈良の寺々 古建築の見かた 太田博太郎著 二二〇〇円

日本の神話を考える 上田正昭著 二二〇〇円

信長と家康の軍事同盟 利害と戦略の二十一年 谷口克広著 二二〇〇円

軍需物資から見た戦国合戦 盛本昌広著 二二〇〇円

武蔵の武士団 その成立と故地を探る 安田元久著 二二〇〇円

天皇家と源氏 臣籍降下の皇族たち 奥富敬之著 二二〇〇円

卑弥呼の時代 吉田 晶著 二二〇〇円

皇紀・万博・オリンピック 皇室ブランドと経済発展 古川隆久著 二二〇〇円

日本の宗教 日本史・倫理社会の理解に 村上重良著 二二〇〇円

戦国仏教 中世社会と日蓮宗 湯浅治久著 二二〇〇円

伊達政宗の素顔 筆まめ戦国大名の生涯 佐藤憲一著 二二〇〇円

武士の原像 都大路の暗殺者たち 関 幸彦著 二二〇〇円

海からみた日本の古代 門田誠一著 二二〇〇円

鳴動する中世 怪音と地鳴りの日本史 笹本正治著 二二〇〇円

本能寺の変の首謀者はだれか 信長と光秀、そして斎藤利三 桐野作人著 二二〇〇円

餅と日本人 「餅正月」と「餅なし正月」の民俗文化論 安室 知著 二四〇〇円

古代日本語発掘 築島 裕著 二二〇〇円

夢語り・夢解きの中世 酒井紀美著 二二〇〇円

食の文化史 大塚 滋著 二二〇〇円

後醍醐天皇と建武政権 伊藤喜良著 二二〇〇円

南北朝の宮廷誌 二条良基の仮名日記 小川剛生著 二二〇〇円